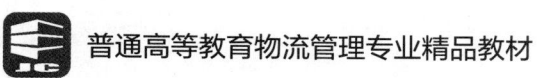普通高等教育物流管理专业精品教材

现代物流概论

（第二版）

主　编　任美霞　王玉方
副主编　陈岱莲　常佩佩　胡雪梅

中国轻工业出版社

图书在版编目（CIP）数据

现代物流概论 / 任美霞，王玉方主编. --2版. --北京：中国轻工业出版社，2025.2. --（普通高等教育物流管理专业精品教材）. --ISBN 978-7-5184-4793-0

Ⅰ. F252

中国国家版本馆CIP数据核字第2024DV7142号

责任编辑：李金慧

文字编辑：刘　晶　　责任终审：劳国强　　设计制作：锋尚设计
策划编辑：张文佳　　责任校对：晋　洁　　责任监印：张　可

出版发行：中国轻工业出版社（北京鲁谷东街5号，邮编：100040）

印　　刷：三河市国英印务有限公司

经　　销：各地新华书店

版　　次：2025年2月第2版第1次印刷

开　　本：787×1092　1/16　印张：15.5

字　　数：368千字

书　　号：ISBN 978-7-5184-4793-0　定价：49.80元

邮购电话：010-85119873

发行电话：010-85119832　010-85119912

网　　址：http://www.chlip.com.cn

Email: club@chlip.com.cn

版权所有　侵权必究

如发现图书残缺请与我社邮购联系调换

230520J1X201ZBW

第二版前言

党的二十大报告明确提出："构建优质高效的服务业新体系，推动现代服务业同先进制造业、现代农业深度融合。加快发展物联网，建设高效顺畅的流通体系，降低物流成本。"这就要求物流业加快融合各种现代化技术、数字化技术，不断提升物流的设施设备配置水平，优化资源配置，不断革新，创新物流服务新模式。

本教材距离第一版出版已过去9年，为适应物流业的快速发展，我们组成教材修订团队，展开了这次修订。经过多年的教学工作，大家对物流的认识不断加深，对素质教育的理解也不断深化。与第一版相比，此次修订的原则是"内容聚焦、紧扣前沿、兼顾深度和广度、课程思政有机融入"。因此，修订版大幅删减过时的内容，并增加了大量新的内容，书中的物流相关概念全部采用国家标准《物流术语》（GB/T 18354—2021）中的定义。我们对教材的结构也进行了较大的调整，如删除了第一版中第十一章农产品物流的内容，因为农产品物流在很多高校是一门独立的课程，本书不再赘述。

本书根据物流运作的规律和特点，共设置十章内容，系统地阐述了物流的基本概念、基本理论与基本方法，目的是让学生通过学习，正确理解物流管理的基本理论，为以后从事相关工作打下良好的基础。每一章都设有学习目标、关键概念、教学引入、视野拓展、关键概念延伸、复习思考题和本章小结等模块，增强了本书的学习深度，拓展了学生学习的宽度。

本书的第十章介绍了绿色物流的概念，我国绿色物流业发展现状等内容，符合当前环保经济发展新要求，是本书在内容上的创新点之一。

本书由山东农业工程学院任美霞、王玉方主编，陈岱莲、常佩佩、胡雪梅副主编。具体分工如下：第一章、第五章、第六章由任美霞编写；第四章、第九章、第十章由王玉方编写；第二章、第八章由陈岱莲编写；第三章由常佩佩编写；第七章由胡雪梅编写；全书由任美霞统稿和定稿。

本书在编写过程中参考了大量的中外文献，在此向其作者表示衷心的感谢！由于时间仓促，加之编写人员水平有限，本书还存在很多不足之处，恳请广大读者和专家批评指正！

编者

第一版前言

随着世界经济的持续发展和科学技术的突飞猛进，物流作为现代经济的重要组成部分和工业化进程中最为经济合理的综合服务模式，正在全球范围内得到迅速发展。现代物流业已经成为国民经济的支柱产业之一，物流学科也已经成为当代极有影响力的学科之一。

现代物流概论是高职高专院校物流管理、连锁经营管理、经济管理、市场营销、电子商务、国际货运与报关、国际商务等专业的基础课程。本书以"由理论及应用"为编写主线，以"必需、实用、够用"为编写原则，将现代物流各个方面的理论与当今社会、企业实践结合起来，全面系统地介绍了现代物流的相关知识。

本书系统地阐述了物流的基本概念、基本理论与基本方法，目的是让学生通过学习，正确理解物流学的基本原理，为以后从事相关工作打下良好的基础。本书根据物流运作的规律和特点，共设置十一章的内容。全书紧紧围绕学生认知的规律进行介绍，体例新颖，内容翔实，语言简练。每一章都设有学习目标、关键概念、案例引入、关键概念延伸、复习思考题等板块，增强了本书的可读性。

本书在资料的插入方式上，利用了二维码技术。在相应需要插入资料的地方设有二维码，学生利用智能手机扫描二维码，即可链接到文档、视频等不同格式的文件资料，帮助学生更加深入地理解关键概念的同时，也增加了本书的可读性和趣味性。扫描二维码链接文件资料是本书编写上的创新点。

本书的第十章绿色物流、第十一章农产品物流，分别介绍了这两个板块的前沿理论、当前实践、未来发展策略等内容，符合当前环保与农业发展本位的经济发展新要求，是本书在内容上的创新点。

本书由山东农业工程学院的江春雨、任美霞主编，山东轻工职业学院的张德洲、陈岱莲、史健担任副主编。具体分工如下：第七章由江春雨编写；第三章、第五章由任美霞编写；第一章、第六章由张德洲编写；第二章、第九章由陈岱莲编写；第八章由常佩佩编写；第十章由贾幼倩、史健编写；第十一章由潘莹月编写；第四章由曲文俏、侯丽编写。全书由江春雨和任美霞共同统稿。

本书在编写过程中参考了大量的中外文献，在此向其作者表示衷心的感谢！

由于时间仓促，加之编写人员水平有限，本书还存在不足之处，恳请广大读者和专家批评指正！

编者

目录

第一章 物流概述

第一节 现代物流的概念 2
第二节 现代物流的功能与分类 7
第三节 现代物流的特征与发展趋势 12
第四节 物流与经济发展 16
第五节 我国物流业的发展现状 22
思考与练习 32

第二章 物流活动

第一节 物流包装 34
第二节 装卸搬运 45
第三节 运输 51
第四节 储存 62
第五节 流通加工 71
第六节 配送 76
第七节 物流信息处理 84
思考与练习 92

第三章 物流系统

第一节 概述 95
第二节 物流系统的组成及研究要素 100
第三节 物流系统分析与评价 103
思考与练习 106

第四章 物流管理

第一节 概述 109
第二节 物流成本管理 116

第三节　物流服务与质量管理 …………………………………………… 122
第四节　物流标准化 ……………………………………………………… 128
思考与练习 ………………………………………………………………… 134

第五章　企业物流

第一节　概述 ……………………………………………………………… 135
第二节　供应物流 ………………………………………………………… 140
第三节　生产物流 ………………………………………………………… 143
第四节　销售物流 ………………………………………………………… 150
第五节　逆向物流 ………………………………………………………… 155
思考与练习 ………………………………………………………………… 159

第六章　第三方物流

第一节　概述 ……………………………………………………………… 162
第二节　第四方物流 ……………………………………………………… 166
第三节　物流外包 ………………………………………………………… 171
思考与练习 ………………………………………………………………… 176

第七章　国际物流

第一节　概述 ……………………………………………………………… 178
第二节　国际物流的业务 ………………………………………………… 181
第三节　国际物流运输方式 ……………………………………………… 186
思考与练习 ………………………………………………………………… 190

第八章　供应链管理

第一节　供应链的基本理论 ……………………………………………… 193
第二节　供应链管理 ……………………………………………………… 201
第三节　供应链管理与物流管理的关系 ………………………………… 204
思考与练习 ………………………………………………………………… 208

第九章　电子商务与快递

第一节　电子商务与物流 ………………………………………………… 211

第二节 快递 ·· 216
思考与练习 ·· 223

第十章 绿色物流

第一节 绿色物流的概念 ·· 226
第二节 开展绿色物流的途径 ···································· 231
第三节 我国绿色物流业发展现状 ································ 233
思考与练习 ·· 236

参考文献 ·· 238

第一章 物流概述

学习目标

通过学习本章内容，了解现代物流的起源、分类及其发展趋势，熟悉物流与经济发展的关系以及我国物流的发展现状，掌握现代物流的概念、功能、特征，在此基础上能够进行初步的物流发展调查和分析。

关键概念

物流	第三利润源说	物流的功能
商物分离说	物流冰山说	效益背反说

教学引入

国务院于2022年12月印发《"十四五"现代物流发展规划》（以下简称《规划》），这是我国现代物流领域一份十分重要的发展规划，对加快构建现代物流体系、促进经济高质量发展具有重要意义。《规划》指出，"十四五"时期要以习近平新时代中国特色社会主义思想为指导，坚持稳中求进工作总基调，完整、准确、全面贯彻新发展理念，加快构建新发展格局，全面深化改革开放，坚持创新驱动发展，推动高质量发展，坚持以供给侧结构性改革为主线，统筹发展和安全，提升产业链供应链韧性和安全水平，推动构建现代物流体系，推进现代物流提质、增效、降本，为建设现代产业体系、形成强大国内市场、推动高水平对外开放提供有力支撑。

《规划》明确，按照"市场主导、政府引导，系统观念、统筹推进，创新驱动、联动融合，绿色低碳、安全韧性"原则，到2025年，基本建成供需适配、内外联通、安全高效、智慧绿色的现代物流体系，物流创新发展能力和企业竞争力显著增强，物流服务质量效率明显提升，"通道+枢纽+网络"运行体系基本形成，安全绿色发展水平大幅提高，现代物流发展制度环境更加完善。展望2035年，现代物流体系更加完善，具有国际竞争力的一流物流企业成长壮大，通达全球的物流服务网络更加健全，对区域协调发展和实体经济高质量发展的支撑引领更加有力。

资料改编来源：中华人民共和国中央人民政府官网。

> 思考
> 1. 结合引文谈谈你对物流的认识。
> 2. 你认为中国的物流业会迎来怎样的"新常态"?

第一节　现代物流的概念

物流活动远在商品流通出现之前，甚至人类还在进化的朦胧时期，就已存在。自然界中存在的劳动工具的运动，以及后来与农业生产相关的另一种形态——仓储，都是物流的雏形。在早期的物流活动中，运输和仓储是主体活动，主要表现在生产性的领域之中。随着近代商品经济的迅速发展，人类社会的生产活动、商品流通和交易行为也在发生着巨大的变化，物流作为一个与商流分离的独立领域开始出现。

一、认识物流

（一）"物流"概念的提出

1．物流产生的根源

（1）生产和消费在时间上和空间上的分离。一般而言，物流是与商流相伴而生的，商品生产是物流产生的客观基础。然而，人类社会开始商品生产之后，生产和消费逐渐分离，这就诞生了连接生产和消费的中间环节——流通。马克思在描述流通的这种地位时说："流通和生产本身一样重要。"恩格斯也说过："这两种职能在每一瞬间都互相制约，并且互相影响。"随着工业文明的崛起，社会生产和消费水平及规模的扩大和发展，大生产和专业化分工方式的采用，使现代的生产和消费在空间、时间以及人这三个要素中都表现为分离的形式。将生产和消费在空间上连接必须进行物资输送；在时间上连接就需要进行物资储存；将生产和消费的人进行连接，就需要进行商品的买卖与交换。商品的运输、储存以及与此相联系的包装、装卸等物资实物流动即形成物流。

因此，物流产生的根源就在于生产与消费在时间和空间上的分离。

（2）经济发展的必然要求。第二次世界大战以后，世界各国经济环境都发生了巨大的变化。尤其是石油危机的爆发，使主要的资本主义国家和企业开始面对提高利润和市场条件不稳定的压力。在大机器生产的条件下，流通成本相对于生产成本而言有上升的趋势，因此影响了商品的竞争力，而在生产中依靠提高生产效率却很难达到显著降低费用的目的。物流作为提高生产效率、控制与减少成本的一种途径，不断受到关注，得到发展。

2．物流产生的背景和条件

1950年以后，经济发展使市场竞争越发激烈，生产中各个重要的环节逐渐趋于专业化，物流与商流分离的情况更加突出。工业化进程的加快以及大批量生产和销售的出现，使生产成本相对下降，这在一定程度上刺激了消费。市场的繁荣、商品的丰富，使流通领域中出现了超级市场、商业街等大规模的物资集散场所。随着科学技术的不断发展，人们开始使用现代的流通技术和设备，提高物资流通的速度和能力，又使得商品的流通成本相对于生产成本有了降低的可能。经济的迅速发展也使市场逐渐成熟，经营观念由"生产导向"开始转向"市场导向"，一切都要适应市场的需要，高效的物流服务成为企业确保竞争力的重要手段。物流正是在这种背景下应运而生。物流活动使其各个环节相互连接，实现物资的时间和空间效用，使原来处于分散、从属、孤立的各项物流活动连接起来，形成了一个物流大系统。

3．"物流"概念的提出和发展

物流的概念最早是在美国形成的，当初被称为Physical Distribution（即PD），译成汉语是"实物分配"或"货物配送"。"物流"一词由管理学之父彼得·德鲁克提出，出现在流通领域的营销活动中。1901年约翰·格鲁威尔在美国政府工作报告中第一次论述了对农产品配送成本产生影响的各种因素，揭开了人们对物流认识的序幕。

第二次世界大战期间，形成了军事后勤的观念，最初是为了实现军需物资供应的合理化。战争中叉车技术的大量应用，装卸、搬运、运输、保管等独立的功能要素对物流的形成起到了巨大的推动作用。二战后，物流开始在企业组织机构中应用，涉及运输、仓储、包装和物资搬运，已初具物流理论的雏形。少数商业公司还设立了"流通经理"的职务，负责运输、仓储、包装和搬运等物流业务。

20世纪50年代后期，"物流"一词被西方的企业组织广泛采用。1963年，"物流"一词被引入日本，被理解为"在连接生产和消费间对物资履行保管、运输、装卸、包装、加工等功能，以及作为控制这类功能后援的信息功能，物流在物资销售中起了桥梁的作用"。

我国是在20世纪80年代，从日本引入了物流的概念。当时的"物流（logistics）"原意为后勤，后来用于物资的流通，形成了沿用至今的现代物流的概念。

现代物流不但要考虑从生产者到消费者的货物配送问题，而且要考虑从供应商到生产者对原材料的采购，以及生产者本身在产品制造过程中的运输、保管和信息等各个方面的问题。因此，现代物流是以满足消费者的需求为目标，把制造、运输、销售等市场情况统一起来考虑的一种战略措施，这与传统物流把它仅看作"后勤保障系统"和"销售活动中起桥梁作用"的概念相比，其含义在深度和广度上都有了进一步的发展。

（二）现代物流的概念

国家标准《物流术语》（GB/T 18354—2021 3.2）对物流的定义是："根据实际需要，将运输、储存、装卸、搬运、包装、流通加工、配送、信息处理等基本功能实施有机结合，使物品从供应地向接收地进行实体流动的过程。"

1．关于"物"的相关理解

物：物流中的概念，是指一切可以进行物理性位置移动的物质资料。物流中所指"物"的一个重要特点，是其必须可以发生物理性位移，而这一位移的参照系是地球。因此，固定设施等，不是物流要研究的对象。

（1）物资。在我国，物资专指生产资料，有时也泛指全部物质资料，较多指工业品生产资料。其与物流中"物"的区别在于，"物资"中包含相当一部分不能发生物理性位移的生产资料，这一部分不属于物流学研究的范畴，例如建筑设施、土地等。另外，属于物流对象的各种生活资料，又不能包含在作为生产资料理解的"物资"概念之中。

（2）物料。物料是一个我国生产领域中的专门概念。生产企业习惯将最终产品之外的，在生产领域流转的一切材料（不论其来自生产资料还是生活资料）、燃料、零部件、半成品、外协件以及生产过程中必然产生的边、角、余料、废料及各种废物统称为"物料"。

（3）货物。货物是一个我国交通运输领域中的专门概念。交通运输领域将其经营的对象分为两大类，一类是人，一类是物，除人之外，"物"的这一类统称为货物。

（4）商品。商品和物流学的"物"的概念是互相包含的。商品中的一切可发生物理性位移的物质实体，也即商品中凡具有可运动要素及物质实体要素的，都是物流研究的"物"，无可运动要素及无物质实体要素的商品则不属于此。另外，一些展品、捐赠物资、体育赛事用具等不属于商品，但它们也是物流研究的"物"。因此物流学的"物"有可能是商品，也有可能是非商品。商品实体仅是物流中"物"的一部分。

（5）物品。物品是一个生产、办公、生活领域的常用概念，在生产领域中，一般指不参加生产过程，不进入产品实体，而仅在管理、行政、后勤、教育等领域使用的与生产相关的或有时完全无关的物质实体；在办公生产领域则泛指与办公、生活消费有关的所有物件。在这些领域中，物流学中所指的"物"，就是通常所称的物品。

2. 关于"流"的相关理解

流：物流学中之"流"，指的是物理性运动。

（1）流通。物流的"流"，经常被人误解为"流通"。"流"的要领和流通概念是既有联系又有区别的。其联系在于，流通过程中，物的物理性位移常伴随交换而发生，这种物的物理性位移是最终实现流通不可缺少的物的转移过程。在物流中，"流"的一个重点领域是流通领域，不少人甚至只研究流通领域，因而干脆将"流"与"流通"混淆起来。

（2）"流"和"流通"的区别。二者区别主要在两点：一是涵盖的领域不同，"流"不但涵盖流通领域也涵盖生产、生活等领域，凡是有物发生物理性移动的领域，都是"流"的领域。流通中的"流"从范畴来看只是全部"流"的一个局部；另一个区别是"流通"并不以其整体作为"流"的一部分，而是以其实物物理性运动的局部构成"流"的一部分。流通领域中商业活动中的交易、谈判、契约、分配、结算等所谓"商流"活动和贯穿其间的信息流等都不能纳入物理性运动之中。

物流是物质资料从供给者到需求者的物理性活动，主要创造时间价值和场所价值，有时也创造一定的附加价值。

二、现代物流与传统物流的区别

1. 传统物流的范畴

传统物流是由物品储存、运输及附属业务共同构成的物流活动模式,以企业的生产制造过程即产品生产为价值取向;传统物流一般指产品出厂后的包装、运输、装卸、仓储等单独的实体活动,传统的物流功能比较单一,涉及的系统也比较简单。

2. 现代物流的范畴

现代物流在传统物流基础上拓展了功能和服务范围,使系统变得相对复杂。现代物流提出了物流系统化或叫总体物流、综合物流管理的概念,并付诸实施。具体地说,就是使物流向两头延伸并加入新的内涵,使社会物流与企业物流有机结合在一起,从采购物流开始,经过生产物流,再进入销售物流,与此同时,要经过包装、运输、仓储、装卸、加工配送到达用户(消费者)手中,最后还有回收物流。总而言之,现代物流包含了产品从"生"到"死"的整个物理性流通过程。

3. 传统物流与现代物流的区别

现代物流是以现代信息技术为基础,整合运输、包装、装卸、搬运、发货、仓储、流通加工、配送、回收以及物流信息处理等各种功能而形成的综合性物流活动模式,即以企业的客户服务为价值取向,强调运输、仓储方式的集成化运作。

现代物流产业与传统物流产业的根本区别就在于以信息化为核心,进行全程优化,各环节之间也是无缝衔接。这就大大地降低了物流费用,缩短了物流时间,成为当代物流产业迅速发展的主要原因。传统物流与现代物流的区别详见表1-1。

表1-1 传统物流与现代物流的区别

项目	传统物流	现代物流
物流功能	各种物流功能相对独立	强调物流功能的整合
物流基地	无物流中心	有物流中心
控制能力	不能控制整条物流供应链	追求整条物流供应链的整合
物流区域	企业或地区	跨区域、国际物流
物流主体	第一方物流、第二方物流	专业物流企业、第三方物流
服务期限	短期合约	长期战略伙伴关系
竞争手段	价格竞争、成本竞争	降低物流总成本、服务竞争、供应链竞争
服务手段	标准服务	增值服务、定制服务
物流信息系统	封闭式企业内部信息系统	开放式客户联网信息系统
物流信息技术	无外部整合系统、有限或无电子数据交换、无卫星定位系统	网络技术、条形码识别技术、电子数据交换技术、电子订存货技术、卫星定位技术、物联网技术、云计算、大数据、人工智能
物流管理	分散管理、基础管理、有限或无现代管理	集约化管理、一体化管理、全球质量管理、业务过程管理

续表

项目	传统物流	现代物流
物流服务管理	价格竞争	提供标准服务、以降低总物流成本为目标、增值物流服务、为顾客提供"量身定做"的特殊服务

需要说明的是，随着信息技术的发展，传统的物流企业用信息技术装备起来，这是时代发展的必然，但不能因此而称之为现代物流企业。例如，传统的仓储企业用上计算机，不能仅仅因此就称之为现代物流企业，而要看这个仓储企业的运作模式与上下游的联合是不是可能成为经过整合后的物流链中的一环。

三、现代物流发展的阶段

现代物流的产生与发展大体上经历了以下几个阶段。

1．第一阶段

在第二次世界大战期间，美军后勤供应系统采用托盘、集装箱、叉车等先进的运输工具，将大量军用物资源源不断从美国本土运送到指定目的地，然后再有序地配送到各个战场，这一做法，促使人们认识到如果对物流进行系统的活动，则能完成以往需由多项活动才能完成的任务。于是人们首次发现物流系统功能的价值。

2．第二阶段

在第二次世界大战之后，人们将用于军事上的物流系统运作的方法与技术移植于民间的经济贸易活动中，换言之，在经济贸易活动中采用物流系统功能，可为企业注入新的管理方法并改变企业的结构模式。

3．第三阶段

企业家在运用物流系统功能中发现物流功能能为他们降低商品流通的成本，从而可获得更多的利润，所以人们又发现了物流是第三利润源泉。

4．第四阶段

在20世纪70年代初第一次石油危机中，人们发现在物流领域里降低成本的空间很大。这一价值的发现，越发引起人们对物流的关注、重视并引而用之。

5．第五阶段

20世纪80年代后期，物流与日益普及的计算机技术相结合，使人们能够更加合理地、节约地、充分地使用设备、资源和配置资源。于是人们又发现物流对改善环境、降低污染和对企业持续发展具有重大价值。

6．第六阶段

20世纪90年代后期，进入供应链阶段。物流作为供应链的一部分，发挥着保障整条供应链各项活动顺利开展的重要作用。此外，东南亚经济危机之后，人们发现以物流为支柱产业的新加坡和我国香港地区有较强的抵御经济危机的能力。这一发现，不仅表明物流对有关企业具有重大的经济意义，而且对地区经济也能起到提高总体质量和抵御经济危机的作用。

第二节　现代物流的功能与分类

一、现代物流的功能

物流系统的功能指的是物流系统所具有的基本能力，这些基本能力有效地组合、连接在一起，便构成了物流的总功能，便能合理、有效地实现物流系统的总目标。物流系统的功能主要包括运输、储存保管、配送、包装、装卸搬运、流通加工、物流信息处理7项。

1．运输功能

生产和消费存在空间差，不通过运输连接生产和消费，生产就失去了意义。运输是物流各环节中最重要的部分，运输功能是物流体系中的核心功能。理解这一功能需要把握以下几点：任何跨越空间的物质实体的流动，都可称为运输；运输功能所实现的是物质实体由生产地点向消费地点的移动；运输功能既是对物质实体有用性得以实现的媒介，也是物质实体异地新价值的创造过程；从社会经济的角度来讲，运输功能的发挥，缩小了物质交流的空间，扩大了社会经济活动的范围，并实现了此范围内价值的平均化、合理化。

2．储存保管功能

在物流系统中，储存起着缓冲、调节和平衡的作用，通过对储存物品的保管、保养，克服产品生产与消费在时间上的差异，从而保证流通和生产的顺利进行，这是物流的中心环节。储存包括两个既独立又有联系的活动：存货管理与仓储。储存又可分为生产储存和商品储存，前者是指在生产过程中的原材料、半成品、燃料、工具和设备等，在直接进入生产过程之前或在两道工序之间，所作的停留；后者是指商品在流通过程中，产品从生产领域生产出来之后到进入消费领域之前在流通领域所作的停留。

3．配送功能

配送是物流体系中由运输派生出来的功能。配送作为一种现代流通方式，集经营、服务以及库存、分拣、装卸、搬运于一身，已不仅仅是一种送货运输所能包含的，所以应将其作为独立的功能要素。理解配送功能需要把握好以下几点：配送是短距离的运输，它发生在流通与消费的交会处，是物流体系最末端的延伸功能；配送在短距离运输中也参与相关的物流功能，是一种更为广泛的功能组合；从某种意义上说，配送功能是物流体系的一个缩影。因为一次配送活动，从接收并处理订单开始，经过集货、配货和送货，到送达客户手中，使相对处于静态的物品完成一次短暂的、有目的的流动，这实际上是一个微缩的物流过程。

4．包装功能

包装是生产的终点，企业物流的起点。包装的作用是按照单位分开产品，方便运输，并保护在途货物。包装是保证整个物流系统流程顺畅的重要环节之一。包装是物流体系中的一种动态过程，理解这一功能需要把握好以下两点：包装功能的实施，首先发挥的是保护物质实体的作用，其次是起美化物质实体的作用，它是生产过程向流通或消费领域的延伸；包装功能在物质实体上的实施，从本质上说，为其他物流功能乃至整个物流体系功能的正常发挥提供了必要保证。

5．装卸搬运功能

装卸搬运是物流各环节连接成一体的接口，是运输、储存、包装等物流作业得以顺利实现的根本保证。装卸搬运的质量直接关系到整个物流系统的质量和效率，而且又是缩短物流移动时间、节约流通费用的重要组成部分。装卸搬运环节出了问题，物流其他环节就会停顿。装卸搬运功能是物流体系的一种立体的动态过程，理解此功能需要把握好以下几点：装卸搬运功能的实施过程中，既有同一地域（一般是库、场区）内的前后、左右的搬运，也有上下的装与卸；装卸搬运功能，一般出现在"动"与"静"、"动"与"动"相结合的部分，起着承上启下的作用；装卸搬运功能能否充分发挥主要取决于装卸搬运机械设备和有关机具的使用程度。

6．流通加工功能

流通加工实际上就是发生在流通领域的简单加工活动。通过流通加工，可以节约材料、提高成品率，保证供货质量和更好地为用户服务。所以，对流通加工的作用同样不可低估。流通加工是物流过程中"质"的升华，使流通向更深层次发展。理解此功能需要把握好以下两点：第一，流通加工的主要作用是直接地为流通、特别是为销售服务；第二，流通加工的方式具有多样性，例如，零部件的组合、形体上的分割或者各种标识的制作，有些只是为了各物流环节在作业上的便利。

7．物流信息处理功能

物流信息是连接运输、储存、装卸、包装等各环节的纽带，没有各物流环节信息的通畅和及时供给，就没有物流活动的时间效率和管理效率，也就失去了物流的整体效率。信息处理功能贯穿物流体系的始终，理解此功能需要把握好以下两点：一方面，信息处理功能反映物流所涉及的各个领域或者过程的形态变化，反馈各种物流信息，供物流过程决策者参考；另一方面，信息处理功能将决策者的物流决策信息传递到各个物流环节和功能系统内。所谓的自动化、计算机网络处理，就是在这一领域内运用的、并对整个物流体系起着促进作用的信息处理活动。

二、现代物流的分类

在社会经济中，不同的领域有不同特色的物流活动。虽然物流活动的内容和功能基本一致，但由于研究管理的范围、对象或范畴等不同，现代物流就有了不同的分类。

(一)按照物流研究范围分类

1. 宏观物流

宏观物流是指社会再生产总体的物流活动,是从社会再生产总体角度认识和研究的物流活动。这种物流活动的参与者是构成社会总体的大产业、大集团,宏观物流也就是研究产业或集团的物流活动和物流行为。宏观物流还可以从空间范围来理解,在很大空间范围内进行的物流活动,往往带有宏观性;在很小空间范围内进行的物流活动则往往带有微观性。宏观物流也指物流全体,要从总体上看物流而不是从物流的某一个构成环节来看物流。

2. 中观物流

中观物流是社会再生产过程中的区域性物流,它是从区域上的经济社会来认识和研究物流的。从空间位置来看,一般是较大的空间。例如,一个国家的经济区的物流,可以称之为特定经济区物流;一个国家的城市经济区域的物流,可以称之为城市物流。

3. 微观物流

微观物流是指消费者、生产者、流通企业所从事的实际的、具体的物流活动。此外,在整个物流活动中的一个局部、一个环节的具体物流活动也属于微观物流;在一个小地域空间内发生的具体的物流活动也属于微观物流;针对某一种具体产品所进行的物流活动也是微观物流。人们经常提及的下述物流活动皆属于微观物流:企业物流、生产物流、供应物流、销售物流、回收物流、废弃物物流、生活物流等,微观物流研究的特点是具体性和局部性。因此,微观物流是更贴近具体企业的物流。

(二)按照物流活动的空间范围分类

1. 区域物流

区域有不同的划分原则。首先,按综合地理划分,我国可以划分为八大区:东北、华北、西北、西南、华南、华东、华中等;还可以按省区来划分,划分为北京、天津等30多个省、自治区和直辖市等;其次,是按经济圈划分的地区,如长江三角洲地区、环渤海地区、珠江三角洲地区等。区域物流系统对于提高地区企业物流活动的效率,以及保障当地居民的生活福利环境,具有不可或缺的作用。研究地区物流应根据地区的特点,从保障本地区的利益出发组织好物流活动。

2. 国内物流

国内物流是指在国家自己领地范围内开展的物流活动,它主要涉及商品、服务消费以及相关信息的流动。国内物流是国民经济的重要组成部分,对于国家现代化建设有着不可或缺的作用。它不仅涉及物资的物理性运动,还涉及经济、社会等其他方面,旨在达到特定的经济、社会要求。

3. 国际物流

国际物流是指在世界各国(或地区)之间,由于进行国际贸易而发生的商品实体从一个国家(或地区)流转到另一个国家(或地区)的物流活动。随着国际贸易的发展,物流国际化越来越突出，"物流无国界"已被人们所公认，国际物流不断得到发展。国际物流比国内物流更为复杂，需要国际间的良好协作，同时也需要国内各方面的重视和参与。

（三）按照物流系统性质分类

1．社会物流

社会物流一般是指流通领域发生的物流，是全社会物流的整体，所以有人也称之为大物流或宏观物流。就物流学的整体而言，可以认为其研究对象主要是社会物流。社会物流的流通网络是国民经济的命脉，必须对其进行科学管理和有效控制，采用先进的技术手段，保证高效率、低成本运行，这样做可以带来巨大的经济效益和社会效益。

2．行业物流

同一行业中的企业虽然在市场上是竞争对手，但是在物流领域中却可以互相协作，共同促进行业物流系统的合理化。行业物流系统化的结果是使参与的所有企业都得到相应的利益。在国内外有很多行业有自己的行业协会或学会，对本行业的物流进行研究。一般而言在同一行业中，有共同的运输系统和配送中心，可以实行高效的运输和统一的配送；有共同的技术服务中心，方便进行对本行业维护人员的培训；有统一的设备机械规格、统一的商品规格、统一的法规政策和统一的报表，可以提高相互合作的协调性等。

3．企业物流

企业是一种从事生产或商业活动，为满足顾客需要而提供产品或服务，以营利为目的的经济组织，区别于经济领域的其他主体——政府和居民。一个制造企业，要首先购进原材料，然后经过若干工序的加工，最后形成产品销售出去。一个运输企业要按照客户的要求将货物运送到指定地点。在经营范围内由生产或服务活动所形成的物流系统称之为企业物流。根据物流活动发生的先后次序，可将其划分为五部分，即供应物流、生产物流、销售物流、回收物流和废弃物流。

（四）按照物流业务活动的作用进行分类

1．供应物流

生产企业、流通企业或用户购入原材料、零部件或商品的物流过程称为供应物流。供应物流是物资生产者、持有者到使用者之间的物流。供应物流包括原材料等一切生产资料的采购、进货、运输、仓储、库存管理和用料管理。对于制造企业而言，是指对于生产活动所需要的原材料、燃料、半成品等物资的采购、供应等活动所产生的物流；对于流通企业而言，是指在交易活动中，从买方角度出发的交易行为中所发生的物流。

2．销售物流

生产企业、流通企业售出产品或商品的物流过程称之为销售物流，是指物资的生产者或持有者到用户或消费者之间的物流。对于制造企业，是指售出商品；而对于流通企业，是指交易活动中，从卖方角度出发的交易行为中所发生的物流。销售物流包括产成品的库存管理、仓储发货运输、订货处理与顾客服务等活动。

3. 生产物流

从工厂的原材料购进入库起，直到工厂成品库的成品发送为止，这一全过程的物流活动称为生产物流。生产物流是制造企业所特有的，它和生产流程同步。原材料、半成品等按照工艺流程在各个加工点不停顿地移动、流转形成了生产物流。如果生产物流发生中断，生产过程也将中断。生产物流包括生产计划与控制、厂内运输（搬运）、在制品仓储与管理等活动。

4. 回收物流

回收物流是指不合格物品的返修、退货以及伴随货物运输或搬运中的包装容量、装卸工具及其他可再用的旧杂物等，经过回收、分类、再加工、再使用的流动过程。

5. 废弃物流

废弃物流是伴随某些厂矿的产品，同时或共生的副产物（如钢渣、煤矸石等）、废弃物，以及生活消费品中的废弃物（如垃圾）等，收集、分类、加工、包装、搬运、处理过程的实体物流。

（五）按照从事物流的主体进行分类

按照从事物流的主体进行划分，可分为第一、二、三、四方物流等。

1. 第一方物流

第一方物流是指供应方（生产厂家或原材料供应商）为满足自己企业在物流方面的需求，由自己完成或运作的物流活动。

2. 第二方物流

第二方物流是指需求方（生产企业或流通企业）为满足自己企业在物流方面的需求，由自己完成或运作的物流活动。

3. 第三方物流

第三方物流是指由独立于物流服务供需双方之外且以物流服务为主营业务的组织提供物流服务的模式，即由专业的第三方物流企业以签订合同的方式为其委托人提供所有或部分的物流服务。第三方物流既不属于第一方，也不属于第二方，而是通过与第一方或第二方的合作来提供专业化的物流服务，它不拥有商品，不参与商品的买卖，而是为客户提供以合同为约束、以结盟为基础的，系列化、个性化、信息化的物流代理服务。

4. 第四方物流

第四方物流是一个供应链的集成商，是供需双方及第三方的领导力量。它不是物流的利益方，而是通过拥有的信息技术、整合能力以及其他资源来提供一套完整的供应链解决方案，以此获取一定的利润。它能帮助企业降低成本和整合资源，并且依靠优秀的第三方物流供应商、技术供应商、管理咨询以及其他增值服务商，为客户提供独特的、广泛的供应链解决方案。

(六）从物流作业执行者的角度进行分类

1．企业自营物流

企业自营物流是指生产制造企业自行组织的物流。一般来说，工业企业自营物流主要是指物流功能自备。就如同我们在传统企业中看到的企业自备仓库、自备车队等，企业拥有一个自我服务的物流体系，其中又包含两种情况：一是企业内部各职能部门彼此独立地完成各自的物流使命；二是企业内部设有物流运作的综合管理部门，通过资源和功能的整合，专设企业物流部或物流公司来统一管理企业的物流运作。

2．外包物流

外包物流的概念源自于管理学中的外包，本义为企业动态地配置自身和其他企业的功能和服务，利用外部的资源为企业内部的生产经营服务，现泛指外包。将外包引入物流管理领域，就产生了外包物流，也就是通常说的第三方物流的概念，又称合同制物流、契约物流。

第三节　现代物流的特征与发展趋势

在经济全球化和电子商务的双重推动下，物流业已经基本完成从传统物流向现代物流迅速转型，转型后的现代物流业表现出新的发展趋势。在系统工程思想的指导下，以信息技术为核心，强化资源整合和物流全过程优化是现代物流的本质特征。

一、现代物流的特征

现代物流是与现代化社会大生产紧密联系在一起的，体现了现代企业经营和社会经济发展的需要。随着时代的进步，物流管理和物流活动的现代化程度也在不断提高。根据国内外物流发展情况，可以将现代物流的特征概括为以下几个方面。

1．物流系统化

现代物流从系统的角度统筹规划一个公司整体的各种物流活动，处理好物流活动与商流活动及公司目标之间、物流活动与物流活动之间的关系，不求单项活动的最优化，但求整体活动的最优化。物流不是运输、保管等活动的简单叠加，而是一个通过彼此的内在联系，在共同目的下形成的系统，构成系统的功能要素之间存在着相互作用的关系。因此必须从系统的角度出发，通过物流功能的最佳组合实现物流整体的最优化目标。

2．组织网络化

网络化是指物流运输、配送系统的组织网络和信息网络体系。随着生产和流通空间范围的扩大，为了保证为产品销售提供快速、全方位的物流支持，现代物流需要有完善、健全的物流网络体系，网络上点与点之间的物流活动保持系统性、一致性，这样可以保证整个物流网络有最优的库存总水平及库存分布，运输与配送快速、机动，既能铺开又能收拢，形成快速灵活的供应渠道。分散的物流单体只有形成网络才能满足现代生产与流通的需要。

3．物流信息化

现代社会已经步入了信息化时代，物流的信息化是整个社会信息化的必然要求，也是物流得以发展的最基本要求。现代物流与传统物流的各个功能要素相互独立不同，它是通过采用现代信息技术、通信技术以及网络技术，将各项物流功能活动有机结合在一起，准确地掌握信息，如库存信息、需求信息，可以减少非效率、非增值的物流活动。

4．运营电子化

在当今的电子商务时代，现代物流服务的核心目标是在物流全过程中以最小的综合成本来满足顾客的需求。所谓电子化是指商业过程实现电子化。它以信息化和网络化为基础，借助商品代码、资料库、电子政务公共资源库的建立和现代资讯技术的应用，在运输网络合理化和系统化的基础上，实现整个物流系统的管理电子化。电子化具体表现为：实现业务流程及其每一步骤的电子化、无纸化，所有商务涉及的货币实现数字化和电子化，交易商品实现符号化、数字化；业务处理过程实现全程自动化和透明化，交易场所和市场空间实现虚拟化，消费行为实现个性化，企业之间或供应链之间实现无边界化，市场结构实现网络化和全球化，等等。

5．作业标准化

现代物流强调功能、作业流程、动作的标准化与程式化，使复杂的作业变成简单、易于推广与考核的动作。货物的运输配送、存储保管、装卸搬运、分类包装、流通加工、信息处理等各个环节中各种现代技术的应用，都要求必须有一套科学的作业标准。只有实现了物流系统各个环节作业的标准化，才能真正实现物流技术的信息化、自动化、网络化、智能化等。

6．物流自动化

在现代物流活动中，已经广泛使用各类先进的物流自动化设施与设备。物流自动化的基础是信息化，核心是机电一体化，其外在表现是无人化，效果是省力化。物流自动化的效果还有扩大物流作业能力、提高劳动生产率、减少物流作业的差错等。物流自动化的技术很多，如条码技术、射频自动识别技术、自动化立体仓库存取技术、自动分拣技术、货物自动跟踪技术等。这些技术在经济发达国家已经普遍使用于物流作业中。在我国，某些自动化技术在先进制造业、快递业也已经普遍使用。

7．物流服务社会化

物流合理化的一个重要方面就是物流活动的社会化。在竞争激烈的市场经济环境里，企业的物流需求通过社会化物流服务满足的比重在不断提高，第三方物流逐步成为现代物流的主流模式。第三方、第四方乃至未来可能发展形成的第N方物流是随着物流业发展到一定阶段必然出现的产物。在某种意义上，可以说它是物流过程产业化和专业化的一种形式。除了物流活动外，物流管理也将逐渐被外包出去。这将使企业告别"小而全""大而全"的纵向一体化运作模式，转向新型的横向一体化的运作模式，集中精力去做自己最擅长的业务，增强自己的核心竞争力。

8. 服务系列化

现代物流强调物流服务功能的恰当定位与完善化、系列化。物流本身是直接面向顾客的一项服务性很强的工作，物流企业应能够为客户提供独特的物流服务，能够给客户带来高效、可靠的物流支持，并且使客户在市场中具有独特的、不可替代的竞争优势。除了传统的储存、运输、包装、流通加工等服务外，现代物流服务在外延上向上扩展至市场调查与预测、采购及订单处理，向下延伸至配送、物流咨询、物流方案的选择与规划、库存控制策略建议、货款回收与结算、教育培训等增值服务。

9. 物流反应快速化

在现代物流信息系统、作业系统和物流网络的支持下，物流适应需求的反应速度加快，及时配送、快速补充订货以及迅速调整库存结构的能力在加强。物流服务提供者对上下游的物流、配送需求的反应速度越来越快，物流前置时间和配送间隔越来越短，商品周转次数越来越多。

10. 经营市场化

现代物流的具体经营采用市场机制，无论是企业自己组织物流，还是委托社会化物流企业承担物流任务，都以"服务—成本"的最佳配合为总目标，谁能提供最佳的"服务—成本"组合，就找谁服务。国际上既有大量自办物流相当出色的"小而全""大而全"的例子，也有大量利用第三方物流企业提供物流服务的例子。比较而言，物流的社会化、专业化已经占到主流，即使是非社会化、非专业化的物流组织也会实行严格的经济核算。

视野拓展

中国物流集团有限公司简介

2021年12月6日，经国务院批准，中国物流集团有限公司（以下简称"中国物流集团"）在北京正式组建成立，注册资本300亿元。中国物流集团经营网点遍布国内30个省（区、市）及海外五大洲，国际班列纵横亚欧大陆，在国际物流市场具有较强竞争优势，拥有中国铁物、中储股份、华贸物流、国统股份四家境内上市公司。中国物流集团是国务院国有资产监督管理委员会直接监管的股权多元化国有全资中央企业，由原中国铁路物资集团有限公司，与中国诚通控股集团有限公司物流板块的中国物资储运集团有限公司、华贸国际物流股份有限公司、中国物流股份有限公司、中国包装有限责任公司4家企业为基础整合而成。中国物流集团同步引入中国东方航空集团有限公司、中国远洋海运集团有限公司、招商局集团有限公司作为战略投资者，形成紧密战略协同。

资料改编来源：中国物流集团有限公司官网。

二、现代物流的发展趋势

1．系统协同化

市场需求的瞬息万变、竞争环境的日益激烈都要求企业和整个供应链具有更快的响应速度和协同运作的能力以及对供应链的前向洞察力。通过与供应商和客户的实时沟通与协同，企业一方面能使供应商对自己的需求具有可预见能力，使其能提供更好的价格和服务，同时对其供应能力也有较好的预见性，为自己长期的、充足的供给业务提供了保障；另一方面，自己也能及时了解客户的需求信息，在多变的市场环境中保持更快的响应能力，跟踪和监控需求满足的过程，准确、及时、优质地将产品和服务递交到客户手中。

2．功能集成化

现代物流着重于将物流与供应链的其他环节进行集成，包括物流渠道与商流渠道的集成、物流渠道之间的集成、物流功能的集成、物流环节与制造环节的集成等。供应链物流业务是由多个成员、多个环节组成的，全球化和协同化的物流运作方式，要求物流业务中的所有成员和环节在整个流程上的业务运作衔接得更加紧密。因此，必须对这些成员和环节的业务以及业务处理过程中的信息进行高度集成，实现供应链的整体化和集成化运作，缩短供应链的相对长度，使供应链上的物流作业更顺畅、产出率更高、响应速度更快，使各环节的业务更加接近客户和客户的需求。

3．资源共享化

供应链管理强调链上成员的协作和社会整体资源的高效利用，以最合理的、最少的资源来最大化地满足整体市场的需求。而供应链上的企业只有在建立互惠互利的共赢伙伴关系的基础上，才能实现业务过程间的高度协作和资源的高效利用，只有通过资源、信息、技术、知识、业务流程等的共享，才能实现社会资源优化配置和供应链上物流业务的优势互补以及更快地对终端市场和整条供应链上的需求做出响应。

4．运营智慧化

随着科学技术的发展和应用，物流管理由手工作业到半自动化、自动化、智能化，直至智慧化，这是一个渐进的发展过程。物流作业过程涉及大量的运筹和决策，如物流网络的设计与优化、库存水平的确定、运输路径的选择、多种货物的拼装优化、运输工具的排程和调度、自动导向车的运行轨迹和作业控制、自动分拣机的运行、物流配送中心经营管理的决策支持等，这些问题都需要借助高层次信息化、智慧化才能解决。近年来，物联网、人工智能、仿真学、运筹学、智能商务、数据挖掘和机器人等相关技术在国内外已经有比较成熟的研究成果，特别是我国在物联网技术领域发展成果丰硕，并在实际物流作业中得到了较好的应用。

5．服务柔性化

柔性化本来是生产领域提出来的，随后柔性化作业又扩展到了流通领域，根据供应链末端市场的需求来组织生产、安排物流活动。物流作业的柔性化是生产领域柔性化的进一步延长，它可以帮助物流企业更好地适应消费需求的"多品种、小批量、多批次、短周期"趋势，灵活地组织和完成物流作业，为客户提供定制化的物流服务来满足他们的个性化需求。为了适应消费者需求的多样化、个性化，企业就要以顾客的物流需求为中心，对顾客的需求做出快速反应，及时调整物流作业，这样可以有效地控制物流成本，从而实现服务柔性化。

6．经营全球化

经济全球化、企业外包扩大必将要求企业提高物流运作的国际化水平。在经济全球化背景下，物流目标是为国际贸易和跨国经营提供服务，选择最佳的方式与路径，以最低的费用和最小的风险，保质、保量、准时地将货物从某国（地区）的供应方运到另一国（地区）的需求方，使各国（地区）物流系统相互"接轨"，它代表物流发展的更高阶段。大型物流企业已经开始了它们的全球化扩张战略，经营全球化、大规模的并购和重组是公司战略调整和国际物流市场整合的主要特征。

7．过程绿色化

由于物流活动过程对环境产生很多不利的影响，如汽车运输带来的废气污染环境，货物包装物、衬垫物等会影响环境卫生，甚至可能引发火灾。为保证安全生产，减少对环境的污染，在物流活动和管理的过程中，需要考虑环保和可持续发展问题，采取各种措施进行环境共生型的物流管理，向环保型、循环型物流转变，向绿色物流转变。现代绿色物流管理强调全局和长远的利益，强调全方位、全过程对环境的关注，体现企业的绿色形象，是一种新的物流管理趋势。

第四节　物流与经济发展

一、物流经济活动的性质

企业物流经济活动具有双重性，即物流经济活动既有增值性，又有增加成本与增加环境负担的减效性。物流管理就要做到尽量降低物流的成本占用，尽量减轻物流造成的环境负担，使物流活动达到为企业增值的目的。

（一）物流的增值性

物流对企业经济活动的增值性主要表现在以下几个方面。

1．物流创造时间价值

物品从供给者到需要者中间存在时间差，由于改变时间差而创造的价值，称作"时间价值"。物流创造的时间价值主要通过以下形式取得。

（1）缩短时间创造价值。缩短物流时间，可以减少物流损失、降低物品消耗、提高物品的周转速度、节约资金等。物品的周转时间越短，资本周转越快，资本增值速度越高。

因此，现代物流管理的重点就是如何采取技术的、信息化的方法来尽量缩短物流的时间，从而获得较高的时间价值。

（2）弥补时间差创造价值。在社会经济生活中，物品的供给与消费经常是存在时间差的。有的供给（或生产）是均衡性的而需求（或消费）是季节性的，有的需求（或消费）是均衡性的而供给（或生产）是季节性的。这种时间差的存在，通过物流对物品的有效调度，商品才可能取得较高的价值，才能起到"以丰补歉"的作用。例如，粮食生产有明显的季节性和周期性，这就决定了粮食的集中产出，而粮食的消费是分散的、均衡性的。再如，空调的生产是连续的，消费却有着季节性，每逢春秋季是淡季，而夏冬季是旺季，这时就需要通过物流来弥补供应与需求之间存在的时间差，产品才能彰显自身的最高价值，才能获得理想的效益。物流便是以科学的系统方法来弥补或者改变这种时间差，以实现其时间效用。

（3）延长时间差创造价值。企业物流活动通过人为地延长物流时间可以达到创造价值的目的。例如，有的物品在集中上市时不能获得较好的收益，但通过人们有意识的存储活动，延长物流时间以均衡人们的需求，便能获得更好的收益。

2．物流创造场所价值

物品从供给者到需要者中间存在空间差，场所价值是指弥补这种空间差所创造的价值。物流创造空间效用是由现代社会产业结构、社会分工所决定的。场所价值的取得主要有以下三种形式。

（1）从集中生产场所流入分散需求场所创造场所价值。现代化工业大生产的特点之一是通过集中的、大规模的生产以提高效率，降低成本。在一个小范围内集中生产的产品可以覆盖大面积的需求区域。通过物流将产品从集中生产的低价位区转移到分散于各处的高价位区可以获得较高的利益。

（2）从分散生产场所流入集中需求场所创造场所价值。物流将在不同地区生产的原材料集中到企业所在地，来集中组装生产，从而创造空间价值。例如粮食是在每亩地上分散生产出来的，而城市的需求却相对集中。物流将分散的产品集中起来，因而创造空间效用。

（3）从低价生产场所流入高价需求场所创造场所价值。现代社会中生产与需求在空间上是交错的，这种空间差需要物流来弥补。在经济全球化的浪潮中，国际分工和全球供应链的构筑，就可按比较优势原则，在成本低的区域进行生产，在价值高的区域进行销售，通过物流就可彰显出更高的价值。

3．物流创造加工附加价值

随着商流规模的日趋扩大，以及渠道体系的持续扩张，物流规模也处于不断增长的过程中。物品在流通过程中为了促进销售、维护产品质量和提高物流效率，就可以通过流通加工来增加物品的附加值。如通过物品的简单加工、科学的分拣、合理的包装等措施，实现物流效能的提升和渠道流程的优化，从而创造加工附加价值。

（二）物流的减效性

物流在创造价值的同时，也具有减效性，这种减效性表现在两个方面。

1．物流增加成本

物流是企业的微观物流，也是一个国家的宏观物流，物流成本是一个不可忽视的问题。据估计，企业物流成本成了除原材料成本之外的最大的成本项目。我国物流成本一般占总成本的30%～40%，而有效的物流管理可以降低15%～30%的物流成本。因此，企业必须高度重视物流成本的控制。

2．物流增加环境负担

随着物流的发展，物流对环境的负面影响将加剧。物流对环境的负面影响主要表现在运输活动产生废气污染、各类物流机械产生噪声污染以及包装废弃物带来的视觉污染及处理困难等方面。物流管理的责任之一，就是在保证社会经济发展和企业经营需要的前提下，尽量减轻环境负担。

二、物流对经济社会的作用

物流是整个经济社会的重要组成部分，它的发展与经济社会存在十分紧密的关系。随着我国市场经济的深化发展，物流在整个国民经济和企业发展中的作用越来越重要。

1．物流在国民经济中的作用

物流对整个国民经济的运行发挥着重要的作用，主要体现在以下几个方面。

（1）物流是国民经济的动脉系统，是连接社会各生产部门成为一个有机整体的纽带。国民经济是由众多的产业、部门、企业组成的。这些企业分布在不同的区域，它们之间互相提供产品，存在着既相互依赖又相互竞争的，极其错综复杂的关系。物流就是维系这些关系的纽带，有了物流国民经济才成为一个有机整体。

（2）物流的发展对经济的规模、产业结构的变化以及经济发展速度具有制约作用。一方面，流通规模必须与生产发展的规模相适应，而流通规模的大小在很大程度上取决于物流效能的大小。另一方面，物流技术的发展，能够改变产品的生产和消费条件，从而为经济的发展创造重要的前提。

（3）物流的改进是提高经济效益的重要源泉。物流能否实现合理化，直接影响生产过程能否顺利进行，决定着物品的价值和使用价值能否实现。物流成本在整个产品成本中占有较大比重，合理组织物流对提高国民经济的整体效益有着十分重要的作用。

2．物流对企业经济运行的作用

企业是国民经济的基本单位，企业生产过程由供应、生产和消费三个阶段组成。物流对企业经济运行的作用体现在以下几个方面。

（1）物流是企业生产连续进行的前提条件。现代工业生产的一个重要特点是生产的连续性。企业要保证生产连续不断地进行，一方面必须根据生产需要，按质、按量、按时，均衡不断地供给原材料、燃料和工具、设备等生产资料；另一方面，必须及时将所生产的产品销售出去以实现商品的价值。在生产过程中，各种生产资料要在生产场所和工序之间相互传递，使它们经过一步步的连续加工，成为价值更高、使用价值更大的产品。企业生产经营的全部职能都要通过物流得以实现。

（2）物流是保证商流顺畅进行、实现商品价值和使用价值的物质基础。商品流通过程，既是商流过程，又是物流过程。商流引起物流，物流为商流服务。没有物流过程，商流就不能最后完成，其价值和使用价值也不能最终实现。而且物流能力的大小，直接决定着整个流通的规模和速度。

（3）物流信息是企业经营决策的重要依据。生产力水平的提高，生产规模的急剧扩大，商品需求量和供给量也越来越大，生产结构和消费结构越来越复杂，导致市场竞争的激烈。在这种情况下只有及时、准确、迅速地获取市场信息和物流信息，企业才能做出正确的决策。

三、物流理论与观念

（一）商物分离说

商品从生产领域到消费领域的转移过程称为商品流通。在这个过程中，有两个"流"：商流和物流，二者的统一构成了商品流通。商流和物流分离（下称商物分离）理论是物流科学赖以生存的先决条件。所谓商物分离，是指流通中的两个组成部分——商业流通和实物流通各自按照自己的规律和渠道独立运动。

1．商流

商品所有权转移的活动称为商流。商流活动一般称为交易。商品通过交易活动由供给方转让给需求方，这种转让一般以货币为媒介，按价值规律进行。商流研究的内容是商品交换的全过程，如市场调查、分析、货源组织、订货、销售等。交易方式主要有零售、批发、期货、易货等。

2．物流

物流是指实物从供给方向需求方的转移，这种转移既要通过运输或搬运来解决空间位置的变化，又要通过储存保管来调节双方在时间节奏方面的差别。物流克服了供给方和需求方在空间和时间上的差异，创造了时间、空间价值，在社会经济中起着不可或缺的作用。

3．商流与物流的关系

商流是物流的先导，物流是产生商流的基础，二者既有分离又有结合。

（1）商物流的统一。即商流、物流同步进行，两者流转环节相同。在零售业中的现金交易，企业与外界的现金现货交易可以理解为二者是统一的。二者统一是二者最简单、最原始的关系。

（2）商物流的分离。尽管二者关系密切，但二者在流通渠道、环节和运动形态等方面各自有不同的内容和规律。所谓商物分离是指商业流通（商流）和实物流通各自按自己的规律和渠道运动。它实际上是流通领域中专业分工、职能分工的产物，是物流科学重要的概念。

可以说，商物分离说是物流的一个重要理论。物流科学正是在二者分离的基础上，通过专家学者对物流进行独立的科学研究才得以形成的。

4. 商流与物流分离的表现形式

（1）由购销方式引起的商物分离。如预购、赊销和分期付款等，这主要是时间上的分离。

（2）由结算工具与手段引起的商物分离。结算工具与手段很多，如信汇、电汇、托收、信用证等，在使用这些工具与手段过程中引起商物分离。

（3）由中间贸易引起的商物分离。中间贸易是指商品从出口国流入第三国后，经过加工或原封不动地再出口到进口国。

（4）由期货交易引起的商物分离。这是一种极端形式，只有当实物交割时才发生物流。

（5）其他形式。一些特殊商品，如房屋、土地建筑物等的交易，只有商流没有物流。

5. 商流与物流分离的作用

（1）为贸易提供了方便，可以搞活市场经营，促进经济发展。

（2）可以更好地反映市场需求，稳定市场，指导企业经营。

（3）可以使物流系统合理化。如城市配送系统中物流中心、配送中心、批发站、交通路线的合理规划以及物流设施设备的合理利用等。

（4）有利于专业分工、职能单纯化、提高工作效率，促进服务业发展。实现商物流分离必须创造或具备一定的条件，如商品标准化、合同标准化、工作程序化，还应建立完善的信息系统，创造法治环境。

（二）黑大陆学说

1962年，著名的管理学大师彼得·德鲁克提出"流通是经济领域里的黑暗大陆"的论断。由于流通领域中物流活动的模糊性尤其突出，是流通领域中人们认识不清的领域，所以"黑大陆"说法现在转向主要针对物流而言。黑大陆说本身也说明物流领域尚有许多不为人知的东西，需要在理论和实践中加以探讨。

"黑大陆"说法主要是指"尚未认识、尚未了解"。按照"黑大陆"说法，如果物流理论研究和实际探索能照亮这块"黑大陆"，那么摆在人们面前的将不是一片不毛之地，而是一片宝藏。"黑大陆"说既是对20世纪中期经济界的愚昧的反对和批判，同时也是对物流的正确评价。它指出了当时资本主义繁荣发达的状况下，技术和经济无止境，同时它也正确地评价了物流，认为物流这个领域未知的东西太多了，理论和实践都不成熟，物流可以产生的利润空间极大。

所以，从某种意义上讲"黑大陆"说是一种未知学的研究结论，是战略分析的结果，带着哲学的抽象性。这一学说对研究物流起到了启迪作用。

（三）物流冰山说

物流冰山说是日本早稻田大学西泽修教授提出来的。他研究物流成本时发现，现行的财务会计制度和会计核算方法都不可能掌握物流费用的真实情况，因而人们对物流费用的了解有很大的虚假性，他把这种情况比作"物流冰山"。物流冰山的特点是大部分沉在水面以下，是人们看不见的区域，而人们看到的不过是物流的一部分（图1-1）。物流冰山说指出，物流领域的方方面面还有许多不清楚的地方，物流亟待开发，这正是物流的潜力所在。

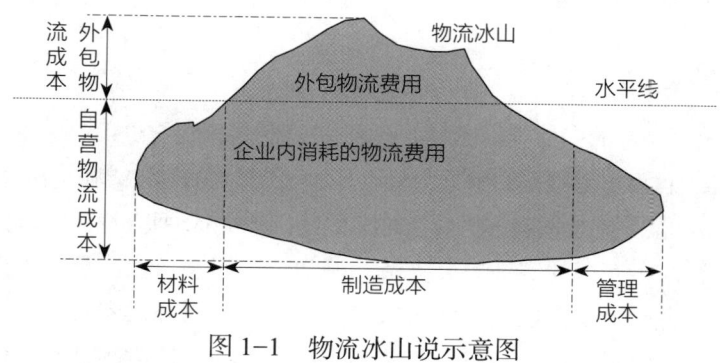

图 1-1　物流冰山说示意图

（四）第三利润源说

"第三利润源"的说法主要来自日本，强调利润中心和直接效益。这一说法是对物流潜力及效益的一种肯定性描述，人们对"黑大陆"未知区域和"冰山说"看不见的部分有了进一步的肯定性认识。

第一利润源是指利用资源获得利润。这里的资源起初是指土地、矿产、廉价的原材料，其后则是指依靠科技进步节约消耗、综合利用、回收利用乃至大量人工合成资源获取高额利润。

第二利润源是指利用人力和科技进步获得利润。当材料成本降低到一定幅度以后，空间就不大了，这时候通过挖掘工人潜力、提高工作效率获得更大利润是企业发展必行之路，所以把这种途径就称为第二利润源泉。这里的人力领域最初是指廉价劳动力，其后是指依靠科技进步提高生产率，降低人力消耗而降低成本，增加利润。

第三利润源是指利用挖掘劳动工具、劳动对象和劳动者潜力获得利润，即通过控制物流成本获得利润。随着经济的发展，第一、第二利润源潜力越来越小，利润开拓越来越困难，而物流领域的潜力日益为人们所重视。三者的差别在于注重的生产力要素不同，第一利润源挖掘的对象是生产力中的劳动对象，第二利润源挖掘的对象是生产力中的劳动者，第三利润源则是挖掘生产力中劳动对象、劳动者、劳动工具的潜力，因而具有全面性。

物流第三利润源理论的形成，基于以下四个方面的理论。

①物流是可以完全从流通中分化出来的，自成体系，有目标有管理，因而能进行独立的总体判断。

②物流和其他的独立经济活动一样，它不是总体的成本构成因素，而是单独盈利因素，可以成为"利润中心"。

③从物流服务角度看，通过有效的物流服务，可以给接受物流服务的生产企业创造更好的盈利机会，成为生产企业的"第三利润源"。

④通过有效的物流服务，可以优化社会经济系统和整个国民经济的运行，降低整个社会的运行成本，提高国民经济总效益。

第三利润源不仅将物流看成直接谋利的手段，而且还更强调它的战略意义，特别强调它是在目前经济领域中的新发现，是经济发展的新思路，这将会对今后的经济发展起到推动作用,也正是目前学术界和广大实业界给予该理论更多关注的主要原因。

(五)效益背反说

效益背反是物流领域的一种普遍现象,是这一领域中内部矛盾的反映和表现。效益背反指的是若干功能要素之间存在着损益的矛盾,即某一个功能要素的优化或利益发生的同时,必然会存在另一个或几个功能要素的利益损失,反之亦如此。这是一种此长彼消、此盈彼亏的现象。

效益背反说有许多有力的实证予以支持。例如包装问题,在产品销售市场和销售价格皆不变的前提下,生产企业在包装方面每减少一分钱,这一分钱就必然转到收益上,包装越省,利润则越高。但是若过分节省,包装不当,产品进入流通领域后,包装无法起到保护产品的作用,更谈不上增加产品的附加值,这就会造成产品的大量损失,会使储存、装卸、运输等物流环节的负担加重,效益减少。

效益背反问题的存在,说明解决物流问题必须有系统的、整体的观念。要寻求减弱物流各功能要素效益背反影响的方法,寻求物流总体优化的策略。

(六)战略说

战略说是当前非常盛行的说法。学术界和产业界越来越多的人已经意识到,物流更具战略性,应该把物流放在更高的位置加以重视,因为物流会影响企业的生存和发展。

第五节 我国物流业的发展现状

改革开放以来,尤其是从20世纪90年代后期以来,我国开始高度重视发展现代物流业,不断制定促进物流发展的政策和措施,保障和拉动经济的稳步增长,我国现代物流业以高于国民经济增长的速度快速发展,物流规模效益持续提高。

一、我国现代物流业的发展背景

近年来,国家重视物流基础设施建设,特别是铁路、公路的优先发展,取得了辉煌的成绩。铁路列车多次提速,大量列车实现夕发朝至,高速公路大大节约了长途运输的物流时间,使物流速度、物流量都大大提高,为我国物流业的高速、高质量发展创造了基础条件。物流业和生产制造、商品流通业相互促进,逐渐进入良性发展的轨道。

1. 我国国民经济高速发展与现代物流业相互促进

我国自改革开放以来,国民经济就走上了持续稳定高速发展的道路。从全国看,发展较快的是我国东南沿海一些省市,它们利用国家给经济特区的一系列优惠政策,大力发展经济,率先实现经济的超常规大幅度增长,其中出现了一批大型实力企业,像格力、华为等。

经济的大幅增长，导致巨大的物资的流动，也导致物流量的增加，这是经济发展的规律，也是物流业成长的必然规律。现在的中国也走到了这个阶段，经济年均增长率高于同期世界经济体的平均增长水平，物质产品数量巨大、市场流通渠道的多样化，使物流的需求量猛增，对物流业的发展提出了迫切的要求。

所以，要继续发展经济，就必须发展物流业。反过来，如果没有经济的高速发展，就没有物流业的发展，也就不可能出现现代物流业的主导力量——第三方物流。

2．信息技术促进了现代物流业的快速发展

20世纪90年代以来，随着互联网技术以及各种信息技术的发展，为企业建设高效率的信息技术网络创造了条件。信息技术实现了数据的快速、准确传递，一方面促使订货、包装、保管、运输、流通加工一体化，另一方面使物流企业与其他企业间的信息沟通交流方便快捷。

从宝供物流、顺丰速运等第三方物流企业的成长过程可以看出，它们真正实现飞跃式发展是在有了完善的物流信息系统之后。宝供物流于1994年成立，真正大规模发展是在1998年将自己的信息系统发布以后，许多客户看到它们有很方便的物流信息系统技术，才比较放心地将自己的物流业务委托给它们处理，客户突然由十几家增加到六十多家。因此可以说，信息技术是促进现代物流业发展的重要因素。

3．相对公平的市场竞争推动了第三方物流的不断发展

第三方物流的产生是社会分工的必然结果。各企业为增强市场竞争力，而将企业的资金、人力、物力投入到其核心业务上，寻求社会化分工协作带来的效率的最大化。专业化分工的结果使生产企业将非核心的物流业务委托给专业的第三方物流公司负责。第三方物流企业则以物流为核心竞争力，他们依靠自己的物流实力，完善物流服务功能，参与市场竞争，取得市场竞争优势。第三方物流的出现，实现了社会的合理分工及社会资源的合理配置，同时又使生产企业和物流企业的核心竞争力都得到加强，效益显著提高，这充分证明了第三方物流的综合优越性。

4．相关物流理论研究的不断深入和重视物流人才培养

21世纪以来，国家重视物流专业人才的培养和相关理论的深入研究，各类企业、高校和物流协会不断深入探索和研究物流技术和管理方法，培养了一大批物流专业人才，推动了现代物流的快速发展。

二、我国物流发展的基本情况

1．物流产业发展迅速

物流产业作为国民经济发展的动脉和基础产业，近几年发展极为迅速。我国经济运行稳中有进，社会物流总额保持良好增势，社会物流总费用与GDP的比率稳中有降，"十四五"实现良好开局。据中国物流与采购联合会《2023年全国物流运行情况通报》（以下称《通报》），2023年全国社会物流总额352.4万亿元，按可比价格计算，同比增长

5.2%，物流需求规模再上新台阶，实现稳定增长。从构成看，农产品物流总额5.3万亿元，按可比价格计算，同比增长4.1%；工业品物流总额312.6万亿元，增长4.6%；进口货物物流总额18.0万亿元，增长13.0%；再生资源物流总额3.5万亿元，增长17.4%；单位与居民物品物流总额13.0万亿元，增长8.2%。

2023年物流业总收入13.2万亿元，同比增长3.9%。随着经济的发展和物流的整合以及社会对物流的普遍重视，物流体系不断完善，行业运作日益成熟。

2．现代物流业已成为国民经济发展的重要推动力量

《通报》显示，2023年社会物流总费用18.2万亿元，同比增长2.3%。社会物流总费用与GDP的比率为14.4%，比上年回落0.3个百分点。从构成看，运输费用9.8万亿元，增长2.8%；保管费用6.1万亿元，增长1.7%；管理费用2.3万亿元，增长2.0%。这些数据表明我国物流业依然保持着较高的增长速度，物流业发展对服务业的贡献日益突出，在社会经济发展中亦发挥着日益重要的作用。

3．物流基础设施不断完善

国家《"十四五"现代物流发展规划》明确表达"综合交通网络是重要的物流基础设施，在提高物流运行效率、降低物流成本中发挥着基础性保障作用"。在以习近平同志为核心的党中央坚强领导下，我国综合交通网络建设取得了举世瞩目的成就，基本形成"6轴7廊8通道"国家综合立体交通网主骨架空间格局，建成了全球最大的高速铁路网、高速公路网、邮政快递网和世界级港口群，综合交通枢纽体系更加完善，"一带一路"交通互联互通水平明显提升，有力促进了现代物流发展。

4．物流成本总体缓慢下降

据中国物流与采购联合会信息，2023年社会物流总费用占GDP的比率比上年回落了0.3个百分点，虽然2022年社会物流总费用与GDP的比率提高了0.1个百分点，但总体看仍呈现下降趋势（表1-2）。随着物流供应链本身运行效率的提升，我国近年来物流效率逐渐提高，但提高速度缓慢。一般而言，发达国家物流总费用占GDP比重约为10%。相比之下我国物流成本占比过高，在微观上降低了生产企业产品的竞争力，在宏观上则影响了国民经济的运行效率。

表1-2 近10年物流费用总额及占GDP的比例统计

年份（年）	社会物流费用（万亿元）	社会物流总费用与GDP的比率
2014年	10.6	16.6%
2015年	10.8	16.0%
2016年	11.1	14.9%
2017年	12.1	14.6%
2018年	13.3	14.8%
2019年	14.6	14.7%

续表

年份(年)	社会物流费用(万亿元)	社会物流总费用与GDP的比率
2020年	14.9	14.7%
2021年	16.7	14.6%
2022年	17.8	14.7%
2023年	18.2	14.4%

数据来源：中国物流与采购联合会。

> **延伸阅读**
>
> **社会物流总额与社会物流总费用的区别**
>
> 社会物流总额是指第一次进入国内需求领域，产生从供应地向接受地实体流动的物品的价值总额。社会物流总额包含六个方面的内容：农产品物流总额、工业品物流总额、进口货物物流总额、外省市调入物品物流总额、再生资源物流总额、单位与居民物品物流总额。
>
> 社会物流总费用指报告期内国民经济各方面用于社会物流活动的各项费用支出的总和，包括多个物流环节的费用，如运输、储存、装卸搬运、包装、流通加工、配送、信息处理等，以及物品在物流期间发生的损耗费用、因资金占用而应承担的利息支出和管理费用等。
>
> 资料来源：百度问答。

三、我国物流发展存在的问题

我国《"十四五"现代物流发展规划》明确提出，我国物流业发展目前主要存在以下问题。

1．物流降本增效仍需深化

全国统一大市场尚不健全，物流资源要素配置不合理、利用不充分。多式联运体系不完善，跨运输方式、跨作业环节衔接转换效率较低，载运单元标准化程度不高，全链条运行效率低、成本高。结构性失衡问题亟待破局，存量物流基础设施网络"东强西弱""城强乡弱""内强外弱"，对新发展格局下产业布局、内需消费的支撑引领能力不够。物流服务供给对需求的适配性不强，低端服务供给过剩、中高端服务供给不足。货物运输结构还需优化，大宗货物公路中长距离运输比重仍然较高。

2．大而不强问题有待解决

物流产业规模大但规模经济效益释放不足，特别是公路货运市场同质化竞争、不正当竞争现象较为普遍，集约化程度有待提升。现代物流体系组织化、集约化、网络化、社会化程度不高，国家层面的骨干物流基础设施网络不健全，缺乏具有全球竞争力的现代物流企业，与世界物流强国相比仍存在差距。

3．部分领域短板较为突出

大宗商品储备设施以及农村物流、冷链物流、应急物流、航空物流等专业物流和民生保障领域物流存在短板。现代物流嵌入产业链深度广度不足，供应链服务保障能力不够，对畅通国民经济循环的支撑能力有待增强。行业协同治理水平仍需提升。

四、发展对策

目前我国物流业的发展面临统筹国内国际两个大局要求强化现代物流战略支撑引领能力、建设现代产业体系要求提高现代物流价值创造能力、实施扩大内需战略要求发挥现代物流畅通经济循环作用、新一轮科技革命要求加快现代物流技术创新与业态升级等形势。在此形势下，物流业的发展要从以下几个方面推进。

（一）精准聚焦现代物流发展重点方向

1．加快物流枢纽建设

深入推进国家物流枢纽建设，补齐内陆地区枢纽设施结构和功能短板，加强业务协同、政策协调、运行协作，加快推动枢纽互连成网。加强国家物流枢纽铁路专用线、联运转运设施建设，有效衔接多种运输方式，强化多式联运组织能力，实现枢纽间干线运输密切对接。依托国家物流枢纽整合区域物流设施资源，引导应急储备、分拨配送等功能设施集中集约布局，支持各类物流中心、配送设施、专业市场等与国家物流枢纽功能对接、联动发展，促进物流要素规模集聚和集成运作。

2．构建国际国内物流大通道

依托国家综合立体交通网和主要城市群、沿海沿边口岸城市等，促进国家物流枢纽协同建设和高效联动，构建国内国际紧密衔接、物流要素高效集聚、运作服务规模化的"四横五纵、两沿十廊"物流大通道。"四横五纵"国内物流大通道建设，要畅通串接东中西部的沿黄、陆桥、长江、广昆等物流通道和连接南北方的京沪、京哈—京港澳（台）、二连浩特至北部湾、西部陆海新通道、进出藏等物流通道，提升相关城市群、陆上口岸城市物流综合服务能力和规模化运行效率。加快"两沿十廊"国际物流大通道建设，对接区域全面经济伙伴关系协定（regional comprehensive economic partnership，RCEP）等，强化服务共建"一带一路"的多元化国际物流通道辐射能力。

3．完善现代物流服务体系

围绕做优服务链条、做强服务功能、做好供应链协同，完善集约高效的现代物流服务体系，支撑现代产业体系升级，推动产业迈向全球价值链中高端。加快运输、仓储、配送、流通加工、包装、装卸等领域数字化改造、智慧化升级和服务创新，补齐农村物流、冷链物流、应急物流、航空物流等专业物流短板，增强专业物流服务能力，推动现代物流向供应链上下游延伸。

4. 延伸物流服务价值链条

把握物流需求多元化趋势，加强现代物流科技赋能和创新驱动，推进现代物流服务领域拓展和业态模式创新。发挥现代物流连接生产消费的作用，与先进制造、现代商贸、现代农业融合共创产业链增值新空间。提高物流网络对经济要素高效流动的支持能力，引导产业集群发展和经济合理布局，推动跨区域资源整合、产业链联动和价值协同创造，发展枢纽经济、通道经济新形态，培育区域经济新增长点。

5. 强化现代物流对社会民生的服务保障

围绕更好满足城乡居民生活需要，适应扩大内需、消费升级趋势，优化完善商贸、快递物流网络。完善城市特别是超大特大城市物流设施网络，健全分级配送体系，实现干线、支线物流和末端配送有机衔接、一体化运作，加强重点生活物资保障能力。补齐农村物流设施和服务短板，推动快递服务基本实现直投到建制村，支撑扩大优质消费品供给。加快建立覆盖冷链物流全链条的动态监测和追溯体系，保障食品药品消费安全。鼓励发展物流新业态新模式，创造更多就业岗位，保障就业人员权益，促进灵活就业健康发展。

6. 提升现代物流安全应急能力

统筹发展和安全，强化重大物流基础设施安全和信息安全保护能力，提升战略物资、应急物流、国际供应链等保障水平，增强经济社会发展韧性。健全大宗商品物流体系，加快构建全球供应链物流服务网络，保持产业链供应链稳定。充分发挥社会物流作用，推动建立以企业为主体的应急物流队伍。

（二）加快培育现代物流转型升级新动能

1. 推动物流提质、增效、降本

促进全链条降成本，推动解决跨运输方式、跨作业环节瓶颈问题，打破物流"中梗阻"。推进结构性降成本，加快推进铁路专用线进港区、连园区、接厂区，合理有序推进大宗商品等中长距离运输"公转铁""公转水"。完善集装箱公铁联运衔接设施，推进铁水联运业务单证电子化，促进铁路、港口信息互联，实现铁路现车、装卸车、货物在途、到达预确报以及港口装卸、货物堆存、船舶进出港、船期舱位预订等铁水联运信息交换共享。支持港口、铁路场站加快完善集疏运油气管网，有效对接石油化学等产业布局，提高管道运输比例。

2. 促进物流业与制造业深度融合

促进企业协同发展，支持物流企业与制造企业创新供应链协同运营模式，将物流服务深度嵌入制造供应链体系，提供供应链一体化物流解决方案，增强制造企业柔性制造、敏捷制造能力。加强工业园区、产业集群与国家物流枢纽、物流园区、物流中心等设施布局衔接、联动发展。支持工业园区等新建或改造物流基础设施，吸引第三方物流企业进驻并提供专业化、社会化物流服务。发展生产服务型国家物流枢纽，完善第三方仓储、铁路专用线等物流设施，面向周边制造企业提供集成化供应链物流服务，促进物流供需规模化对接，减少物流设施重复建设和闲置。支持生态融合发展，统筹推进工业互联网和智慧物流体系同步设计、一体建设、协同运作，加大智能技术装备在制造业物流领域应用，推进关

键物流环节和流程智慧化升级。

3．强化物流数字化科技赋能

加快物流数字化转型，利用现代信息技术推动物流要素在线化数据化，开发多样化应用场景，实现物流资源线上线下联动。结合实施"东数西算"工程，引导企业信息系统向云端跃迁，推动"一站式"物流数据中台应用，鼓励平台企业和数字化服务商开发面向中小微企业的云平台、云服务，加强物流大数据采集、分析和应用，提升物流数据价值。推进物流智慧化改造，深度应用第五代移动通信（5G）、北斗、移动互联网、大数据、人工智能等技术，分类推动物流基础设施改造升级，加快物联网相关设施建设，发展智慧物流枢纽、智慧物流园区、智慧仓储物流基地、智慧港口、数字仓库等新型物流基础设施。促进物流网络化升级，依托重大物流基础设施打造物流信息组织中枢，推动物流设施设备全面联网，实现作业流程透明化、智慧设备全连接，促进物流信息交互联通。推动大型物流企业面向中小微企业提供多样化、数字化服务，稳步发展网络货运、共享物流、无人配送、智慧航运等新业态。

4．推动绿色物流发展

深入推进物流领域节能减排，加强货运车辆适用的充电桩、加氢站及内河船舶适用的岸电设施、液化天然气加注站等配套布局建设，加快新能源、符合国家最新排放标准等货运车辆在现代物流特别是城市配送领域的应用，促进新能源叉车在仓储领域的应用。继续加大柴油货车污染治理力度，持续推进运输结构调整，提高铁路、水路运输比重。推动物流企业强化绿色节能和低碳管理，推广合同能源管理模式，积极开展节能诊断。加强绿色物流新技术和设备研发应用，推广使用循环包装，减少过度包装和二次包装，促进包装减量化、再利用。加快标准化物流周转箱推广应用，推动托盘循环共用系统建设。加快健全逆向物流服务体系，探索符合我国国情的逆向物流发展模式，鼓励相关装备设施建设和技术应用，推进标准制定、检测认证等基础工作，培育专业化逆向物流服务企业。

5．做好供应链战略设计

提升现代供应链运行效率，推进重点产业供应链体系建设，发挥供应链核心企业组织协同管理优势，搭建供应链协同服务平台，提供集贸易、物流、信息等多样化服务于一体的供应链创新解决方案，打造上下游有效串联、分工协作的联动网络。强化现代供应链安全韧性，坚持自主可控、安全高效，加强供应链安全风险监测、预警、防控、应对等能力建设。发挥供应链协同服务平台作用，引导行业、企业间加强供应链安全信息共享和资源协同联动，分散化解潜在风险，增强供应链弹性，确保产业链安全。积极参与供应链安全国际合作，共同防范应对供应链中断风险。

6．培育发展物流经济

壮大物流枢纽经济，发挥国家物流枢纽和国家骨干冷链物流基地辐射广、成本低、效率高等优势条件，推动现代物流和相关产业深度融合创新发展，促进区域产业空间布局优化，打造具有区域集聚辐射能力的产业集群，稳妥有序开展国家物流枢纽经济示范区建设。发展物流通道经济，围绕共建"一带一路"、长江经济带发展等重大战略实施和西部陆海新通道建设，提升"四横五纵、两沿十廊"物流大通道沿线物流基础设施支撑和服务能力，密切通道经济联系，优化通道沿线产业布局与分工合作体系，提高产业组织和要素配置能力。

（三）深度挖掘现代物流重点领域潜力

1. 加快国际物流网络化发展

推进国际通道网络建设，强化国家物流枢纽等国际物流服务设施建设，完善通关等功能，加强国际、国内物流通道衔接，推动国际物流基础设施互联互通。补齐国际航空物流短板，依托空港型国家物流枢纽，集聚整合国际航空物流货源，完善配套服务体系，打造一体化运作的航空物流服务平台，提供高品质"一站式"国际航空物流服务。培育国际航运竞争优势，加密国际海运航线，打造国际航运枢纽港，提升国际航运服务能力，强化国际中转功能，拓展国际金融、国际贸易等综合服务。加快推进长三角世界级港口群一体化治理体系建设。加强港口与内陆物流枢纽等联动，发展海铁联运、江海联运，扩大港口腹地辐射范围。鼓励港航企业与货主企业、贸易企业加强战略合作，延伸境外末端服务网络。提高国际物流综合服务能力，优化完善中欧班列开行方案统筹协调和动态调整机制，加快建设中欧班列集结中心，完善海外货物集散网络，推动中欧班列双向均衡运输，提高货源集结与班列运行效率。

2. 补齐农村物流发展短板

完善农村物流节点网络，围绕巩固拓展脱贫攻坚成果与乡村振兴有效衔接，重点补齐中西部地区、经济欠发达地区和偏远山区等农村物流基础设施短板，切实改善农村流通基础条件。提升农村物流服务效能，围绕农村产业发展和居民消费升级，推进物流与农村一二三产业深度融合，深化电商、快递进村工作，发展共同配送，打造经营规范、集约高效的农村物流服务网络，加快工业品下乡、农产品出村双向物流服务通道升级扩容、提质增效。

3. 促进商贸物流提档升级

完善城乡商贸物流设施，优化以综合物流园区、专业配送中心、末端配送网点为支撑的商贸物流设施网络。完善综合物流园区干线接卸、前置仓储、流通加工等功能。提升商贸物流质量效率，鼓励物流企业与商贸企业深化合作，优化业务流程，发展共同配送、集中配送、分时配送、夜间配送等集约化配送模式，优化完善前置仓配送、即时配送、网订店取、自助提货等末端配送模式。深化电商与快递物流融合发展，提升线上线下一体服务能力。

4. 提升冷链物流服务水平

完善冷链物流设施网络，发挥国家物流枢纽、国家骨干冷链物流基地的资源集聚优势，引导商贸流通、农产品加工等企业向枢纽、基地集聚或强化协同衔接。加强产销冷链集配中心建设，提高产地农产品产后集散和商品化处理效率，完善销地城市冷链物流系统。提高冷链物流质量效率，大力发展铁路冷链运输和集装箱公铁水联运，对接主要农产品产区和集散地，创新冷链物流干支衔接模式。发展"生鲜电商+产地直发"等冷链物流新业态新模式。推广蓄冷箱、保温箱等单元化冷链载器具和标准化冷藏车，促进冷链物流信息互联互通，提高冷链物流规模化、标准化水平。

5. 推进铁路（高铁）快运稳步发展

完善铁路（高铁）快运网络，结合电商、邮政快递等货物的主要流向、流量，完善铁路（高铁）快运线路和网络。加快推进铁路场站快运服务设施布局和改造升级，升级快速接卸货、集散、分拣、存储、包装、转运和配送等物流功能，建设专业化铁路（高铁）快运物流基地。鼓励电商、邮政快递等企业参与铁路（高铁）快运设施建设和改造，就近或一体化布局建设电商快递分拨中心，完善与铁路（高铁）快运高效衔接的快递物流服务网络。创新高铁快运服务，适应多样化物流需求，发展多种形式的高铁快运。在具备条件的高铁场站间发展"点对点"高铁快运班列服务。依托现有铁路物流平台，构建业务受理、跟踪查询、结算办理等"一站式"高铁快运服务平台，推动高铁快运与电商、快递物流企业信息对接。

6. 提高专业物流质量效率

完善大宗商品物流体系，优化粮食、能源、矿产等大宗商品物流服务，提升沿海、内河水运通道大宗商品物流能力，扩大铁路货运班列、"点对点"货运列车、大宗货物直达列车开行范围，发展铁路散粮运输、棉花集装箱运输、能源和矿产重载运输。有序推进油气干线管道建设，持续完善支线管道，打通管网瓶颈和堵点，提高干支管网互联互通水平。依托具备条件的国家物流枢纽发展现代化大宗商品物流中心，增强储备、中转、通关等功能，推进大宗商品物流数字化转型，探索发展电子仓单、提单，构建衔接生产流通、串联物流贸易的大宗商品供应链服务平台。

7. 提升应急物流发展水平

完善应急物流设施布局，整合优化存量应急物资储备、转运设施，推动既有物流设施嵌入应急功能，在重大物流基础设施规划布局、设计建造阶段充分考虑平急（平时和应急）两用需要，完善应急物流设施网络。提升应急物流组织水平，统筹应急物流力量建设与管理，建立专业化应急物流企业库和人员队伍，健全平急转换和经济补偿机制。充分利用市场资源，完善应急物流干线运输和区域配送体系，提升跨区域大规模物资调运组织水平，形成应对各类突发事件的应急物流保障能力。健全物流保通保畅机制，充分发挥区域统筹协调机制作用，完善决策报批流程和信息发布机制，维护正常生产生活秩序和产业链供应链安全。

（四）强化现代物流发展支撑体系

1. 培育充满活力的物流市场主体

提升物流企业市场竞争力，鼓励物流企业通过兼并重组、联盟合作等方式进行资源优化整合，培育一批具有国际竞争力的现代物流企业，提升一体化供应链综合服务能力。规范物流市场运行秩序，统筹推进物流领域市场监管、质量监管、安全监管和金融监管，实现事前事中事后全链条、全领域监管，不断提高监管效能。加大物流领域反垄断和反不正当竞争执法力度，深入推进公平竞争政策实施。

2. 强化基础标准和制度支撑

健全物流统计监测体系，研究建立物流统计分类标准，加强社会物流统计和重点物流企业统计监测，开展企业物流成本统计调查试点。健全现代物流标准体系，强化物流领域国家标准和行业标准规范指导作用，鼓励高起点制定团体标准和企业标准，推动国际国内物流标准接轨，加大已发布物流标准宣传贯彻力度，建立物流标准实施评价体系，培育物流领域企业标准"领跑者"，发挥示范带动作用。加强现代物流信用体系建设，加强物流企业信用信息归集共享，通过"信用中国"网站和国家企业信用信息公示系统依法向社会公开。加强物流安全体系建设，提高物流企业承运物品、客户身份等信息登记规范化水平，加强运输物品信息共享和安全查验部门联动，实现物流活动全程跟踪，确保货物来源可追溯、责任能倒查。提高运输车辆安全性能和从业人员安全素质，规范车辆运输装载，提升运输安全水平。落实网络安全等级保护制度，提升物流相关信息系统的安全防护能力。

3. 打造创新实用的科技与人才体系

强化物流科技创新支撑，依托国家企业技术中心、高等院校、科研院所等开展物流重大基础研究和示范应用，推动设立一批物流技术创新平台。建设物流专业人才队伍，发挥物流企业用人主体作用，加强人才梯队建设，完善人才培养、使用、评价和激励机制。加强高等院校物流学科专业建设，提高专业设置的针对性，培育复合型高端物流人才。对接国际专业认证体系，提高国际化物流人才培养水平，加大海外高端人才引进力度。开展新一轮专业技术人才知识更新工程和职业技能提升行动，推进物流领域工程技术人才职称评审，逐步壮大高水平工程师和高技能人才队伍。

本章小结

本章对现代物流的概念进行了全面的阐述，分为五节内容。第一节介绍了现代物流的概念、现代物流与传统物流的区别、现代物流的发展阶段；第二节介绍了现代物流的功能与分类，现代物流有运输、配送等七大功能，物流按不同的分类标准有不同的分类；第三节介绍了现代物流的特征与发展趋势，现代物流有物流系统化、组织网络化、物流信息化等十个特征，有系统协同化、功能集成化、资源共享化等七个发展趋势；第四节主要介绍了物流与经济发展；第五节介绍了我国物流业发展现状等知识。

思考与练习

一、单项选择题

1. 我国物流的概念是从（　　）引入的。
   A．美国　　　　B．欧盟　　　　C．韩国　　　　D．日本
2. （　　）是指需求方为满足自己企业在物流方面的需求，由自己完成或运作的物流业务。
   A．第一方物流　　B．第二方物流　　C．第三方物流　　D．第四方物流
3. （　　）是挖掘生产力中劳动工具、劳动对象、劳动力的潜力，因而具有全面性。
   A．第一利润源　　B．第二利润源　　C．第三利润源　　D．第四利润源
4. 所谓（　　）是指流通中的两个组成部分——商业流通和实物流通各自按照自己的规律和渠道独立运动。
   A．黑大陆　　　　B．商物分离　　　C．第三利润源　　D．效益背反
5. （　　）指的是若干功能要素之间存在着损益的矛盾，即某一个功能要素的优化或利益发生的同时，必然会存在另一个或几个功能要素的利益损失，反之亦如此。
   A．效益背反　　　B．商物分离　　　C．第三利润源　　D．黑大陆

二、填空题

1. 物流是指根据实际需要，将_____、_____、装卸、搬运、_____、流通加工、_____、信息处理等基本功能实施有机结合，使物品从供应地到接受地进行实体流动的过程。
2. 通过物品的_____、_____、_____等措施，实现物流效能的提升和渠道流程的优化，从而创造加工附加价值。
3. 按照物流系统性质分类，物流可分为_____、_____、_____。
4. 物流冰山的特点是_____沉在水面以下，是人们看不见的区域，而人们看到的不过是物流的_____。
5. 物流的减效性主要表现为_____、_____。

三、简答题

1. 简述我国国家标准关于物流的定义。
2. 简述现代物流与传统物流的区别。
3. 简述现代物流的功能。
4. 简述现代物流的特征。
5. 简述我国物流发展的对策。

四、能力训练题

1. 谈谈你对我国物流业发展现状的认识。
2. 你对我国物流业的发展有什么建议？

第二章 物流活动

学习目标

了解包装的分类、装卸搬运的分类、运输的特征和功能、储存产生的原因、储存的形态和作用、流通加工的类型和典型商品的流通加工、物流信息的概念、配送的概念与特点、物流信息的特征和分类，理解包装的两层含义、装卸搬运的概念与特点、运输合理的五要素、五种运输方式的优缺点和不合理运输的表现、储存有关的概念、流通加工与生产加工的区别，掌握包装的功能、各种包装材料的特点、包装合理化措施、流通加工的概念和作用、装卸搬运的作业构成和作业方式、装卸搬运合理化的措施、运输方式选择的方法、运输合理化措施、储存作业的原则、储存作业的过程、储存合理化的标志，掌握配送的作业流程、配送合理化的途径，能够分析不合理配送现象，并提出配送合理化的措施。

关键概念

集装化	绿色包装	运输合理化	仓储合理化
流通加工	配送	配送合理化	物流信息

教学引入

北京冬季奥运会见证中国物流的力量

2022年2月2日至4日，第24届冬季奥林匹克运动会暨2022年北京冬季奥运会的火炬传递在北京、延庆、张家口三个赛区进行，来自京东物流的快递员栾玉帅当选火炬手，参与到北京冬奥公园路段的火炬传递中。京东快递员成为冬奥火炬手的背后是整个物流行业重要性的凸显。在国际奥林匹克常委会的物流指南里，奥运物流被称为"和平时期体量最大的物流运作"。据了解，北京冬奥会是首次使用中国物流服务商——京东物流的奥运赛事，彰显了中国物流企业服务大型国际赛事的强大实力。作为此次冬奥会的物流服务商，京东物流可以说是全体参赛人员的后勤大管家，负责赛事过程中所需的体育设施、设备、器材、后勤保障物资等的物流服务，呈现出以下几个特点。

（1）科技物流：无人化、智能化。室内智能物流机器人负责物品载运，实现了场馆内无人、无接触式的终端配送。几十套双面智能配送柜，最大程度避免存、取件人的直接接触，主物流中心引入智能仓储管理设施，对高风险物资实行自动化管理及分拣，降低库内操作工人接触高风险物资的概率，实现无人化、智能化的仓储管理，有效应对进口物资仓储管理的防疫压力。

（2）绿色物流：新流程、新设备。60%以上的通用家具白电、100%的奥运村住宿类物资、100%的火炬接力相关物资和90%以上的制服都采取直送目的场馆的方式完成配送，既减少了二次运输及相关的装卸搬运，又节约了仓储空间，还保证了物流效率和效果。坚持使用环保车辆和设备，张家口赛区率先使用氢能源货车；北京赛区全部使用新能源货车和物流操作设备；此外，一些家具、白电、技术物资供应商，共同推行原包装回收再利用，在外包装上粘贴可回收使用标签，提醒人员在拆包环节注意包装的二次使用和回收，并在仓储中心、场馆内设置包装物资回收角，用于回收包装的存储和使用。

（3）作为运动员食材总仓及物流服务商，京东物流统一采购、统一验收、统一仓储、统一食品安全检测和统一冷链物流配送，确保食材供应安全、全程信息化管理的有效管控。

奥运物流包括哪些物流活动？北京冬奥物流在哪些方面体现了绿色化？

第一节　物流包装

大家对于包装并不陌生，产品由生产企业加工完成后，首先要进行包装，之后经过一系列的其他物流活动和销售活动，通过流通渠道进入市场，因此，包装是生产的终点，物流的起点。

一、包装的概念和功能

（一）包装的概念

1．概念

包装具有两层含义，国家标准《物流术语》(GB/T 18354—2021 4.50)对包装(package, packaging)的定义是："为在流通过程中保护产品、方便储运、促进销售，按一定技术方法而采用的容器、材料及辅助物等的总体名称。"在GB/T 18354—2021的备注中，包装"也指为了达到上述目的而采用容器、材料和辅助物的过程中施加一定技术方法等的操作活动"。

2．特点

由包装的两层含义可以看出包装具有保护性、单元性和方便性的特点。

（二）包装的功能

包装具有三大功能。

1．保护产品——最基本的功能

保护产品是包装最基本的功能，产品包装像一名无声的卫士一样，在运输、储存和装卸搬运过程中保护着产品，包装的保护功能具体如下。

（1）包装可以防止产品的破损变形。在装卸搬运、运输和储存过程中，产品避免不了会受到一定程度的冲击、振动、颠簸和摩擦等，通过对产品进行外壳包装、真空减压、充填包装等技术操作可起到保护产品的作用。

（2）包装可以防止产品发生化学变化。有一些产品由于自身特性会受到光线、空气、潮气等影响发生一定的化学变化，对这类产品施加一定的包装技术，可以阻隔空气、潮气和光线等接触产品本身，避免外界因素引起产品发生化学变化。例如，氢氧化钠能与空气中的二氧化碳反应生成碳酸钠和水，因此，氢氧化钠不能裸露在空气中，而是应该采用密闭性好的玻璃容器进行包装存放。

（3）包装可以防止有害生物对产品的影响。有一些产品很容易受到细菌、虫类和鼠类的危害，对这类产品进行严密的包装，可以避免产品遭到损坏。例如，绿豆容易招虫子，可以将绿豆放入密闭性好的塑料袋或瓶子里进行严密包装。

2．方便储运——节约功能

包装像一名无声的助手，合理包装便于装卸搬运、储存、保管、运输、回收与废弃处理等。包装的方便功能具体表现在如下几个方面。

（1）节约时间。科学的包装能为人们的活动节约宝贵的时间。例如，超市里成袋的面包和饼干、成瓶的矿泉水和饮料等，可以给人们生活带来方便，节省一定的购物挑选时间。

（2）节约空间。规格标准化包装、挂式包装、大型组合产品拆卸分装等都能比较合理地利用物流空间，从而节约流通费用。另外，在灾区粮食短缺的情况下，压缩饼干成为很好的救援物资，包装体积小，能快速帮助人们补充能量，还方便储运。

（3）节省体力。按照人体工程学原理，结合实践经验设计的包装，在装卸搬运过程中能够节省人的体力，提高作业效率。

3．促进销售——推销功能

包装像一名无声的促销员，在商品流通过程中，商品包装以精美独特的造型、醒目得体的文字、有影响力的代言人图像和明快的色彩等艺术语言宣传自己。通过包装，商品可以体现出内在的品质和生产企业的经营特点与企业文化，可以吸引不同审美情趣的消费者购买，将自己推销出去。

二、包装的分类

为了对包装进行更全面的认识,可以将包装按包装功能、包装层次、使用范围和使用次数等进行分类。

(一)按照包装的功能分类

包装的主要功能是保护产品、方便储运和促进销售,因此按照包装的功能可将包装分为以下两种。

1．商业包装

(1)定义。商业包装也称销售包装,是以促进销售为主要目的的包装。

(2)特点。商业包装以销售为主要目的,包装外形美观,包装单位适于顾客的购买量以及商店陈设的要求。例如,一瓶酒的容量一般是500毫升等,酒的包装就属于商业包装。

2．工业包装

(1)定义。工业包装也称运输包装,是指物资储运等物流环节所需要的必要包装。

(2)特点。工业包装是为了在装卸搬运、运输和储存等物流环节起到保护商品的作用而进行的包装,工业包装的外形能满足物流环节作业的要求。例如,方便面成箱装属于工业包装。

(二)按包装层次分类

1．个包装

(1)定义。个包装是指以一个商品为一个销售单位进行的包装。个包装直接与商品接触,与商品包装成一个整体,一般随商品销售给顾客。

(2)功能。个包装因为直接与商品接触,会随着商品销售而被销售出去,因此具有直接保护商品、宣传和促进商品销售的作用。

2．中包装

(1)定义。中包装是指若干单体商品或包装组成的整体包装。一部分随商品销售,一部分在销售中被消耗掉,被列为销售包装。

(2)功能。中包装可以进一步保护商品,方便商品盘点、计量和包装组合,因为中包装商品的单价比个包装商品的单价要低,因此更有利于提高销售量。

3．外包装

(1)定义。外包装是指若干商品集中的包装,是商品最外部的包装。

(2)功能。在商品流通过程中,外包装具有保护商品、方便储运与方便装卸搬运等作用,也有利于大量商品的盘点工作。

（三）按包装使用范围分类

1．专用包装
专供某种或某类商品使用的一种或一系列的包装。例如，药品专用包装。

2．通用包装
一种包装能够盛装多种商品，被广泛使用的包装容器。例如，集装箱。

（四）按包装使用次数分类

1．一次包装
只能使用一次，随着商品销售而被销售掉，不再回收复用的包装。例如，糖块的包装。

2．多次包装
多次包装可以被回收，回收后经适当的物理或化学加工处理，仍可重复使用的包装。

3．周转包装
工厂和商店用于固定周转、多次复用的包装容器，周转包装是强制性的回收。

（五）其他分类方法

1．按运输方式不同分类
包装可分为铁路运输包装、卡车货物包装、船舶货物包装、航空货物包装、零担包装等。

2．按包装防护目的不同分类
包装可分为防潮包装、防锈包装、防霉包装、防振包装、防水包装、遮光包装、防热包装等。

3．按包装操作方法分类
包装可分为灌装包装、捆扎包装、裹包包装、收缩包装、压缩包装、拉伸包装和缠绕包装等。

4．按包装是否环保分类
包装按包装是否环保可分为一般包装和绿色包装。

一般包装是为了保护产品、方便储运、促进销售而进行的包装，包装材料包括任何形式的材料，例如，纸张、塑料、金属、玻璃等。

国家标准《物流术语》（GB/T 18354—2021 4.52）中对绿色包装（green packaging）的定义是："满足包装功能要求的对人体健康和生态环境危害小、资源能源消耗少的包装。"

党的二十大报告指出："推动绿色发展，促进人与自然和谐共生。大自然是人类赖以生存发展的基本条件。尊重自然、顺应自然、保护自然，是全面建设社会主义现代化国家的内在要求。"物流作为经济发展中的一部分，也要遵循绿色发展，因此要推进物流包装"绿色"转型。

> **关键概念延伸**
>
> **绿色包装**
>
> 绿色包装节省资源,用后可回收利用,焚烧时无毒害气体产生,填埋时少占耕地并能生物降解和分解。有人将绿色包装归纳为4R,即Reduce减少包装材料消耗;Reuse包装容器可再次使用;Recycle可循环使用;Recovery可回收使用。
>
> 绿色包装的优点体现在:①采用可回收的材料进行包装可以减少碳足迹;②采用天然材料作为包装,包装物用后可生物降解,在生物降解过程中,不会出现像塑料一样产生的有害化学物质;③采用可回收的包装物;用后可以进行回收处理或重复使用,有利于减少环境污染,包装物重复使用能够最大限度地减少对新材料的需求和包装的碳足迹。
>
> 进行绿色包装需要选用绿色包装材料,常见的绿色包装材料有:①重复再用的包装材料,这类材料可以反复使用。如玻璃瓶;②再生包装材料是指包装材料用后可以利用物理方法和化学方法再生;③可食性包装材料是指包装材料可食用,这种包装在食品工业,尤其在果蔬保鲜方面,具有广阔的应用前景;④可降解材料是指包装材料使用之后,可以在自然环境中分裂降解和还原,最终以无毒的形式重新进入生态环境中被重新利用。

三、包装材料

目前可供人们使用的包装材料种类很多,最常见的包装材料是塑料制品,几乎世界上所有国家将塑料作为主要的包装材料,但塑料对环境污染严重,不少国家也研制出了能循环使用的环保材料作为包装物。合理的包装材料不仅可以方便储运、节省空间,更能保护环境以及满足顾客需求。常见的包装材料有如下几种。

(一)草制包装材料

1. 含义

草制包装材料是指用一些天然的草类植物编制成的草席、蒲包和草袋等。

2. 特性

草制包装材料虽然成本低,但是其防水、防潮能力较差,强度也很低,耐用性差,已经逐步被淘汰。

3. 应用

草制包装材料主要应用于食品、农产品等,如草纸袋、竹帘、草编水果篮等,也用于包装铸件和陶瓷产品。

（二）木制包装材料

1．含义

木制包装材料是指用木材、竹材或其他木质衍生物作为主要原材料制成的包装材料。

2．特性

木制包装材料通常具有良好的强度、耐久性和可加工性，因此在包装行业中得到广泛应用。木材是一种可再生资源，使用木制包装材料有助于减少环境污染和节约资源，因此是一种环保包装材料。

3．应用

木制包装在物流和仓储领域也发挥着重要作用。例如，实木木箱和托盘常用于运输和储存大型机械设备、家具、电子产品等物品。这些木制包装材料不仅坚固耐用，而且能有效保护货物在运输和储存过程中的安全。

（三）纸制包装材料

1．含义

纸制包装材料是指使用纸张、纸板或纸浆等纸制品为主要原料制成的包装材料。纸制包装材料因其环保、可回收、易印刷和成本效益高等优点而广泛应用于各种包装需求。

2．特性

纸制包装材料价格低、质地细腻均匀、耐摩擦、耐冲击、易粘合、不受温度影响、无毒无味，但防潮和防湿性能较差，刚度和强度不够理想。

3．应用

纸制物流包装主要有纸板箱和复合纸箱两种形式。纸板箱由多层纸板压制而成，具有一定的强度和稳定性，广泛用于家居用品、化妆品、医药产品的包装。复合纸箱由瓦楞纸板和面纸复合而成，强度高、抗水性强，能够在恶劣的运输条件下保护商品不受损坏。纸制包装材料可用于出口物资的包装以及手工品的包装等。

（四）金属包装材料

1．含义

金属包装材料主要是指用于制造各种包装容器的金属材料，常制成白铁皮罐、金属圆桶、储气瓶等。常用的金属包装材料有钢、铝、锡及其他金属材料。

2．特性

金属包装材料有防水、防潮、防污染和易进行机械加工等优点，但是金属包装材料化学稳定性差，容易生锈，价格昂贵，经济性差。

3．应用

金属包装材料因其优良的物理和化学性能，在食品、饮料、化工、医药等领域有着广泛的应用。

（五）纤维包装材料

1. 含义

纤维包装材料主要由纤维素类材料制成，这些材料主要来源于天然植物纤维，如木材、竹子、草等。

2. 特性

纤维包装材料具有吸湿、透气、透湿性好、强力高、环保等优点，但强度不够理想。

3. 应用

纤维包装材料是一种通用的包装材料，可以用于食品行业，如米粉、豆腐等冷链产品的包装，糕点、巧克力等干品的包装以及速冻食品的包装。同时，它也可以用于医药行业，如药品包装、医疗器械包装等。

（六）陶瓷包装材料

1. 含义

陶瓷包装材料是指以黏土、高岭土等天然矿物或工业废渣为原料，经过加工、成型、烧成等工艺制成的包装容器和材料。

2. 特性

陶瓷包装材料具有耐风化、不变形、耐热、耐酸、耐磨、可回收、易消毒和灭菌等优点，有利于包装成本的降低，但是陶瓷包装材料易碎。

3. 应用

陶瓷包装材料主要用于食品包装、电子产品包装、化妆品包装、医药包装等，应用非常广泛。

（七）玻璃包装材料

1. 含义

玻璃包装材料是指专门用于制造玻璃容器，以满足玻璃产品包装需求的材料。

2. 特性

玻璃包装材料具有耐风化、不变形、耐热、耐酸、耐磨等优点，但在超过一定的冲击力作用下易破碎。

3. 应用

玻璃包装材料在食品、医药、化工等领域得到广泛应用，如糖果、巧克力、酱油、果酱等食品的包装。此外，玻璃作为结构材料和功能材料还被广泛应用于建材、轻工、交通、光学、电子、航空航天和原子能等领域。

（八）合成树脂包装材料

1. 含义

合成树脂是一类人工合成的高分子化合物，具有耐水、耐化学品、难燃等优良性能，合成树脂包装材料是指由合成树脂制成的一类包装材料。

2．特性

合成树脂包装材料透明性和密封性好，硬度强，防水、防潮、防霉、防污染性能好，该材料具有耐药、耐油、耐热、耐寒性能，在商业界被广泛使用。

3．应用

树脂包装材料可以制成塑料容器，如水瓶、油桶、化工容器等；也可以制成塑料包装袋和膜，如超市购物袋、保鲜膜等，这些材料轻便、耐用，且易于处理。

（九）复合包装材料

1．含义

复合包装材料是指将两种或两种以上具有不同特性的材料复合在一起，制成的包装容器。例如，塑料与玻璃纸复合、塑料同塑料复合、金属箔与塑料复合、纸张与塑料复合等。

2．特性

复合包装材料具有耐油性、透明性等优点，可以高温蒸煮和低湿热封。

3．应用

复合包装材料可用于制作果冻、果汁、牛奶等液体的包装盒。在实际工作中，人们往往根据被包装物的包装要求选择合适的包装材料。

四、包装设计

对商品包装进行设计需要运用专门设计技术，综合考虑物流需要、加工制造、市场营销及产品设计等因素，尽可能满足多方面的需要。因此，包装设计需要做包装容器设计和包装技术选用两方面的工作。

（一）包装容器设计

1．选择包装材料

包装材料种类繁多，前面已经讲述。包装设计者应根据产品形态和产品特性等选择一种能充分保护产品、方便储运、经济合理的包装材料。例如，麦当劳采用了一种既能满足顾客需求又环保经济的硬纸板材料作为食品的包装材料。

2．包装造型设计

进行包装造型设计，需要考虑被包装物的形态、包装造型方便装卸和搬运、最大限度地节省储位面积和包装材料等因素，尽最大努力设计出最适宜于容纳被包装物形态的包装造型，力求造型美。

3．包装结构设计

包装结构设计是指根据选用的包装材料特性以及产品的形状、重量、使用条件等物理和化学特性进行产品包装内外部构造设计。包装结构设计既要注重方便性（方便携带、使用、开启、储运和装卸搬运）、保护性（保护产品的使用价值不受破坏）、容装性（充分利用包装容器的空间），又要考虑便于陈列和保护环境等因素。

4. 包装装潢设计

包装装潢设计主要是指对包装物进行图形设计、色彩设计、文字设计、商标设计和上述内容的编排结构设计。包装装潢设计几乎能够传达商品的全部信息，能够宣传、美化和促进商品销售。最基本的商品包装装潢设计是在包装上注明包装标记和包装标志。

（1）注明包装标记。注明包装标记有三种方式。

①一般包装标记。在商品包装物上写明商品的基本信息，即名称、规格、型号、计量单位、数量、长、宽、高、尺寸、生产时间和保质期等。

②表示商品收发地点和单位的标记。在商品大包装物上注明商品收货人地址、发货人地址和收发货单位全称。

③标牌标记。在商品大包装物上打上标识牌，用来说明商品性质、规格、质量、产品批号和生产厂家等内容。

（2）注明包装标志。包装标志有指示标志和危险品标志两种。

①指示标志。包装的指示标志是指印刷在商品外包装上的，用来指示保管人员在作业时应该注意的事项和运输、装卸作业方法以及表明商品性质等的标志。

②危险品标志。危险品标志是指在商品外包装上注明用来说明危险品的物理、化学性质以及危险程度等的标志图案，以提醒人们在物流活动中引起注意。

（二）包装技术选用

常见的包装技术可分为销售包装技术、运输包装技术和五防包装技术三大类。

1. 销售包装技术

销售包装技术是指商品销售过程中所需要的包装技术。一般包括充填技术、裹包技术、封口技术和灭菌技术等。

2. 运输包装技术

运输包装技术是运输过程中非常重要的一环，合理的运输包装不仅可以提高运输工具的空间利用率，而且还可以保护货物的使用价值，防止货物破损和发生化学变化。运输包装技术主要包括外包装技术（容器设计技术和印刷标记技术）和内包装技术（主要是五防包装技术）。

3. 五防包装技术

（1）防振包装。防振包装是为了减缓内装物受到的冲击和振动，保护其免受损坏所采取的一种包装防护措施，主要通过使用柔软弹性的材料，如泡沫塑料、气泡膜、纸板等，吸收和减少振动和冲击的力量，从而确保内装物不会受到破坏。这些材料通常具有良好的缓冲性能和抗压强度，能够有效地保护内装物在运输、搬运和储存过程中的安全。

（2）防潮包装。防潮包装是指为了防止物品遇到空气中的潮气或水蒸气发生变质、凝结等变化而采用的包装技术。

防潮包装技术的主要方法是：进行包装时，选用透湿度低的材料，或者将干燥剂封入包装容器内。

目前应用最广泛的防潮材料有聚乙烯、聚丙烯、聚氯乙烯、聚苯乙烯、聚酯、聚偏二氯乙烯等。

（3）防水包装。防水包装是为了防止包装物内的物品受到水的侵蚀损坏而采取的包装技术。

防水包装的主要方法是：采用防水材料作阻隔层，并用防水黏结剂或衬垫进行密封。

防水包装所选用的材料有包装外壁框架材料（如木材、金属、瓦楞纸板）、内衬材料（如防水包装纸、涂布复合塑料薄膜、铝箔及铝塑复合膜等）、防水涂料（如石蜡、清漆等）以及密封材料和外层覆盖材料。

（4）防锈包装。防锈包装主要是为了防止空气中的污染物或溶解在水蒸气中的物质附着在金属表面，与金属发生氧化反应使金属变质而采用的包装技术。

防锈包装的方法是：首先清洗处理金属制品表面并涂封防锈材料（分为防锈矿油和气化性防锈剂两种），然后用透湿度小且易封口的防潮包装材料进行包装。

（5）防虫、鼠害包装。在运输或储存过程中，虫、鼠会咬坏包装容器或包装商品，为了防止虫、鼠对包装物的破坏而采用的包装技术就称作防虫、鼠害包装技术。

防虫、鼠害包装的方法是：在包装商品时，放入一定量的驱虫剂，并且对包装物品的容器做防虫处理，防止虫害滋生。注意不要用处理包装材料的药剂直接接触所包装的物品。

另外，常见的包装技术还有气体置换包装、真空包装和收缩与拉伸包装技术。随着科学技术的发展和物流活动的要求，新的包装技术将不断产生。

五、包装合理化

包装合理化是现代物流合理化的组成部分，是指使用适当的材料和技术，制成与物品相适应的包装容器，满足包装保护商品、方便储运、利于销售的要求，在整个包装过程中做到绿色包装。包装合理化可以从以下三个方面考虑。

（一）包装设计合理化

包装的主要功能之一是方便储运，因此，不同的装卸方式、保管方式和运输方式决定了进行不同的包装设计。

1. 根据装卸方式进行包装设计

如果是进行人工装卸搬运，那么包装容器及被包装物的重量必须限制在人工装卸搬运允许的范围内，包装的外尺寸也要适合人工操作。

2. 根据保管条件进行包装设计

如果采用高层堆放保管物品，那么进行包装设计时要考虑包装物的强度，防止包装物被压坏。

3. 根据运输方式进行包装设计

对于要进行联合运输的物品，因为途中要经过长距离和多次中转，要采用严密厚实的包装，而短距离运输的物品，可采用轻便、防振的包装。

（二）包装材料和包装技术合理化

1. 防止包装不足

包装不足是指包装材料水平不足、包装强度不足以及包装容器的层次和容积不足。虽然包装不足能降低包装成本，但是包装的保护功能不能得以体现，产品在装卸搬运、运输和储存过程中得不到包装物的抗压、减振、防潮、防湿等保护，产品会造成不可低估的损失。

2. 防止包装过剩

包装过剩是指包装物强度设计过高、包装材料选择过好、包装层次过多及包装体积过大。

过剩包装会增加包装成本，继而会占用过多的物流成本，导致大量原材料和空间利用的大量浪费。应对包装过剩的最好做法是在保证产品装卸搬运和储运过程中安全的基础上，尽量减少包装材料的使用，在保证产品销售效益的基础上，减少不必要的美化包装，尽量选用环保包装材料。

（三）进行绿色包装

进行包装时，尽量考虑包装容器的回收利用问题，实现物资的循环利用。

1. 采用绿色包装材料

绿色包装材料就是在生产、制造、使用和回收的包装物中，对人体健康无害，对生态环境有良好保护作用和可回收再用的包装物料。

2. 采用包装标准化技术和包装通用化技术

包装标准是以包装为对象制定的标准，是指根据商品的理化性能、形状、体积和重量等，按照有利于商品流通和节约的原则，对包装的类型、规格、容量、包装物料和容器的结构造型等制定统一的标准，使同种或同类物资的各种不同的包装趋于一致。

包装通用化是指在设计商品包装时，不仅使其适用于某种商品的需要，而且尽可能考虑在不同商品之间的通用性，使其适应多种商品包装的需要。

包装标准化技术和包装通用化技术可以提高包装容器的适用范围，可以提高装卸搬运的效率，减少装卸搬运过程中造成的外包装的损坏，提高货运质量，降低装卸搬运成本。同时，包装标准化技术和包装通用化技术也能促进包装材料的回收利用，节约包装成本。包装的通用化和标准化不仅是包装合理化的标志，也是物流合理化的标志。

第二节　装卸搬运

一、装卸搬运的概念及特点

（一）装卸搬运的概念

1. 装卸的概念

国家标准《物流术语》（GB/T 18354—2021 4.46）对装卸（loading and unloading）是这样定义的："在运输工具间或运输工具与存放场地（仓库）间，以人力或机械方式对物品进行载上载入或卸下卸出的作业过程。"

简而言之，在同一地域范围内（如仓库内部、配送中心内部等）为改变物品的存放、支撑状态，对物品所做的垂直位移活动（装上或卸下）称为装卸。

2. 搬运的概念

国家标准《物流术语》（GB/T 18354—2021 4.47）对搬运（handling）是这样定义的："在同一场所内，以人力或机械方式对物品进行空间移动的作业过程。"

3. 装卸与搬运

装卸是为了改变物品的存放、支撑状态对物品所做的垂直移动，搬运是对物品所做的水平移动，两者全称装卸搬运。

注意：在习惯使用中或在一些特定场合，有时单称"装卸"或有时单称"搬运"，其实这两种称谓包含了"装卸搬运"的完整含义。例如，在铁路运输中，人们常将装卸搬运称为"货物装卸"；在生产领域中，人们常将装卸搬运称为"物料搬运"。实际上，活动内容都是一样的，只是由于人们的习惯，在不同的场合对装卸搬运的称谓不同。

（二）装卸搬运的特点

装卸搬运是整个物流系统的接口，虽然装卸搬运活动不能够产生价值，但是离开了装卸搬运物品则无法进行储存与运输，装卸搬运是伴随着仓储、运输等物流活动而产生的。与其他物流活动相比，装卸搬运有五大特点。

1. 装卸搬运活动具有附属性和伴生性

不管是在生产领域还是在流通领域，装卸搬运活动是伴随着其他活动而产生的。例如，装卸搬运活动会伴随着加工、装配和检验活动产生；物流活动中的运输和仓储也需要装卸搬运活动实现物品的垂直运动和水平移动。

2. 装卸搬运活动具有支持性和保障性

生产和流通领域离不开装卸搬运，装卸搬运为其提供了保障和服务。装卸搬运作业的质量和效率会直接影响产成品的流通速度与质量，提高装卸搬运作业的质量和效率，可以加速车辆周转，提高运输和仓储效率，为生产和流通提供保障。

3. 装卸搬运活动具有衔接性

装卸搬运活动是物流七大功能活动能否形成有机整体的关键，装卸搬运是整个物流系统的接口，产品包装之后需要装卸搬运才能完成仓储活动，处于保管状态的物资通过装卸搬运才能完成出库运输、配送和流通加工等活动。

4．装卸搬运活动具有波动性和多变性

装卸搬运是流通领域非常重要的一项活动，然而，流通领域的一些活动是动态的，一些物流作业是突发的、间歇性的，因此，伴随着物流活动产生的装卸搬运也具有波动性和多变性。要提高装卸搬运的效率，就应该提高装卸搬运适应作业环境变化的能力。

5．装卸搬运活动具有成本性

在七大物流功能活动中，装卸搬运活动出现的频率要高于其他物流活动，每次进行装卸搬运都要耗费大量的时间、人力和物流设备，进行的装卸搬运活动越多，所花费的物流费用就越高。装卸搬运活动是一项不增值的活动，每一次装卸搬运都会增加物流成本，因此，装卸搬运活动具有成本性。

二、装卸搬运的分类

（一）按装卸搬运的场所分类

按照装卸搬运的场所，装卸搬运可以分成四类，见表2-1。

表2-1　按作业场所分类的装卸搬运及特点

装卸搬运种类	特　点
仓库装卸搬运	仓库装卸搬运伴随着入库、保管、出库等活动产生，并且以堆垛、上架、取货、搬运等作业为主
铁路装卸搬运	铁路装卸搬运是对火车整车货物的装进卸出及搬运，一次作业就实现一整车货物的装卸搬运，一次作业量大
港口装卸搬运	港口的装卸搬运一般是为了实现船与陆地之间货物的过渡交接，因此，其作业包括码头前沿的装船和码头后方的装卸搬运
汽车装卸搬运	汽车装卸搬运的一次作业批量不大，汽车具有灵活性，可以根据作业场地进行前进或后退，因此，可以减去搬运活动，利用相应的物流设备（如装卸桥），通过装卸作业活动实现汽车与物流设备（如叉车）之间的货物过渡

（二）按装卸搬运的机械及机械作业方式分类

按照此分类方法，可将装卸搬运分为使用吊车的"吊上吊下"方式、使用叉车的"叉上叉下"方式、使用半挂车或叉车的"滚上滚下"方式和"移上移下"方式及散装散卸方式等。

（三）按被装物的主要运动形式分类

按照此分类方法，可将装卸搬运分为垂直装卸、水平搬运两种形式。

(四)按装卸搬运对象分类

按装卸搬运对象分类,可将装卸搬运分为散装货装卸、单件货物装卸和集装货物装卸。

(五)按装卸搬运的作业特点分类

1. 连续装卸

连续装卸主要是指同种大批量散装或小件杂货通过连续输送机械,连续进行作业,中间无停顿,货间无间隔,在货物量较大、对象固定、货物对象不易形成大包装的情况下适合采取这一方式。

2. 间歇装卸

间歇装卸有较强的机动性,装卸地点可在较大范围内变动,适用于货流不固定的各种货物,尤其是包装货物、大件货物,散粒货物也可采取此种方式。

三、装卸搬运作业

(一)作业构成

物流活动中的装卸搬运活动大多是伴随着运输和仓储产生的,主要涉及物品的装货、卸货、搬运移送、堆垛拆垛、分拣配货及附属于这些活动的作业等。

1. 装货卸货

装货卸货是指将物品装上运输工具或将物品从运输工具上卸下。例如,将物品装上汽车、卡车、火车、飞机、轮船等交通运输工具或是将物品从这些运输工具上卸下。

2. 搬运移送

搬运移送是指对物品进行短距离的水平移动,进行搬运的目的主要是为了完成装卸、分拣和配送活动。

3. 堆垛拆垛

堆垛是指运用装卸搬运设备(如叉车、地牛等)将物品或单元包装物按照作业规范移动或举升到特定位置(托盘或货架)进行码放和堆垛的操作。

拆垛是指利用装卸搬运设备将物品从货垛上分拆取下的作业过程。

4. 分拣配货

分拣是指发生在堆垛作业之前的活动,它是将物品按照规格、型号、颜色等基本特性、发货方向和顾客要求等分门别类地挑选出来并放到指定位置堆放的活动。

通俗地讲,配货是指按照顾客订单要求,将物品从货垛(托盘或货架)上取出,按要求放到指定位置,以备随时装车。

(二)作业方式

装卸搬运的作业方式按照作业对象特征和作业机械化程度可分成不同类别。

1. 按作业对象特征分

按作业对象特征，装卸搬运作业包括单件作业、集装作业和散装作业三种方式。

（1）单件作业。单件作业是指对非集装按件计的货物逐个进行装卸搬运的操作。单件作业对机械、装备、装卸条件要求不高，因而机动性较强，可在很广泛的地域内进行而不受固定设施、设备的局限。一些杂货、多品种小批量的货物以及单件大型笨重货物可采用单件作业方式。单件作业方式灵活，可采用人力、半机械化或机械化设备进行装卸搬运，但单件作业方式作业频率高，容易出现货损现象，反复装卸搬运浪费时间和人力，影响物流活动的整体效率。

（2）集装作业。集装作业是指利用机械设备对集装货物进行装卸搬运的作业方法。集装作业的作业对象是较大的集装单元，一次作业量大，作业速度快，作业时不逐个接触货物本身，货损比单件作业要小。但是，集装作业用人力很难完成，需要利用一定的机械设备，因此，有时集装作业会受作业场所和机械设备限制，机动性较差。

一般情况下，除特大、特重、特长的货物以及粉状、粒状、液状和气状货物外，都可以对货物进行集装组成一个集装单元，采用机械设备进行集装作业。

常见的集装作业方式有托盘装卸搬运、集装箱装卸、货捆"吊上吊下"式的装卸、集装网袋"吊上吊下"式的装卸和挂车"滚上滚下"式的装卸等。

（3）散装作业。散装作业是指利用机械化的设施设备对大批量粉状、粒状货物进行无包装散装和散卸的装卸方法。常见的散装作业方式有气力输送装卸搬运、重力装卸搬运和特种机械装卸搬运。

2. 按作业机械化程度分

按作业机械化程度分类，装卸搬运作业可分为三类：人工作业、半机械化作业和机械化作业。

四、装卸搬运合理化

（一）装卸搬运合理化的概念

装卸搬运合理化是指以尽可能少的人力、物力和时间消耗，高质量、高效率地完成货物的装卸搬运活动。

装卸搬运合理化是相对的，由于各方面客观条件的限制（如作业场所空间小、装卸搬运机械体积大等），不可能达到绝对装卸搬运合理化。

（二）装卸搬运合理化的目标

在满足装卸搬运作业要求的前提下，装卸搬运要尽量向作业距离短、时间少、质量高和费用省的目标努力。

1. 距离要短

最经济的装卸搬运是货物的运动距离是"零"，但这是不现实的。任何装卸搬运都会产生移动，产生距离，移动距离越大，耗费的时间和费用就越多，所以，装卸搬运的合理化目标之一是在满足装卸搬运作业要求的前提下尽量做到移动距离短,这样可节省时间和费用。

2. 时间要少

装卸搬运是物流的接口,装卸搬运作业时间越长,整个物流系统的响应速度就越慢,因此,从物流系统整体最优的角度考虑,装卸搬运合理化的目标之一是根据实际情况尽量缩短装卸搬运的时间,提高作业效率,及时满足客户需求。

3. 质量要高

装卸搬运质量高低取决于装卸搬运的对象物能否按指定要求以正确的数量、品种和质量安全、及时地装卸搬运到指定位置。良好质量的装卸搬运可以为客户提供优质服务,更好地满足客户需求,因此,装卸搬运质量是装卸搬运合理化的核心。

4. 费用要省

装卸搬运活动是不增值的活动,节省装卸搬运费用可以降低整个物流系统的成本,因此,节省费用成为装卸搬运合理化的目标之一。

装卸搬运费用主要是由装卸搬运工人的工资和装卸搬运设备购置维护费组成,要节省装卸搬运费用就要从提高装卸搬运机械化和物流现代化入手,通过机械化和自动化装卸搬运作业,减少作业人员,提高作业效率,降低人工费用。

(三)装卸搬运合理化的措施

1. 防止、减少和消除无效装卸搬运作业

无效装卸搬运作业是指在装卸搬运作业活动中可以避免的不必要的装卸搬运作业。例如,过多的装卸搬运次数、装卸搬运过大的外包装、装卸搬运掺杂无效物质的货物和按复杂路线搬运等都是无效装卸搬运作业。防止、减少和消除上述无效装卸搬运作业可从如下几个方面着手。

(1)尽量减少装卸搬运次数。装卸搬运活动不能增加物品的价值,过多地进行装卸搬运还可能会损坏物品,因此,在满足作业要求的前提下,要将装卸搬运次数控制在最小范围内。通过合理安排作业流程、合理布局仓库及选用合理的作业机械,可以实现装卸搬运次数最小。

(2)提高装卸搬运对象物的纯度。合理的装卸搬运活动应该只搬运必要的物质,有些物质应该去除其所含的杂质再进行装卸搬运,这样能节省人力、机械和时间。

(3)装卸搬运对象物包装要适宜。装卸搬运对象物过大的包装成为装卸搬运作业的负担,会增加装卸搬运活动劳动力的消耗,因此,要合理包装,包装够用即可,不必进行烦琐包装。

(4)缩短装卸搬运作业的距离。长距离的装卸搬运活动不仅不能增加物品价值,还会浪费作业时间,降低作业效率。因此,要选择最短的作业路线,舍弃迂回或舍近求远的作业路线。

2. 提高装卸搬运的活性

所谓装卸搬运的活性是指物料和货物从静止状态转变为装卸搬运运动状态的难易程度。

例如，仓库刚到一批货物，先把货物卸下车，卸下车的货物可以散放在地上、装箱存放在地上和放在托盘上，接下来要把卸下的货物搬运到仓库里，如果搬运散放在地上的货物，则需要将货物一个一个码盘再搬运，增加了装卸次数，此时装卸搬运活性低；若搬运放在托盘上的货物，可以直接用叉车或地牛进行搬运作业，此时装卸搬运活性较高。

物流业界对不同放置状态的货物结合其需要进行的作业做了不同的活性规定，给出了0~4五个等级的活性指数，如表2-2所示。

表2-2 装卸搬运活性指数等级

活性指数等级	货物放置状态	需要进行的装卸搬运作业			
		集中	搬起（支垫）	装车	运走
0	散放在地上	需要	需要	需要	需要
1	装箱或经捆扎	不需要	需要	需要	需要
2	装箱或捆扎后放在托盘或支垫上	不需要	不需要	需要	需要
3	集装后在无动力车上，即刻移动	不需要	不需要	不需要	需要
4	货物集装后在动力车或传送带上	不需要	不需要	不需要	不需要

说明：

0级活性指数的货物——货物杂乱地堆在地面上，需要经过集中、搬起、装车和运走作业，作业次数多且烦琐，其活性指数为0。

1级活性指数的货物——货物装箱或经捆扎，需要经过搬起、装车和运走作业，活性水平提高一级。

2级活性指数的货物——货物装卸或经捆扎后，下面放有托盘或其他衬垫，便于叉车或其他机械作业，需要经过装车和运走作业，活性水平又提高一级。

3级活性指数的货物——货物集装后在无动力车上（如台车或起重机吊钩），处于即刻移动的状态，只需等待运走，活性水平显著提高。

4级活性指数的货物——货物集装后在动力车或传送带上，已经被起动，处于直接作业的状态，活性水平最高。

从货物装卸搬运的活性指数可以看出，装卸搬运作业时应该将货物进行集装单元化或是装在动力车或传送带上，这样更有利于提高装卸搬运效率。

从理论上讲，活性指数越高越好，但在实际操作中需要考虑实施的可行性。

3．实现装卸搬运作业的省力化

装卸搬运通过人力和机械设备使物品发生垂直方向和水平方向移动，在这个过程中要尽力做到省力化。

（1）利用物品本身的重力实现装卸搬运省力化。利用货物本身的重力使其由高向低运动，减少劳动量。例如，可以将物品放到有一定倾斜度的滑辊或货架上，借助其重力实现自由移动。

（2）借助特殊设施或设备实现装卸搬运省力化。在运输过程的装卸搬运中，可以用运输工具和特殊设施设备的衔接使货物平移，以此消除货物重力对人体的冲击。例如，将货物从火车上装卸搬运到汽车上，可以利用站台衔接这两种运输工具，通过货物水平移动完成装卸搬运作业。

4．提高装卸搬运作业的机械化水平

在装卸搬运过程中，一些量多、体积大、超重的物品，很难依靠人力独自完成，这时可以借助装卸搬运机械代替人工作业，提高作业的效率，节省人力。提高装卸搬运作业的机械化水平不是盲目地使用装卸搬运机械设备，而是要综合考虑作业量、物流费用和技术需要。例如，对于可以用简单机械或人工完成的装卸搬运就没必要用机械化强的搬运设备，因为这样会提高物流费用；对于像粉体、液体和超重物品等的装卸搬运以及人力难以操作的装卸搬运活动可以运用机械化的设施与设备。

5．合理选择装卸搬运方式

装卸搬运方式的选择跟装卸搬运对象物的特性有关。对于粉状物和粒状物，要进行散装处理，应进行装卸搬运散装作业；对于普通包装货物，根据实际情况需要，可以将货物进行集装单元化处理，可以将货物与托盘或集装箱进行组合构成一个集装单元后，进行集装单元化作业，这样可以提高装卸搬运活性，提高装卸搬运效率。

6．合理配置装卸搬运作业量和人员设备

装卸搬运具有波动性和多变性特点，作业量不均衡且具有突发性，因此，要做好作业量和人员设备的合理配置工作，避免忙闲不均衡的现象出现，提高设备利用率和人员工作效率。

第三节　运输

交通运输是国民经济和社会发展的重要基础。在流通领域中，供给与需求存在空间上的矛盾，这一矛盾的解决需要物流系统中的运输活动。运输是物流系统的动脉，没有运输就不可能实现物品的实体流动，也就不可能解决供给与需求的空间矛盾，因此，运输是物流系统的核心功能活动之一。

一、运输的概念、特征及功能

（一）运输的概念

1．广义的运输

广义的运输是指人和物通过运力在空间的移动，其具体活动是人和物的载运及输送。运力是从事运输的机械设备和人员调配的总称。

2. 狭义的运输

狭义的运输是指物流系统中的运输，是在较大空间范围内利用运输相关设备和工具，将物品从一个地点运送到另一个地点的活动。

3.《物流术语》中对运输的定义

国家标准《物流术语》（GB/T 18354—2021 4.1）中对运输（transport）的定义是："利用载运工具、设施设备及人力等运力资源，使货物在较大空间上产生位置移动的活动。"运输活动包括集货、搬运、中转、装入、卸下、分散等一系列操作，通俗地说，运输是指人们借助运输工具，实现运输对象的空间位置移动的目的性活动。

（二）运输的特征

1．运输与其他活动联系广泛

运输贯穿于整个社会再生产过程，通过运用各种运输方式可将原材料、零部件、半成品等送往生产线，也可将产成品运往消费地，运输和生产系统及流通系统的活动联系很广泛。

2．运输产品具有特殊性

运输产品与生产活动的产品不同，运输产品具有一定的特殊性，表现在以下两个方面。

（1）运输产品的非实体性。运输产品是指物质实体发生的空间位移。生产活动的产品是实实在在的物质实体，而运输产品却是看不见摸不着的，它和物质实体结合在一起通过运输产生位移。

（2）运输活动不创造新产品。运输虽然也创造价值和使用价值，但是由于运输产品的非实体性特征，因此，运输活动不创造新产品，它只是通过实现货物场所的变更来体现自己的价值。如果运输创造了新产品，那么说明运输产生了多余的位移，对整个物流活动来说那将是一种很大的浪费。

3．运输方式之间具有可替代性

各种运输方式的产品具有统一性，都是货物在空间上的位移，因此，为了实现货物在空间上的位移，可以用一种运输方式代替另一种运输方式，各运输方式之间具有可替代性。例如，将货物从大连运往北京，可以走铁路运输，也可以走陆路运输。

（三）运输的功能

运输是物流中极重要的功能要素之一，其具有两大功能，即物品转移和物品储存。

1．物品转移

运输可实现物品的空间位移，可在较大范围内将物品从一个地点转移到另一个地点。

2．物品储存

运输中的储存是指短时间储存，就是将运输工具（车辆、船舶、飞机、管道等）作为临时储存设施来贮藏和保管货物。

二、五种基本运输方式

按照所使用的运输工具不同,可将运输分为公路运输、铁路运输、水路运输、航空运输和管道运输五种基本运输方式。

(一)公路运输

物流中的公路运输是指利用特定载运工具(汽车、拖拉机、畜力车、人力车等)承载货物,在公路上实现货物空间位移的活动过程。

1.公路运输的特点

(1)优点。

①机动灵活。可随时调拨,简洁方便,可以实现"门到门"输送。

②运输速度快。运输过程中换装环节少,中短途运输速度较快。

③近距离、中小批量的货物运输,运输费用相对较低。

④投资少,经济效益高。

⑤受地形限制小。汽车或卡车在公路上行驶,可以绕过山路行驶,受地形限制小。

(2)缺点。

①运输能力小。汽车载运量小,普通货车可载运3~5吨,使用拖车,最大载重量是10吨,比铁路或轮船运输容量小了很多。

②运输能耗高。汽车的动力来自发动机,需要消耗汽油。

③运输成本较高。

④噪声、废气等环境污染严重。

⑤安全性较差。在路况较差的运输过程中货物受振动较大,容易造成货损货差事故。

2.公路运输的适用范围

综合分析公路运输的优势和劣势,它主要适用于以下场合。

(1)近距离独立运输作业。

(2)补充和衔接其他运输方式。

(二)铁路运输

铁路运输是指利用铁路列车沿着铺设的轨道将货物从一个地点运送到另一个指定地点的陆上运输方式。

1.铁路运输的特点

(1)优点。铁路运输的优点主要表现在以下几个方面。

①运量大。铁路运输可承担长距离大宗货物运输。

②运输成本(特别是可变成本)较低。铁路运输采用大功率机车牵引列车,能耗低,所以运输成本较低。

③到发时间准确。铁路运输可以按照列车时刻表进行货物运输,有一定计划性,到发时间可以得到控制。

④受气候限制小。大多数情况下，铁路货运不受气候条件影响，如遇平常的雨雪天气，列车也可安全行驶。

⑤铁路运输是多式联运中不可缺少的运输方式。铁路可以方便地与公路运输、水上运输衔接，可以进行驼背运输和集装运输。

（2）缺点。

①受车站、线路限制，不够机动灵活。

②铁路线路是专用的，线路建设投资大，周期长，占地多。

③易受运行时刻、配车、编列或中途编组等因素的影响，不适应客户的紧急需要。

④近距离运输费用较高。

⑤不能实现"门到门"运输。

2．铁路运输的适用范围

根据铁路运输的特点，铁路运输主要适用于以下场合。

（1）大宗、低价值货物的中、长距离运输，也较适合散装货物（煤、金属、矿石、谷物）和罐装货物（如化工、石油产品）运输。

（2）大量货物一次性高效的运输。

（3）运费负担能力小、货物批量大、运输距离长的货物运输。

（三）水路运输

水路运输是指利用船舶等浮运工具，以港口或港站为作业场地，在一定水域（江、河、湖、海和人工水道）上进行运输活动的一种运输方式。

1．水路运输分类

水路运输按照航行区域，可分为以下几种。

（1）远洋运输：使用运量大的大型船舶进行国际间货物跨洋运输的水路运输方式。

（2）近洋运输：使用中、小型船舶通过大陆邻近国家海上航道进行运输的一种方式。

（3）沿海运输：使用中、小型船舶通过大陆附近沿海航道（一般是国内沿海航道）进行运输的一种方式。

（4）内河运输：使用中、小型船舶在陆地内的江、河、湖（如长江、珠江、黑龙江、黄河、淮河、辽河）等水道进行运输的一种方式。

2．水路运输特点

（1）优点。

①运输能力最大。在五种运输方式中，水路运输能力最大。目前世界上超级油轮的载重量达55万吨，集装箱船已经达到上万TEU箱位。

②运输成本最低。在五种运输方式中，水路运输成本最低，因为海上运输可利用天然航道，可以减少建设航线的费用，我国沿海运输成本只有铁路的40%。

③建设费用少。除必须投资建造船舶，建设港口外，沿海航道几乎不需其他投资。

④平均运距长。水路运输平均运距分别是铁路运输的2.3倍，公路运输的5.9倍，管道运输的2.7倍。

⑤运输工具通用性能较强。船舶可以运送各类货物，尤其是长、大、笨重的大宗货物。

⑥有利于对外贸易的发展。远洋运输可实现货物的进出口，利于对外经济贸易的发展。

（2）缺点。水路运输的缺点主要表现在以下几个方面。

①受自然条件影响大。比如，冬季结冰，枯水期水位变低，难以保证船舶全年通行。

②运输速度慢，准时性差。由于水路运输是船舶在一定水域上行驶，因此，遇到恶劣天气或突发情况，会影响货物送达的准时性，一个航次长的达数十天，短的也要一个星期左右。

③运输途中风险大，安全性略差。在运输途中会有不可抗事件发生，导致货物丢失或破损。

④搬运成本与装卸费用高。水上运输运能最大，装卸作业量大，导致装卸搬运费用高。

3．水路运输的适用范围

水路运输主要适用于承担运距长、运量大、体积大、价值低、不易腐烂、对运输时间要求不高的各种大宗货物的运输。

（四）航空运输

航空运输是在具有航空线路和航空港的条件下，利用飞机作为运载工具进行货物运输的一种运输方式。

1．航空运输的特点

（1）优点。

①运行速度最快。

②直达性、机动性能好。

③安全性能高、事故率低。

④对运输货物包装要求较低。

（2）缺点。

①运输能力小。

②能耗大。五种运输方式中，航空运输单位里程的能耗最大。

③运输成本最高。由于航空运输需要飞机作为载运工具，需要培训驾驶员，需要燃料作为飞机飞行的动力，因此，在五种运输方式中，航空运输成本最高。

④运输服务的可得性较差。并不是每一种货物都适用于航空运输，对于大宗货物和对时间要求较低的货物来说，航空运输的成本很高。

2．航空运输的适用范围

（1）附加值高、质量轻、体积小的物品进行中长距离运输。如精密仪器、电子仪器仪表、电脑设备、贵重金属、宝石等。

（2）货物的紧急运输。如救灾物资的运输和时效性物品的运输。

(五)管道运输

管道运输是指利用管道通过一定的压力差推动物体在管道内移动,从而完成货物运输的一种现代化运输方式。

1. 管道运输的特点

(1)优点。

①运输量大。一条直径720毫米的输煤管道,一年即可输送煤炭2000万吨,几乎相当于一条单线铁路的输送能力。

②在各种运输方式中能耗最小。

③可以实现封闭运输,安全可靠,货损货差少,无污染,成本低。

④不受气候影响,可以全天候连续作业,送达货物的可靠性高。

⑤运输的货物无须包装,节省包装费用。

⑥建设工程量小,占地少,在平原地区大多埋在地底下,不占农田。

(2)缺点。

①可运货物种类受限。只适合运输石油、天然气、化学品、碎煤浆等气体和液体货物。

②设备固定,机动灵活性差。

③固定投资大。

④运速较慢。

2. 管道运输的适用范围

管道运输主要负担单向、定点、量大的流体状货物(气体、液体和粉状固体货物)运输。

在这五种运输方式中,运输速度由高到低的排列顺序是:航空运输、公路运输、铁路运输、水路运输和管道运输。在这五种运输方式中,不考虑管道运输的话,运输成本由低到高的排列顺序是:水路运输、铁路运输、公路运输和航空运输。

三、运输方式的选择

运输方式的选择方法有两种,即定性分析法和定量分析法。

(一)运输方式选择的定性分析法

通过定性分析法分析各种运输方式的适用范围、服务要素和成本,选择最合理的运输方式。

1. 单一运输方式的选择

(1)比较五种运输方式的适用性。五种运输方式的适用范围,如表2-3所示。

表2-3　五种运输方式的适用范围

运输方式	适用范围
铁路运输	大宗的、单一的、长距离的货物；铁路整车、合装整车和零担运输
公路运输	短途、没建铁路的边远地区的长途货物运输；易腐货物等
水路运输	时间要求不太紧急的货物、国际货物、大宗货物
航空运输	价值高、体积小、急需货物
管道运输	气体、液体、粉粒状物品

（2）比较五种运输方式的服务要素。运输方式的服务要素是指该运输方式所能够满足货主对货物运输要求的程度，主要包括速度要素、可用性要素、可靠性要素、载运能力和灵活性五个要素。其中，可用性要素是指在顾客有需求时，顾客对该运输方式获得的难易程度；可靠性要素是指运输过程中运输质量和运输时间的确定程度。五种运输方式的服务要素，如表2-4所示。

表2-4　五种运输方式的服务要素比较

服务要素	运输方式排序				
速度	航空	公路	铁路	水路	管道
可用性	公路	铁路	水路	航空	管道
可靠性	管道	公路	铁路	水路	航空
载运能力	水路	铁路	公路	航空	管道
灵活性	公路	航空	铁路	水路	管道

（3）比较五种运输方式的单位运输成本。五种运输方式的单位运输成本由小到大排序为：管道运输、水路运输、铁路运输、公路运输、航空运输。

2．多式联运的选择

多式联运是指由两种及以上交通运输方式相互衔接，共同完成运输任务的运输方式，有时也称多式联运为联合运输。多式联运的方式有公铁联运、陆海联运、陆空联运和大陆桥运输。

（1）公铁联运。公铁联运是指由公路运输和铁路运输相互衔接、相互配合组成的运输方式。常见的公铁联运的方式是驮背运输，是指一种载货工具（卡车拖车或集装箱）在某一段运程中，又搭载另一种交通工具共同完成运输任务。例如卡车拖车装在铁路平板上，是无中间环节的一次运输。

（2）陆海联运。陆海联运是指陆路运输（铁路运输和公路运输）与水路运输（海上运输）一起组成的联合运输方式。例如，某物品从内地经火车运输到大连港口，再由大连港口经过船舶运输到荷兰鹿特丹港口。

（3）陆空联运。陆空联运是指由陆路运输与航空运输一起相互配合组成的联合运输方式。例如，某货物由卡车运输到国内某空港，再由飞机运输到国外某空港，再由汽车运输到目的地。

（4）大陆桥运输。大陆桥运输是指使用铁路或公路作为桥梁，把大陆两端的海洋运输连接起来。目前世界上的大陆桥有西伯利亚大陆桥和新亚欧大陆桥。

（二）运输方式选择的定量分析法

用定量分析法选择运输方式一般采用综合评价法和成本比较法。

1. 综合评价法

运输方式选择的综合评价法是指在满足顾客要求的前提下，综合考虑各种运输方式的经济性、迅速性、安全性和便利性四个要素，选择综合程度最高的运输方式为最优运输方式。具体分析步骤如下。

（1）模型假设。为了列出各运输方式综合评价的模型，可做如下假设。

①经济性：主要表现为费用，总费用越少，经济性越好。费用用C表示，经济性用F_1表示。

②迅速性：主要表现为从发货地到收货地所需的时间，时间越短，迅速性越好。时间用D表示，迅速性用F_2表示。

③安全性：主要表现为运输货物的破损率，破损率越小，安全性越高。破损率用B表示，安全性用F_3表示。

④便利性：主要表现为发货人所在地至装车地之间的距离，距离越小，便利性越好。距离用L表示，便利性用F_4表示。

公路运输用G表示，航空运输用H表示，铁路运输用T表示，水路运输用S表示。

（2）各要素模型。经济性可以用费用的相对值表示。

即 $F_1 = \dfrac{C}{\overline{C}}$；其中 $\overline{C} = \dfrac{C(T)+C(G)+C(H)+C(S)}{4}$

所以，$F_1(G) = \dfrac{C(G)}{\overline{C}}$；$F_1(T) = \dfrac{C(T)}{\overline{C}}$；$F_1(S) = \dfrac{C(S)}{\overline{C}}$；$F_1(H) = \dfrac{C(H)}{\overline{C}}$

同理，迅速性可用运输时间相对性表示；安全性可用破损率相对性表示；便利性可用发货人所在地至装车地之间的距离相对性表示。由此可得：

$F_2(G) = \dfrac{D(G)}{\overline{D}}$；$F_2(T) = \dfrac{D(T)}{\overline{D}}$；$F_2(S) = \dfrac{D(S)}{\overline{D}}$；$F_2(H) = \dfrac{D(H)}{\overline{D}}$

$F_3(G) = \dfrac{B(G)}{\overline{B}}$；$F_3(T) = \dfrac{B(T)}{\overline{B}}$；$F_3(S) = \dfrac{B(S)}{\overline{B}}$；$F_3(H) = \dfrac{B(H)}{\overline{B}}$

$F_4(G) = \dfrac{L(G)}{\overline{L}}$；$F_4(T) = \dfrac{L(T)}{\overline{L}}$；$F_4(S) = \dfrac{L(S)}{\overline{L}}$；$F_4(H) = \dfrac{L(H)}{\overline{L}}$

(3)综合重要程度模型。

$$F(G) = b_1F_1(G) + b_2F_2(G) + b_3F_3(G) + b_4F_4(G)$$
$$F(T) = b_1F_1(T) + b_2F_2(T) + b_3F_3(T) + b_4F_4(T)$$
$$F(S) = b_1F_1(S) + b_2F_2(S) + b_3F_3(S) + b_4F_4(S)$$
$$F(H) = b_1F_1(H) + b_2F_2(H) + b_3F_3(H) + b_4F_4(H)$$

其中，b_1，b_2，b_3，b_4为各要素的权重，其和为1。$F_i(G)$，$F_i(T)$，$F_i(S)$，$F_i(H)$可根据步骤（2）中给出的模型求出，比较$F(G)$、$F(T)$、$F(S)$、$F(H)$的大小，取其中的最小值者对应的运输方式为最优运输方式。

2．成本比较法

在物流系统中，运输成本与运输服务水平呈现二律背反现象，因此，最合理的运输方式是能用最少的运输总成本提供最好的运输服务。

在不考虑竞争因素的情况下，运输方式的成本比较法就是统计运输过程中各运输方式产生的运输总成本（包括运输费用、在途运输存货库存持有成本、工厂存货库存持有成本、仓库存货库存持有成本），选择最小运输总成本对应的运输方式为最优运输方式。

如果考虑竞争对手的竞争因素，那么用定量分析法选择运输方式时就要运用博弈论的知识，考虑竞争对手的反应情况，综合选择运输总成本最小的运输方案。

四、运输合理化

（一）影响运输合理化的"五要素"

1．运输距离

运输活动的产物是物品的空间位移，即运输距离。运输距离的大小与运输时间、运输工具周转率、货损和运费成正比，因此，合理运输应该在满足客户运输需求的前提下，尽量缩短运输距离，避免舍近求远和迂回运输。

2．运输环节

运输活动中的作业环节越多，产生的运费就越多，货损也会增加，因此，尽量组织直达运输或直拨运输，减少二次运输。

3．运输方式

不同的运输方式可以带来不同的经济效益，因此，要根据物资的特性、运输工具的配置综合考虑应该选用的运输方式，尽量做到使用最少的运力，运输最多的货物。

4．运输时间

在市场经济环境下，为了更好地满足客户的需求，必须对客户的需求做出快速反应，因此对运输时间提出了更高的要求。因此，运输时间的长短可以体现运输组织的合理与否。

5．运输费用

运输费用是衡量运输组织合理与否的重要指标。运输组织不当会增加运距，从而会增加运输费用。有些不合理的运输会使运输费用高于物品本身的价格。

（二）不合理运输的表现

1．空驶

空驶可分为三种情况，即去空驶（如自备空车提货）、回空驶（如自备车送货，空车返程）和来去空驶（如计划失误、货源不实、空去空回）。空驶会造成运力浪费，空驶是不合理运输中最严重的形式。

2．对流运输

（1）定义。同一种货物在同一线路上或平行线路上作相对方向的运送，而与对方运程的全部或一部分发生重叠交错的运输被称作对流运输。

（2）分类。

①明显对流运输是指同一种货物在同一线路上作相对方向的运送。

②隐蔽对流运输是指同一种货物在违背近产近销情况下，沿两条平行路线相对方向运输。

（3）产生原因。信息不畅，商流不合理，属于非正常经济行为。

3．迂回运输

迂回运输是舍近求远的一种运输，本来可以选取短距离运输，却选择了距离较远的路线。例如从A可以直接到B，却走A至C再至B的路线。

4．重复运输

（1）定义。重复运输指货物可直接到达目的地，但由于仓库设置不当或计划不周，在中途停卸重复装运的不合理运输。

（2）分类。

①中途装卸是指原本可直到目的地，但中途再重复装卸。

②同品种货物在同一地点运进，同时又向外运出。

（3）不合理处。没有延长运输路程，但增加了中间装卸环节，增加装卸搬运费用，降低运输工具效率。

5．倒流运输

从销地向产地回流。

6．过远运输

舍近求远，近处有资源不调，而从远处调运。

7．运力选择不当

没有发挥运输工具的优势，不正确利用运输工具。具体有以下几种表现。

（1）铁路、大型船的过近运输。

（2）弃水走陆。

（3）运输工具承载能力选择不当。

8．超限运输

超过运输要求的长、宽、高、重量限制等。

（三）运输合理化的有效措施

1．提高运输工具实载率

提高运输工具的实载率，一方面可以最大限度地利用车船载货吨位；另一方面可以充分利用车船装载容积。

提高运输工具实载率的主要做法有以下几点。

（1）合理选择运输工具。根据货物的特性合理选择运输工具，例如对于大宗货物要选择车、船进行运输，对于粉粒状货物要选择管道进行运输。

（2）实行货物配载。为了充分利用交通运输工具的容积，可以将轻重货物进行搭配完成车辆配载，即货物装车时按照"轻者在上，重者在下，重不压轻"原则实行配载。

（3）采用合适的外包装。为了充分利用运输工具的容积，尽可能压缩货物的外包装，尽量采用包装的标准尺寸与运输工具的容积尺寸进行配套运用。

（4）合理排放物品。对物品进行合理码放，充分利用车辆的容积，做到大不压小，重不压轻，少留车辆空隙。

2．实行"直达运输"

直达运输是指在组织货物运输过程中，越过商业、物资仓库环节或铁路、交通中转环节，把货物从产地或起运地直接运到销地或用户，以减少中间环节。

实行直达运输，一方面可以减少运距，减少运输成本；另一方面可以减少装卸搬运的次数，节省运输时间，节省装卸搬运费用。

3．实行"四就直拨"运输

"四就直拨"运输是指由管理机构预先筹划，对当地生产或从外地运来的货物不经批发商的仓库而直接就厂、就站（码头）、就库、就车（船）将货物分送给用户，无须再入库的运输活动。"四就直拨"运输可以将货物直接派发给用户，减少了反复运输等不合理运输现象的出现。

4．推广先进运输技术方式的使用

近几年，随着科学技术的发展和社会发展的需要，一些运输技术方式不断出现，提高了运输作业的效率。常见的运输技术方式有如下几种。

（1）集装箱运输。集装箱作为一种集装单元器具具有一定的刚度、强度和容积，集装箱的尺寸有多种标准，其尺寸基础是物流基础模数，因此，在运输过程中利用集装箱作为载货工具，可以节省在更换运输工具时的装卸搬运作业，尤其是在水路运输中，车船接驳很容易。利用集装箱运输可以减少运输途中转运造成的无效劳动，是物流活动中重要的运输技术方式。

（2）散装运输。有一些运输对象是粮食、水泥等粉粒状的物资，为了节省包装费用和包装时间，可以采用散装运输方式，提高物流作业效率，减少环境污染和包装材料浪费。

（3）冷藏运输。在运输过程中，对于一些生鲜食品、农产品需要一定的保鲜要求，这时冷藏运输可以对上述特殊物资冷藏、保温、防寒和通风处理，能更好地满足消费者的需求，同时也能降低货物腐烂造成的运输损失。

（4）整车运输。对于一些杂货的运输，可以将同一发货人的不同品种发往同一目的地、同一收货人的零担货物，由运输调度部门组配在同一个车辆内，以整车运输的方式运送到目的地；或者把同一发货人的不同品种发往同一目的地、不同收货人的零担货物运到一个适当的车站，然后再中转分运。采用整车运输可以比零担运输节省不少运输费用和运输车辆。

第四节　储存

储存是物流系统的中心，它能够协调供应与需求之间的时间矛盾。在物流知识学习过程中，关于储存的几个概念经常被混淆，正确认识储存相关概念有助于正确理解物流的相关理念和思想。

一、储存的有关概念

（一）仓储

国家标准《物流术语》（GB/T 18354—2021 4.22）对仓储（warehousing）的定义是："利用仓库及相关设施设备进行物品的入库、储存、出库的活动。"

1．仓储中的"仓"

"仓"也称为仓库，是指存放、保管和储存物品的建筑物和场所的总称，可以为房屋建筑、大型容器、洞穴或特定的场所等，具有存放和保护物品的功能。

2．仓储中的"储"

"储"也称储存，国家标准《物流术语》（GB/T 18354—2021 4.23）对储存（storing）的定义是："贮藏、保护、管理物品。"储存表示将储存对象收存以备使用，具有收存、保护、管理、贮藏物品和交付使用的意思。

在任何社会形态下，不管是什么品种的物资，不管是物资处于何种活动状态，为了协调供需时间矛盾总是要储存起来，储存不一定在仓库中发生，有可能在运输过程中发生。

（二）物资储备

国家标准《物流术语》（GB/T 18354—2021 4.25）对物资储备（goods reserving）的定义是："为应对突发公共事件和国家宏观调控的需要，对备用物资进行较长时间的储存和保管的活动。"

储备是指有目的的储存行为。储备有当年储备、长期储备和战略储备三种形式。进行物资储备的目的是保证社会再生产连续有效的运行。

（三）库存

国家标准《物流术语》（GB/T 18354—2021 4.33）对库存（inventory）的定义是："储存作为今后按预定的目的使用而处于备用或非生产状态的物品。"

狭义的库存是指仓库中处于暂时停滞状态的物资。广义的库存是指仓库中暂时处于停滞状态的物资、处于加工制造状态的物资及运输状态的货物。人们说的库存通常指的是狭义的库存。

（四）保管

国家标准《物流术语》（GB/T 18354—2021 4.24）对保管（stock keeping）的定义是："对物品进行储存，并对其进行保护和管理的活动。"

（五）储备、储存、库存的区别

1．库存是物资，储备和储存是行为

库存是仓库中暂时处于停滞状态的物资，而储备和储存是一种对物资进行收存、保管、贮藏的行为。

2．物资停滞位置的明确性不同

库存明确了物资停滞的位置是仓库，储备和储存中的物资没有明确物资停滞的位置，物资可以在生产及流通中的任何节点上停滞，不仅在仓库中。

3．概念范畴不同

储备是有目的、能动的储存行为。物流中的"储存"是一个范畴很广的概念，一般包含了储备和库存。

二、储存产生的原因和形态

（一）储存产生的原因

分析储存产生的原因可以从以下三个方面着手。

1．商品的生产和消费在时空上有分离

商品的生产和消费在时间上有一定的矛盾，例如，粮食不能边生产边销售，因此，夏季收了小麦，需要进行储存供一年四季的食用。

商品的生产地不一定就是消费地，例如，蒙牛牛奶产地与消费地在空间上是分离的，将牛奶从产地运到消费地需要在运输途中暂时储存。

2．适应销售的需要

例如，销售前的加工、组装、分配、整理等需要加工储存。

3．防备意外事故的发生

例如，2011年日本东北部的福岛核电站核物质泄漏，导致国人抢盐风波，超市的碘盐被民众一扫而空，正是由于国家储存盐量足，迅速为各大超市提供了碘盐，才平定了这场抢盐风波。

（二）商品储存的形态

储存作为一种普遍存在的社会经济现象，表现为以下三种形态。

1．生产储存

生产储存是指生产企业为满足生产的需要，保证生产连续顺利进行而从事的储存活动，包括对原材料、半成品、辅助生产材料进行的储存活动。

2．流通储存

流通储存是指为满足生活的需要，补充生活消费品储备不足而进行的储存活动。

3．国家储备

国家储备是流通储存的一种形式，是国家为了应对不确定性因素的发生（如自然灾害、战争和其他意外事件）而建立的长期后备库存。

三、储存的作用

在整个物流系统中，储存活动既有积极作用，也有一定的消极作用。

（一）储存的积极作用

储存有六个方面的积极作用，具体描述如下。

1．储存具有调节供需的作用

在社会再生产过程中，供给和需求之间存在着各种矛盾。例如，有些产品生产是季节性的，而消费是全年性的（如大米和小麦）；有些产品生产是全年性的，而消费具有季节性（如衣服）；有些产品生产和消费地有一定的距离。上述这些供需之间的矛盾主要是因为供求不均衡造成的，解决这些供需之间的矛盾需要储存活动进行调节。可以把储存形象地比喻成"商品流的蓄水池"，当上游生产的产品下游不需要时（供大于求），把多余的产品暂时放在这个"商品流的蓄水池"里；当下游的客户大量需要产品时（供小于求），打开"商品流的蓄水池"，保证下游客户的需要。

2．储存具有调节运输的作用

商品从生产地到消费地的空间移动由运输来实现，由于货物的特性、客户的要求及各运输方式的运力不同，运输方式之间的衔接需要靠运输中的暂时储存来完成，因此，储存活动可以调节运输。

3．储存具有保管的作用

储存最基本的作用是保管，通过合理储存可以保护库存物资的所有权完整，也可以保护库存物资的使用价值完整。

4．储存具有监督控制的作用

储存活动涉及入库验收、堆码、盘点、分拣、配货、出库等，通过对到库物资进行验收，可以监督供应者的产品质量和承运者的服务质量；通过对出库物资监督，可以控制企业对该物资的消耗定额。

5. 储存具有节约物资的作用

对多余的物资进行储存，可以合理使用物质资源，防止一时过剩而造成浪费；另外，通过对储存中相同特性的物资综合利用，可以相互代用，有效发挥物资的作用。

6. 储存活动有利于配送作业的实施

储存过程中可以就地对仓库中的物资进行流通加工、分拣、配货等作业，有利于配送作业的开展。

（二）储存的消极作用

储存的消极作用表现在如下两个方面。

1. 储存会造成一些机会损失

要进行储存活动需要建设仓库，购置仓储管理设备，雇佣仓库管理员，这些都需要一定的固定费用和变动费用。如果将这些费用用来投资其他地方，可以有另外的收入，如果这些费用是贷款借来的，那么每年还要支付一定的利息，因此，储存活动会造成一些机会损失。

2. 储存会造成库存物资的损耗

储存过程中，如果对物资管理不当，会造成物资破损、蒸发、发霉等有形损耗；另外，有些物资长期放在仓库中，进出库周期长，库存周转慢，会造成该类物资跌价等无形损耗。

四、储存作业

储存作业是指在对储存对象进行保管的同时，对其进行检查、控制和管理的过程。

储存作业的目标是最大限度利用好进行储存活动需要的仓库设施设备和劳力，妥善保管、控制和管理货物。

（一）储存作业的原则

1. 先进先出原则

由于储存对象物的特性不同，各类物品的保质期不同，为了防止货物过期变质，在组织出库时按照先进库的物资先出库，这样可以防止先进库的物资过期。

2. 零数先出原则

在储存过程中，有一些物资已经拆箱，为了盘点方便，出库时要按照零数或已拆箱的货物先出原则组织出库。

3. 重不压轻原则

对货物堆码或上货架时，要考虑较重的产品在下面，轻的产品在上面，做到重不压轻。

4. 分类管理原则

在进行物资储存时，各种物资的价值、品种不同，而仓库资源（设施设备和管理人员）是有限的，这时就应该合理安排储存作业，对价值高、品种少的物资（A类物资）进行重点管理，对价值低、品种多的物资（C类物资）进行简单管理，对价值一般、品种不是很多的物资（B类物资）进行一般管理。在托盘堆码时，A类产品靠近门口或者是走道堆码，C类产品在角落或者是靠门口较远的地方堆码，而B类产品则堆放在A类与C类产品之间。在高层货架堆码时，A类物品存放于货架第一层叉车容易叉取的地方，B类产品存放在第二层或第三层，C类产品存放于较高层比较不容易存取的地方。

5．相同特性物品放在一起原则

由于储存对象种类繁多，特性不一，有的物品容易挥发气味（例如，香水），有的物品容易吸收气味（例如，茶叶），这时在堆码时不能将这两种物品堆在一个货垛上。如果将特性不同的物品堆放在一起，很容易使某一类物品的质量发生变化，严重时会造成退货。

（二）储存作业的过程

储存作业的过程可分为三个阶段，即入库、保管和出库，在这三个阶段的作业中包括实物流过程和信息流过程两个方面。储存作业中涉及的实物流和信息流见表2-5和表2-6。

表2-5 储存中的实物流

作业阶段	涉及的实物流
入库	装卸、检验、搬运、拣选、堆码、整理
保管	入库检验、苫盖、衬垫、保养、整理
出库	装卸搬运、分拣、集中货物、复核、发货

表2-6 储存中的信息流

作业阶段	涉及的信息流
入库	采购计划、材料供应计划、订单、入库单、入库凭证、交货单、货物清单、入库报表等
保管	库存登记卡、物品位置表、盘点表
出库	客户订单、出库凭证、出库计划、搬运路线图等

下面介绍储存作业过程的第一个阶段，入库阶段。

1．入库阶段

入库阶段的作业包括接运、验收和入库三个环节。

（1）接运。接运是指仓库工作人员向托运人或承运人办理货物交接手续，保质保量、及时准确地将货物接回仓库的活动。按接运方式不同，接运可分为提货和接货两类。

①提货。提货是指仓库工作人员通过组织库外运输、选择运输路线和规划派车方案，

到车站、码头提货或到货主单位提货。

②接货。接货是指托运单位送货到库后由仓库工作人员负责接货或托运单位用铁路专用线送货由仓库工作人员负责接货。

提货与接货最大的区别是：提货需要仓管员组织库外运输，接货不需要组织库外运输。

（2）验收。验收的目的是保证入库物品的数量、质量、品名规格等准确无误。

验收包括五个作业环节。

①验收准备。熟悉有关订货资料、清理存放库位、安排验收用的设备与工具及合理安排验收工作人员。

②核对资料凭证。验收货物时要核对供应方、存货方、托运方三方的资料，验收必要的单证（如入库通知单、订货合同、保证书、装箱单、托运单及发货明细等）。

③实物检验。利用合适的检验工具，采取合理的检验方法对货物进行数量和质量检验。

④填制验收单，对验收结果做出记录。

⑤问题处理。对于验收出现问题的产品，可以与供应商进行沟通，找出问题所在，进行协商处理。

（3）入库。货物通过验收或验收中的问题处理完毕后方可入库存放。入库主要包括以下作业内容。

①登账。建立货物入库明细表，方便以后查阅。

②立卡。为了方便后续的盘点作业，为货物建立卡片，摆放于货架前端，说明货物的品名、规格型号、数量、供应商等货物基本信息。

③货物归位存放。将货物按先进先出、零数先出、重不压轻、分类管理、同特性放一起等原则归位存放好。

④建档。为本次入库的货物建立档案，记录货物入库的整个过程涉及的活动及单证，并将档案存放好，以便于随时查阅。

2．保管阶段

下面介绍储存作业第二阶段的活动——保管作业。

保管作业主要涉及储存对象的衬垫、堆码、苫盖、保养、整理等活动。

（1）衬垫、堆码与苫盖。仓储中的衬垫是指在物品堆码前，在预定的货位地面上使用衬垫专用材料进行铺垫。常见的衬垫专用材料有钢（木）板、枕木、水泥墩、油毡、帆布、芦席（草席）、塑料薄膜等。

进行衬垫的主要目的是使货垛地面平整，有利于稳固货垛；使物品与地面隔离，防止地面潮气、尘土、杂物等侵蚀物品、污染物品，有利于货垛通风排湿。

堆码是指将货物整齐、规则地堆成货垛。堆码的基本要求有以下几点。

①面向通道、不围不堵。

②分类存放。

③尽可能码高、货垛稳固。

④选择适当的搬运活性、摆放整齐。

按照堆码要求,堆码的方式主要有:重叠式堆码、纵横交错式堆码、俯仰相间式堆码、压缝式堆码、通风式及载柱式堆码等。

苫盖一般是指为了避免或减少阳光、雨雪、风尘等对货物的损害,采用苫盖材料对货垛进行遮盖。常见的苫盖方式有鱼鳞式、垛式和棚架式等。

(2)保养与整理。做好货物日常保养与整理,根据货物ABC分类法按照一定周期进行货物的检查与盘点。

3. 出库阶段

出库作业是储存中的最后活动,出库有托运、送货、自提和配送四种方式,涉及的主要作业环节如下。

(1)核对出库凭证。出库时要检查核对提货单、调拨单等出库凭证,出库凭证无误后方可进行下一环节作业。

(2)备货。仓管员收到出库凭证后,经核对其所列品名、型号、规格、单价、数量、供应商等基本信息准确无误后,进行备货。根据提货单要求,进行分拣,取出需要出库的货物,将其集中放在待发货区,以便复核与包装。

(3)复核。仓库管理员互相核对分拣出的货物品名、型号、数量、规格是否同提货单一致,货物配套是否齐全,货物技术证件是否齐全,货物外观是否完好等。

(4)包装。根据货物特性和运输要求,加强货物外包装。

(5)点交。复核工作结束后,由仓库管理员核对出库凭证、提货单、实物后向提货人当面交清,点交货物,交付出库单。

(6)财务结算。点交作业结束后,由提货人到财务结算。

(7)清理。清理实物、账目、库存档案及作业现场。按出库单核对实物结存数,总结保管经验,清理现场,将装卸搬运设备摆放好。

五、储存合理化

储存合理化是用最少的投入妥善保管、控制和管理好货物,保证商品的使用价值完好,最大限度满足客户需求。

(一)储存合理化的标志

1. 储存对象质量标志

储存最基本的功能是保证储存对象的使用价值,因此,储存对象质量完好是合理储存的最基本要求,储存对象质量越好,储存越合理。

2. 储存对象数量标志

储存活动的成本很大一部分是固定成本,包括仓库设施与设备的建设与购置费用,而储存对象的数量合理与否决定了仓库设施与设备是否得到合理利用,因此,储存对象数量是储存合理化的标志之一。储存对象数量不是越多越好,要与仓库设施与设备的配置相适应。

3. 储存时间标志

储存对象在库时间与其数量有关。储存量越大，出库速度越慢，储存时间越长，一般用储存对象的周转速度（周转天数或周转次数）来反映储存时间合理与否，周转速度越快，储存越合理。

4. 储存结构标志

储存对象种类繁多，结构不一，相关性强的储存对象的比例关系越大越能反映出储存结构合理，仓库容量（仓容）利用率越大，储存越合理。

5. 储存分布标志

不同储存对象来源于不同地区，根据储存商品不同地区分布的比例关系，可以判断当地市场需求变化情况，储存对象地区分布比例关系越大，越能满足市场变化下对需求的保障。

6. 储存费用标志

储存费用涉及资金占用及利息、仓库管理人员工资、保管养护费用、设施设备费用、保管不当的损失费、缺货费等，储存费用的高低最能反映储存合理与否。

（二）不合理储存的现象

储存技术应用不当和储存组织不善会造成不合理储存，不合理储存现象有如下几种。

1. 时间过长

储存对象储存时间过长，造成其价值贬值降价处理或保质期已过，作废处理。

2. 储量过大

储量过大不仅容易造成库存积压，也容易导致盘点困难、叉车出入库不便、作业效率低等问题，另外，也具有一定的安全隐患。

3. 存量过低

存量过低最大的风险是由于缺货失去销售的机会。

4. 条件不足或过剩

储存条件不足会使储存对象无地可存，作业效率低；储存条件过剩会造成储存设施与设备的浪费，增加储存成本。

5. 结构失衡

储存对象物结构失衡一方面会降低仓库的利用率；另一方面，单一品种的物资对市场反应不够灵敏。

（三）储存合理化的措施

1. 进行ABC分类管理

ABC分类法的核心思想是将储存对象按价值和品种分为特别重要的库存（A类）、一般重要的库存（B类）和不重要的库存（C类）三类，进行分级管理。A类物资要重点管理，保管和控制要更加严格，应放在更安全的地方，保持库存记录的准确；B类物资进行次重点管理，保管和控制不必投入比A类更多的精力；C类物资只进行一般管理，保管和控制可以更粗放一些，只进行简单管理即可。

2．采用先进先出的作业方式

为保证储存周期不至于过长，对储存对象保管控制时，对先进库的物资先组织出库。

3．提高储存密度，提高仓容的利用率

根据货物特性和仓库布局，采用合理的堆垛方式，减少通道数量，提高储存密度，有效利用仓容。

4．采用有效的存储定位方法

储存定位时一般采用"四号定位"法和电子计算机定位法。

（1）"四号定位"法是用四组数字来确定商品存放位置的货物定位法。这四组号码是库号、架号、层号和位号。如"02-01-03-06"表示第2号仓库、第1货架、第3层的第6个货位。

（2）电子计算机定位法是指在储存对象入库时，利用手持终端和储存对象上的条码将储存对象的基本信息和存放位置信息输入计算机，出库时，可以利用计算机检索迅速的优势，按计算机指示人工或自动寻址完成分拣作业。

5．采用有效的监测盘点方式

为提高监测盘点作业效率可以采用"五五化"堆码方式、光电识别系统和计算机监控系统进行日常盘点、监测工作。其中，"五五化"堆码方式就是在堆码时，以五为基本计算单位，将储存对象整齐堆码成各种总数为五的倍数的货垛，便于货物的数量控制、清点盘存。

6．采用现代储存保养技术

有一些储存对象在储存过程中很容易发生化学和生物变化，这时可以采用气幕隔潮技术、气调储存技术和塑料薄膜封闭技术对物资进行储存，不仅可以防止湿气、潮气侵入货物，而且也可以抑制虫害及微生物侵入货物。

7．采用虚拟库存和仓库

为实现储存对象永不过期、不占储存空间及对市场需求快速反应等理想化的储存目标，在条件成熟的情况下，可采用虚拟库存或虚拟仓库。虚拟库存是指自己不建立仓库，通过社会资源这个庞大的仓库整合自己所需的资源，它具有虚拟性，所以称为虚拟仓库或虚拟库存。

8．加快储存对象周转速度

提高储存对象结构和分布合理化，加快储存对象流转，使整个仓库的资金、设备、货物合理运转起来。

第五节　流通加工

一、概述

（一）流通加工的概念

1. 流通加工的概念

国家标准《物流术语》（GB/T 18354—2021 4.54）对流通加工（distribution processing）的定义是："根据顾客的需要，在流通过程中对产品实施的简单加工作业活动的总称。简单加工作业活动包括包装、分割、计量、分拣、刷标志、拴标签、组装、组配等。"

流通加工是对物品进行的拣选、分割、组配、包装、计量、称重、贴标签、拴标志等简单作业的总称，是一种生产辅助性加工活动。在物流系统中，流通加工是一项增值的活动，是物流的价值途径。

2. 流通加工与生产加工的区别

流通加工与生产加工的区别，如表2-7所示。

表2-7　流通加工与生产加工的区别

名称	流通加工	生产加工
加工对象	已经进入流通领域的商品	原材料、半成品和零部件
加工的复杂程度	简单的、辅助性的、补充加工	复杂的、深度很强的加工
加工的主体	流通企业	生产企业
加工价值	完善使用价值、增加价值	创造价值和使用价值
加工的目的	满足客户多样化需求、充分利用资源	交换和消费

（二）流通加工的作用

流通加工是生产加工在流通活动中的延伸，其目的是最大限度满足客户需求和合理利用资源。流通加工的具体作用如下。

1. 合理利用资源

通过用先进的流通加工设备与技术集中加工，可以提高流通加工的质量和效率，提高原材料的利用率。例如，将钢板进行集中剪板、切裁；将木材集中加工成各种长度及大小的板方等，可以做到优材优用、小材大用以及合理套裁。

2. 满足用户多样化需求

生产加工后的产品样式单一，对该产品流通加工后，可以满足用户需求，方便用户购买、携带和使用。例如，将平板玻璃按不同用户需求进行切割；将鞋子按照用户不同需求进行鞋带搭配；超市里对蔬菜进行计量称重后用保鲜膜包装等都可以很好地满足顾客需求。

3．提高流通效益

一些尺寸不规则的物品通过流通加工后，可以充分利用物流设施设备的装载能力，减少装卸搬运次数和运输次数，提高物品流通效率。

4．增加商品价值

通过在流通过程中对物品进行某些功能的简单再加工，可以提高物品的价值，提升产品的销售效益。例如，对于生产加工的女士背包，可以在背包上挂丝巾、挂装饰品来增加背包的外观美，从而吸引顾客购买，促进销售。

5．提高运输效率

流通加工是生产加工的延伸，处于生产和消费的中间环节，流通加工的产品从产地运往销地时要经过两个阶段，在这两个阶段中可以采用不同的运输方式，提高运输效率，实现运力的合理利用。产品从产地运往消费地时，可以先用火车、船舶等运输工具将产品大批量运输到流通加工场所，流通加工好的产品可以根据顾客多样化需求，利用汽车、小货车多批次、多品种、小批量送到客户手中。

二、流通加工的类型

常见的流通加工有很多类型，不同类型流通加工的含义及举例如表2-8所示。

表2-8　常见的流通加工类型

流通加工的类型	含义	举例
弥补生产加工不足的流通加工	对生产加工进行深化，是生产加工的延伸	为方便储运，在加工木材时，可以只加工到圆木这个程度，进一步的下料、切裁、处理等由流通加工完成
满足需求的服务性流通加工	为满足顾客对产品多样化需求进行的加工	将圆木改制成枕木、方材、板材；平板玻璃按需要规格的开片加工；食品的分组包装等
保护产品的流通加工	对流通中的物资进行稳固、改装、保鲜等操作，保护物资的使用价值	生鲜食品运输途中的冷藏加工；鸡蛋运输之前要加防振的厚纸托盘等
提高物流效率的流通加工	为方便储运，只改变物资的物理状态，并能恢复原物理状态的加工	储运时，对鲜鱼进行冷冻；将过大设备解体（如家具、自行车、电动车）；将气体液化等
促进销售的流通加工	不改变物资本身特性，只进行简单组装、分装	将过大包装拆装成适合一次销售的小包装的分装加工；将自行车零部件组装成自行车的加工
提高加工效率的流通加工	用集中加工的方式提高单个企业的加工效率	一家流通加工企业为多家生产同种产品的企业提供产品简单再加工提高加工效率
提高原材料利用率的流通加工	用集中加工代替分别加工，提高物资的利用率、减少原材料的消耗	钢材的集中下料、搭配套裁，可减少边角余料，提高原材料的利用率

续表

流通加工的类型	含义	举列
衔接不同运输方式的流通加工	流通加工可以解决干线运输与末端运输、集散货运输间的衔接问题	大批量的小麦可以用火车运到小麦中转仓进行分袋包装,再通过小货车运到消费地仓库,实现铁路运输与公路运输的衔接
提高经济效益的流通加工	在满足生产和消费要求的基础上,以"利润为中心"进行的流通加工	流通企业对玻璃的开片加工,可满足若干个建筑工地的需求,其经济效益更高
去除杂质的流通加工	运输前减少无用杂质	运输前对煤炭、粮食进行除杂等
生产—流通一体化的流通加工	生产企业与流通企业联合,进行合理分工、规划组织,统筹生产与流通加工	农业生产与超市对接的流通手段
配送中的流通加工	为实现配送活动,满足客户需要对商品进行的流通加工	流通中心根据用户要求,把沙子、水泥等不同材料按比例要求装入水泥搅拌车,配送途中,汽车边行驶边搅拌,到达施工现场后,混凝土已均匀搅拌好,可直接投入使用

三、典型商品的流通加工

不同类型产品的流通加工方式不同,需进行流通加工的产品主要是食品和工业产品。

(一)食品的流通加工

1. 食品的冷冻

一些鱼类和肉类制品在储运过程中很容易变质,为了保鲜、便于储运和装卸搬运,将鱼肉等易变质食品放置在冷冻库,利用冷冻设备进行制冷加工。

2. 农副产品的分选加工

由于农副产品(如谷物、瓜果和一些经济作物等)的规格和品质差异很大,因此销售时价格差异很大。为达到优质优价的目的,需将农副产品分出等级,在流通过程中进行挑选和分类。分选农副产品时,可以采取手工作业方式,也可以借助机械进行谷物、果品分选作业。

3. 生鲜食品和副食品的分装加工

分装加工是指以改换食品包装规格和包装形状的流通加工。例如,有些生鲜食品和副食品,其出厂时包装的规格、尺寸很大,但其零售价格却很低,为了提高销售效益,流通企业常按照零售要求重新包装食品,通常将大包装改成小包装,将散装食品改成小包装食品。

(二)工业产品的流通加工

1．水泥熟料的流通加工

在需要长途运入水泥的地区，变运入成品水泥为运进熟料半成品，即在该地区的流通加工区域（磨细工厂）磨细，并根据当地资源和需要的情况掺入混合材料及外加剂，制成不同品种及标号的水泥供应给当地用户，这是水泥流通加工的一种重要形式。

2．钢材的流通加工

生产中由于某些钢材的加工深度有限，因此在使用这些钢材之前，一般要根据具体情况采用先进的技术和专门的加工设备进行辅助性加工。例如，对薄钢板的剪切加工和带钢的平展、裁切加工；专用钢管的涂油和油漆加工；圆钢、角钢、扁钢、方钢等小型钢和部分管材切割、线材的冷拉加工等。

3．木材的流通加工

为方便装载、便于运输以及满足客户要求，可以对木材进行简单加工。

（1）磨制木屑、压缩输送。木材在运输时占有相当大的容积，往往使车船满装但不能满载，同时，装车、捆扎也比较困难。从林区往外运输的原木中有相当一部分是用来造纸，对于这类木材可以就地磨成木屑，木屑可以制成便于运输的形状，利于进一步加工，这样可以提高原木利用率、出材率，也可以提高运输效率，节省运输费用。

（2）集中开木下料。在流通加工点可将原木集中下料，按用户要求锯截成各种规格，同时将碎木、碎屑集中加工成各种规格板材，集中下料、供应规格木材，可以使原木利用率和出材率得到大大提高。

4．煤炭的流通加工

（1）除矸加工。煤炭中混入一些矸石是不可避免的，在某些情况是允许的，但运力紧张时，混入的矸石会造成运力浪费，此时要将煤炭中的矸石去除出去，以便提高煤炭的运输效益和经济效益。

（2）煤浆加工。对于煤炭而言，管道运输比铁路运输成本更低，安全性更高。为了使用管道运输，可以将煤炭磨成细粉，再用水调和成浆状，制成煤浆，利用管道进行输送。

（3）配煤加工。配煤加工是指在使用地区设置集中加工点，将各种煤及一些其他发热物质，按不同配方进行掺配加工，生产出各种不同发热量的燃料。

配煤加工可以根据需要的发热量进行煤炭原材料的搭配生产，可以做到按需利用原材料，避免热能浪费和热能不足现象发生，在工业用煤领域有很好的经济价值。

5．平板玻璃的流通加工

平板玻璃最重要的流通加工方式是"集中套裁，开片供应"。具体做法是：大规模的平板玻璃采用干线运输输送至若干个玻璃套裁中心，套裁中心根据用户提供的图纸要求，对玻璃统一开片，制成能满足用户需要的规格尺寸的玻璃成品，小批量配送到用户手中。

四、流通加工合理化

合理的流通加工可以补充完善生产加工，可以满足客户多样化需求及充分利用资源；不合理的流通加工会产生很多负面效应。

（一）不合理流通加工的形式

1．流通加工地点设置不合理

流通加工地点不宜设在生产区，因为顾客多样化需求下的运量是小批量、多批次的，生产区距离顾客较远，进行小批量多批次运输会造成运输费用太高；流通加工地点可以设在需求地区，这样可以实现大批量干线运输和小批量配送相结合的运输优势。

2．流通加工方式选择不当

流通加工是对生产加工的补充和完善，流通加工方式的选择与流通加工对象、流通加工工艺、流通加工技术和流通加工程度相关。如果所选择的流通加工工艺复杂、流通加工技术装备要求高，那么进行流通加工就不合理，就不如在生产加工时多些深度，因此，当流通加工与生产加工争技术设备和工艺时，流通加工是不合理的。

3．流通加工深度不当

有些流通加工深度不够，加工活动过于简单，那么这样的流通加工对生产和消费作用不大；反之，有些流通加工深度过大，中间造成很多多余环节，不仅起不到流通加工的作用，反而使流通加工成本提升，这两种现象都是不合理的流通加工。

4．流通加工成本过高

如果流通加工成本过高，那么流通加工合理利用资源的优势就得不到体现，对生产加工的补充作用也就毫无意义，除了按照政策不考虑成本进行流通加工外，过高成本下的流通加工都是不合理的。

（二）流通加工合理化措施

实现流通加工的合理化就是实现流通加工的合理配置，避免不合理流通加工现象出现，明显体现流通加工的价值和作用。流通加工合理化措施如下。

1．加工与配送相结合

尽量将流通加工设置在配送作业活动中。一方面可按照客户的配送要求进行流通加工；另一方面，配送环节的流通加工产品可以直接进入配货作业，减少中间分货、拣货和配货作业，提高作业效率。

2．加工与配套相结合

有一些产品需要有一定的配套产品与之搭配，但是生产企业往往不能完成配套产品的生产，这时可以委托流通加工企业完成。例如，电脑的使用需要电脑桌，这时电脑制造企业可以委托木材流通加工中心进行电脑桌的制作。

3．加工与运输相结合

生产活动结束后，将大批量的产品通过干线运输输送到设置在需求地区的流通加工中心，流通加工后，将产品通过支线运输输送到消费者手中，这样可以通过流通加工衔接干线运输与支线运输，提高运输效率和效益。

4．加工与节约相结合

进行流通加工时，要不断整合流通加工资源，充分利用流通加工的技术设备，做到流通加工的边角余料再利用，充分体现流通加工合理利用资源的优势。

5．加工与商流相结合

进行流通加工时，要考虑顾客多样化的需求，方便客户使用，站在顾客需求的角度进行加工，这样可以促进销售，有效促进流通中的商流。

第六节　配送

一、配送的概念与特点

（一）配送的概念

1．配送的概念

国家标准《物流术语》（GB/T 18354—2021 3.3）中对配送（distribution）的定义是："根据客户要求，对物品进行分类、拣选、集货、包装、组配等作业，并按时送达指定地点的物流活动。"

2．配送与物流

（1）配送是物流系统的终端。配送是最后一公里的运输，配送可以实现门到门服务，配送面对的是最终消费者，是物流系统的终端。

（2）配送是物流的缩影。有的学者称"配送是物流的缩影"，配送几乎涵盖了物流中的七大功能要素，是物流活动在某一范围内的全部体现，但是，配送与物流是有明显差别的。

从辐射范围来看，配送是在一定经济区域范围内发生的活动，辐射范围小；而物流辐射范围大，可以是全球性的。从处理的流体来看，配送输送的是多品种、小批量、多批次物品；物流输送的是少品种、大批量、少批次物品。

（二）配送的特点

1．配送是资源配置的一部分

配送以现代送货形式实现资源的最终配置，配送是接近顾客的资源配置活动。

2．配送的实质是送货

配送的实质是送货，但配送区别于一般送货。一般送货不需对商品进行包装、组配、分拣，而配送是依靠科技支撑的有组织、有计划的送货活动，配送的主要手段是分拣和配货。

3. 配送是"配"和"送"的有机结合

配送是"二次输送""支线输送""终端输送",配送包含了拣选、分货、集货等配货过程及送货过程,是"配"和"送"的有机结合。

4. 配送是市场经济行为

配送活动体现了供给与需求之间的关系,有配送提供者,也有配送需求者。

5. 配送以用户的需求为出发点

配送与用户直接接触,这里的用户不只是最终消费者,也有可能是批发商或零售商,配送的目标是以最少的配送成本提供最好的配送服务,用户需要什么就配送什么。

6. 配送有时效性

配送是将物品保质保量按时送达指定地点的物流活动,具有时效性。

二、配送的作用

(一)完善整个物流系统

在整个物流系统中,利用大型运输工具载运大批量货物,完成长距离干线运输;对于小批量、高频次、短距离的货物需要利用小型载运工具完成配送活动,配送使物流活动更完善。

(二)提高物流末端效益

配送具有集散功能,可以集中来自不同客户的小批量货物进行统一输送,消除了交叉输送,先整合再配送的方式提高了物流末端效益。

(三)提高物流服务水平

配送活动有利于简化用户工作程序,用户只需要向配送中心进行一次委托便可以得到全程服务,提高了物流服务水平。

(四)提高供应保证

配送中心比单个供货企业有更强的物资供应能力,可减少缺货风险,提高物资供应保障。

(五)可实现低库存和零库存

零库存是一种理想的库存状态,即仓库中的库存尽可能少。进行配送活动时,下游企业可以把上游的配送中心作为物资临时储存点,可以尽量保持自己的库存。

三、配送的分类

（一）按配送组织者不同分类

1. 商店配送

商店配送的组织者是商业企业或连锁门店，这些网点主要承担商品的零售，一般来说，网点规模不大，但经营产品品种比较齐全，该网点还可根据用户要求将商店经营的产品品种配齐，或代用户外订用户需要的产品。这种配送方式所配送的产品种类繁多、数量小。

2. 配送中心配送

配送中心配送的组织者以组织配送性销售或供应为主，执行实物配送活动。该类配送中心专业性强，与客户有固定关系，作业有一定的计划性，配送距离较远，配送产品种类多、数量大、灵活性差、投资大。

3. 仓库配送

仓库配送方式是以一般仓库为据点来进行配送。它可以是把仓库完全改造成配送中心，也可以是在保持仓库原功能前提下，以仓库原功能为主，再增加一部分配送职能。

由于仓库配送的设施设备和作业流程并不是按配送中心要求专门设计和建立的，所以，一般来讲，仓库配送的规模较小，配送的专业化比较差。由于仓库配送可以利用原仓库的储存设施、收发货场地、交通运输线路等，所以对于开展中等规模配送业务的配送企业来说，可以选择仓库配送模式，这样较为容易利用现有条件而不需大量投资的形式。

这类配送方式的优点：投资小、速度快，是开展中等规模的配送可以选择的形式。

这类配送方式的缺点：配送的规模较小，专业化水平低。

4. 生产企业配送

生产企业配送的组织者是生产企业，尤其是进行多品种生产的企业。这些企业有自己的配送中心，可将产品直接从本企业的配送中心向外配送到用户手中，省去了中间转运的环节。

（二）按配送商品种类和数量分类

1. 单品种、大批量配送

工业企业需要的单品种大批量货物，可以由一般配送中心完成配送。一般配送中心内部设置简单，可以完成单一品种的物资配送活动，能够降低作业成本。

2. 多品种、少批量配送

为了满足用户多品种、少批量货物的需求，可以选择功能齐全的配送中心完成配送，这类配送中心设置复杂，配送计划周密，是一种高水平、高技术的配送模式。

3. 配套成套配送

配套成套配送是专门为装配型企业安排的配送活动，配送中心按照生产企业的生产节奏，定时、定量、定路线地将正确的原材料或零部件送往生产线。

（三）按照配送时间及数量分类

1．定时配送

这是一种按规定的时间间隔进行的配送方式。定时配送又包括以下两种形式。

（1）当日配送。对于多品种、小批量的货物，有时用户会提出配送时间的严格要求，要求在当日发货或当日收到货物。

（2）看板配送。看板配送是实现配送与生产保持同步的一种配送方式。配送中心每天都要查看生产企业的看板，根据看板上的生产计划和原材料需求计划组织配送活动，每天至少一次或几次，以保证原材料供应不间断、生产顺利进行。

2．定量配送

定量配送是指按照规定的批量，在一个指定的时间范围内进行配送。

定量配送每次配送的数量是固定的，但是配送时间不确定。如果每次配送数量是确定的，可以合理安排配送中心人员和设备；如果每次配送时间不确定，配送作业的计划性就不强；如果配送时间不严格限制，可以集中该时间范围内的货源进行整车配送，提高运力。

3．定时定量配送

定时定量配送指按照用户规定的配送时间和配送数量组织配送活动。

该配送方式兼有定时配送和定量配送的特点，对配送企业的要求比较严格，管理和作业的难度较大，需要配送企业有较强的计划性和准确度。

定时定量配送适用场合：主要应用于大量而且稳定生产的汽车、家用电器、机电产品的配送中。

4．定时定路线配送

定时定路线配送是在确定的运行路线上制定到达时间表，按运行时间表进行配送，用户可在规定地点和时间接货，可按规定路线及时间提出配送要求。采用这种配送方式有利于配送企业按计划安排车辆及工作人员，可以对多个用户实行共同配送，配送组织管理工作简单，配送成本较低。

5．即时配送

国家标准《物流术语》（GB/T 18354—2021 4.40）中对即时配送（on-demand delivery）的定义是："立即响应用户提出的即刻服务要求并且短时间内送达的配送方式。"即时配送方式有很高的灵活性，因此，很适用于有紧急需求的用户提出的配送要求，这种配送方式有利于用户实现零库存管理。

（四）按配送的组织形式不同分类

1．集中配送

集中配送是由专门从事配送业务的配送中心对多家用户开展的配送。它是由几个配送中心共同协作制订配送计划，共同组织车辆和装卸搬运设备，共同使用配送车辆，提高车辆实载率。

2．共同配送

国家标准《物流术语》(GB/T 18354—2021 4.38)中对共同配送(joint distribution)的定义是："由多个企业或其他组织整合多个客户的货物需求后联合组织实施的配送方式。"

共同配送可以是由一家配送中心为多家用户进行配送，也可以是在送货环节将多家用户待运的货物进行混装，提高车辆装载率和作业效率，有利于节省运力。

3．分散配送

分散配送是由商业零售网点对小量、零星货物或临时需要的商品进行的配送业务。这种配送方式适用于近距离、多品种、少批量的商品配送。

四、配送的流程

（一）配送的作业环节

配送由备货、理货和送货三个作业环节组成。

1．备货

备货作业是配送的首要环节，它主要负责筹集货物和保管货物。备货一般由订货、接货、验收、分拣和存储活动组成。

2．理货

理货作业是配送区别于一般送货活动的主要标志，理货包括货物拣选、流通加工、配货和包装活动。拣选时，可以根据货物特点、储存场所布局和客户订单，采用摘果式拣选和播种式拣选。

3．送货

送货作业是备货作业和理货作业的延伸，送货作业包括配装和送货两项活动。在送货过程中，可以根据货物特性、运输工具载运量、送货要求合理选择车型和配送路径。

（二）配送的作业流程

1．配送的一般流程

配送的一般作业流程，如图2-1所示。

配送的一般作业流程描述如下：顾客向配送中心发出订单，配送中心接受并汇总客户的订单，将订单信息传给订单处理系统，订单处理系统汇总客户订单信息，并将信息传给库存管理系统，库存管理系统检查库存，将缺货信息传给采购系统，采购系统生成缺货订单，将其传给供应商，供应商向采购系统反馈货源充足信息，采购系统将到货信息传给配送中心，配送中心组织接货、验收、分拣，准备入库，此时，采购系统将到货信息传给库存管理系统，库存管理系统生成入库单，配送中心人员持入库单组织入库，并按用户要求进行加工，同时，库存管理系统将客户订单传给拣货系统、送货系统，拣货系统生成拣货单，库存管理系统生成出库单，送货系统生成送货单，配送人员持拣货单进行拣货，并持出库单进行配装，持送货单进行送货，将货物送达客户，并留一联送货单给客户，持其他三联送货单回配送中心，完成配送作业。

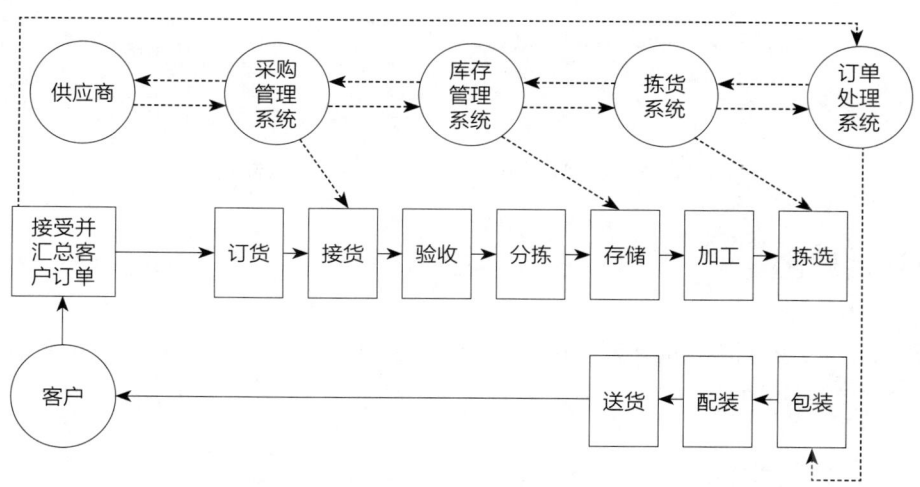

图 2-1 配送的一般作业流程

2. 配送的特殊流程

在现实生活中,有些物资由于自身特性限制,其配送流程减少了一般作业流程中的一个或几个作业环节,具有一定的特殊性,例如,液体的配送不需要配货和配装。常见的几种特殊配送作业流程如下。

(1) 食品的配送程序。如图 2-2 所示。

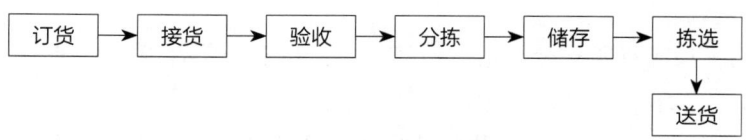

图 2-2 食品的配送程序

(2) 煤炭等散货的配送程序。如图 2-3 所示。

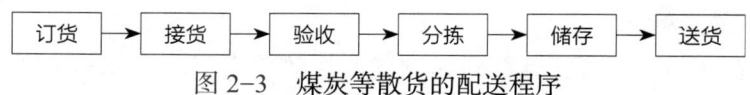

图 2-3 煤炭等散货的配送程序

(3) 木材、钢材等原材料的配送程序。如图 2-4 所示。

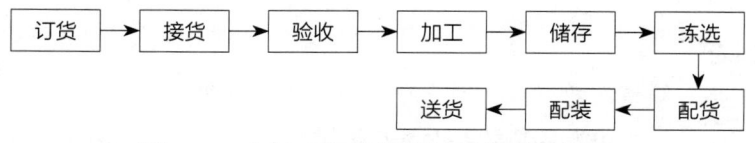

图 2-4 木材、钢材等原材料的配送程序

(4) 机电产品的散件、配件的配送程序。如图 2-5 所示。

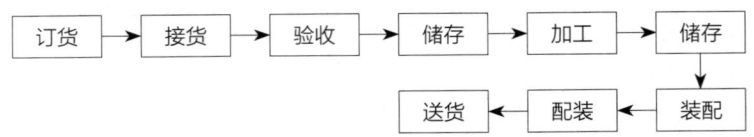

图 2-5　机电产品的散件、配件的配送程序

五、配送合理化

配送合理化是指配送中心在合适的时间内把规定的物品通过科学的方法以最少的资源消耗送达需求者手中的状态。

（一）配送合理化的标志

1．库存标志

（1）库存总量。配送具有集散功能，配送中心可以集中上游生产企业的产品或上游用户的产品，如果配送中心的库存量加上各上游用户实行配送后剩余库存量总和小于实行配送前各上游用户库存量之和，则本次配送合理。库存量是处于不断变化的状态，是一个变量，因此对库存总量的计算应在一定的经营前提下。

（2）库存周转。实行配送活动后，企业的库存周转快，那么此次配送活动合理，否则不合理。

2．资金标志

实行配送后，应有利于资金总量占用降低，有利于资金周转。

（1）资金总量。实行配送后，资金总量占用大，则配送活动不合理。

（2）资金周转。实行配送后，货物流向下游消费者，资金回笼，资金可用于扩大业务，如果实行配送后，资金回笼慢，周转慢，那么此次配送活动不合理。

（3）资金投向的改变。实行配送后，若资金由分散投入改为集中投入，资金调控能力变强，本次配送活动合理。

3．成本和效益标志

对于配送企业而言，若实行配送活动的配送效益大于配送成本，则此次配送活动合理。

对于用户来说，如果实行配送活动是用比较低的配送成本获得了比较好的配送服务，则此次配送活动合理。

4．供应标志

（1）缺货次数。缺货次数越多，说明配送活动越不合理。

（2）供应能力。对于下游用户的每次配送要求，配送中心都能满足，那么配送中心的供应能力强，配送活动合理。

（3）即时配送的能力。若配送中心对用户突然的配送要求能迅速做出反应，能组织即时配送，则配送作业合理。

5．资源节约标志

合理的配送能充分利用载运工具的载运空间，能充分利用各种运力，能够节约进行配送活动需要的仓库设施设备和人力。

6．物流系统合理化标志

合理的配送有利于整个物流系统。合理配送能衔接物流中的干线运输和支线运输，合理组织集中配送或共同配送可加快物流速度，合理组织供销一体化配送可减少物流中转次数。

（二）配送合理化的途径

1．推行专业化配送

配送中心采用专业化的设施与设备，规划一套规范的作业程序，提高作业效率和设备利用率，提高配送合理化。

2．推行加工配送

通过将流通加工与配送相结合，在配送中心进行流通加工，可以减少中转环节，提高作业效率，又能更好地满足顾客需求。

3．推行共同配送

通过共同配送，充分利用车辆的载运能力，发挥专业配送中心的作用，以最低的配送成本完成最好地配送服务。

4．推行即时配送

为了对用户的需求做出快速反应，应该推行即时配送，以此提高配送供应保证能力。

5．推行准时配送

最好的配送服务是能够准时地、保质保量地将物品送到正确的用户手中，因此，准时配送是赢得顾客好评的最好配送方式，是提高配送供应保证能力的重要措施。

6．推行集中配送

对于一些有配送需求的连锁经营门店而言，进行集中配送是很好的选择。生产企业和连锁经营企业可以共同组建一个"集中化"配送中心，进行配送时，可将生产厂家的货物运输到"集中化"配送中心，再由"集中化"配送中心将货物配送到各门店。这样可以减少原来由生产企业分别给各连锁经营门店配送的作业环节，缩短输送路径，能够提高物品的物流速度。

第七节　物流信息处理

一、物流信息概述

（一）物流信息的概念

信息是指能够反映事物内涵的知识、资料、情报、图像、数据、文件、语言及声音等，信息是事物内容、形式及其发展变化的反映。

国家标准《物流术语》（GB/T 18354—2021 3.24）中对物流信息（logistics information）的定义是："反映物流各种活动内容的知识、资料、图像、数据的总称。"

物流信息是进行物流活动必需的信息，是反映物流活动内容的知识、资料、情报、图像、数据、文件、语言和声音的总称。可以从狭义和广义角度来理解物流信息。

1. 狭义的物流信息

狭义的物流信息是指与物流活动（运输、储存、包装、装卸搬运、配送和流通加工等）有关的信息。人们进行运输方式选择、车辆调度、运输路线优化、货物跟踪和库存管理等物流活动都离不开及时、准确、详细的物流信息。

2. 广义的物流信息

物流活动的开展离不开销售活动，由于顾客对某物品有需求，零售商才会根据一段时间内顾客的购买情况进行需求预测，结合库存进行订货；供应商接到零售商的订单会判断自己的库存是否能满足订单需求，如果能满足则向配送部门发出配送指示，如果不能满足订单需求，供应商会向生产商进行订货；生产商根据供应商的订单和自己的库存情况判断能否满足供应商的订单需求，如果能满足供应商的需求则通知配送部门进行配送，如果不能满足供应商的需求则马上组织生产。因此，从广义范围看，物流信息不仅包括物流活动中涉及的信息，还包括与其他流通活动有关的信息，如市场活动相关信息（包括消费者需求信息、竞争对手信息和促销信息等）和商品交易活动相关信息（包括物价信息、订货信息、缺货信息、结算信息和买卖信息等）。

（二）物流信息的特征

物流信息具有信息的一般特点，也具有特殊性，其特殊性表现如下。

1. 广泛性

物流是一个复杂的大系统，物流信息分布于一个大范围内，信息源多、信息量大，从生产到消费、从社会到企业、从国内到国外、从管道运输到航空运输，物流信息涉及面很广。

2. 联系性

物流是一个大系统，物流中的活动是相互联系的，因此，物流信息也是联系密切的。例如，运输涉及的信息（运量、到货时间等）有利于仓储活动开展，仓储涉及的信息（如堆码位置、进货量信息等）有利于装卸搬运活动开展，因此，运输信息、仓储信息和装卸搬运信息是相互联系的。正是物流信息的相互联系性才使物流各活动组成一个大物流系统，物流信息是物流系统的中枢神经。

3．多样性

由于物流是一个大系统，系统内外都产生物流信息，因此，物流信息种类很多。种类繁多的物流信息给信息处理工作（搜集信息、分类、筛选、统计和整理）带来一定难度。

4．动态性

由于社会经济发展，顾客的需求呈现多样化，各种物流作业频繁发生，物流信息价值衰减增速，物流信息需要不断更新才能有利于物流活动开展，因此，物流信息具有动态性。

5．复杂性

物流信息的广泛性、联系性、多样性和动态性使物流信息具有复杂性。因此，在物流活动中必须对搜集的物流信息进行全面、及时和准确处理才能合理指导物流活动，物流信息处理过程是一个复杂过程。

（三）物流信息的功能

准确、及时、全面的信息能为物流活动提供决策依据，对物流活动起指导作用，其功能如下。

1．沟通、协调功能

物流信息沟通了供应链上各节点企业（供应商、生产商、批发商、零售商及消费者），使物流活动得以在供应链上进行，满足了供应链各节点企业的需求，同时把物流所涉及的各活动综合起来，加强了物流系统的综合能力。因此，物流信息具有沟通与协调的功能。

2．监督与控制功能

通过应用计算机网络、电子数据交换、全球定位系统、地理信息系统等物流信息系统可以监控物流活动，例如，对货物进行及时跟踪可以随时查询货物运输情况；对车辆实时监控可以随时查看车辆位置。

3．决策功能

制定物流方案需要物流信息的支持，物流信息是决策者制定方案的关键依据。例如，车辆调度方案确定需要客户分布、运价及运输量等信息；库存管理方案确定需要客户需求情况、货物盘存量、运输成本、采购成本等信息。

（四）物流信息的分类

1．按信息来源分类

（1）物流系统外部信息。物流系统外部信息是指物流系统以外的信息，如商品交易信息和市场信息。

（2）物流系统内部信息。物流信息内部信息是指物流系统内部的信息，如接受订货信息、库存信息、收货信息、发货信息和采购指示信息等。

2. 按物流信息的变动程度分类

（1）固定信息。固定物流信息是相对稳定的物流信息，一般产生于物流系统内部，如技术标准、政策规章、职工人事制度、工资制度、计划进出库量、固定成本等。

（2）变动信息。变动物流信息是指随着时间变化经常发生变动的物流信息。例如，库存信息、进出库信息以及某一时刻物流活动的进度等。

二、物流信息技术

常用的物流信息采集技术有条码技术（bar code，BC）、射频识别技术（radio frequency identification，RFID），常用的物流信息传输技术有电子数据交换技术（electronic data interchange，EDI）、销售时点系统（point of sale，POS）、电子订货系统（electronic ordering system，EOS）。

（一）条码技术

条码技术是使用最广泛的信息采集技术，可应用于商业、图书管理、物流和邮政等领域，在物流行业是公认的最实用的物流信息技术，尤其在仓储活动中应用最多。条码技术的原理是通过光电效应，将条、空及数字代表的物品信息快速准确输入计算机系统。

1. 条码的概念

条码是条形码的简称，国家标准《物流术语》（GB/T 18354—2021 6.1）中对条码（bar code）的定义是："由一组规则排列的条、空组成的符号，可供机器识读，用以表示一定的信息，包括一维条码和二维条码。"

由定义可知，条码由一组按一定编码规则排列的条、空及对应的字符组成，如图2-6所示。其中，"条"指对光线反射率较低的部分，"空"指对光线反射率较高的部分，这些条和空组成的数据能表达一定的信息，并能够用特定的设备识读，转换成与计算机兼容的二进制或十进制信息。

图 2-6　条码

2. 条码的分类

条形码按维数分为普通的一维条码和二维条码。

（1）一维条码是仅在一个维度方向上表示信息的条码符号。常用的一维条码的码制主要是EAN码（European article number，EAN）和UPC码（universal product code，UPC）。

①EAN码。EAN码是国际物品编码协会制定的一种国际通用商品条码，同时也是我国通用的一维码码制。EAN码符号有标准版（EAN-13）和缩短版（EAN-8）两种，日常购买的商品包装上所印的条码一般都是EAN码，如图2-7所示。

②UPC码。UPC码是美国统一代码委员会制定的一种商品用条码，主要在美国和加拿大地区应用，如图2-8所示。

（2）二维条码。二维条码是在两个维度方向上都表示信息的条码符号。与一维条码相

EAN-13码　　　　　　　EAN-8码

图2-7　EAN-13码和EAN-8码

UPC-A码　　　　　　　UPC-E码

图2-8　UPC-A码和UPC-E码

比，二维条码信息容量更大、可靠性更高、保密防伪性更强。美国迅宝（Symbol）公司于1991年正式推出PDF417条码，即"便携式数据文件"。PDF417条码具有高密度（利用垂直方向尺寸提高信息密度）、纠错能力强（用了最先进的数学纠错算法）、信息量大（可表示几千字节的数据）以及可加密（用了加密算法和解密算法）等优点。

（二）射频识别技术

1．射频识别技术的概念

国家标准《物流术语》（GB/T 18354—2021 6.11）中对射频识别RFID的定义是："在频谱的射频部分，利用电磁耦合或感应耦合，通过各种调式和编码方案，与射频标签交互通信唯一读取射频标签身份的技术。"

RFID是一种利用无线电波或微波进行非接触的单向或双向通信，从而达到数据采集和数据交换目的的自动识别技术。

RFID技术具有阅读速度快、非接触、不受环境影响以及寿命长等优点，在国外，被应用于工业、商业、交通运输控制管理等领域。

2．RFID的组成

最基本的RFID系统由三部分组成。

（1）标签（Tag射频卡）。标签由耦合元件及芯片组成，标签含有内置天线，用于和射频天线间进行通信。

（2）阅读器。接受从RFID单元上返回的RF信号并将解码数据传输到主机系统以供处理的读写器，是读取（在读写卡中还可以写入）标签信息的设备。阅读器可设计为手持式或固定式。

（3）天线。在标签和阅读器间传递射频信号。

3．RFID在物流中的应用

RFID在仓储管理中应用最广泛。我国最早将RFID技术应用于仓储管理活动的物流企业是深圳市白沙物流有限公司。该公司将电子标签装在托盘上，组织入库前，用手持终端读取托盘上的货物条码信息，信息会输入到电子标签中，此托盘上的所有货物信息就会存储到终端电脑里，通过运用RFID技术提高了仓储作业效率。

（三）电子数据交换技术

1．电子数据交换技术的概念

国际标准化组织（ISO）1994年确认了电子数据交换技术（EDI）的定义："根据商定的交易或电文数据的结构标准，实施商业或行政交易从计算机到计算机的电子传输。"

国家标准《物流术语》（GB/T 18354—2021 6.12）对电子数据交换的定义是："采用标准化的格式，利用计算机网络进行业务数据的传输和处理。"

简而言之，电子数据交换技术可以将商业文件按统一标准编制为计算机可以识别和处理的标准格式，在EDI终端之间进行自动传输，最终实现无纸化电子文件传输。

2．EDI的构成

（1）EDI数据标准。EDI数据标准是由各企业、各地区代表共同讨论、制定的电子数据交换共同标准，可以使各组织之间的不同文件格式，通过共同的标准，实现彼此之间文件交换目的。

（2）EDI软件和硬件。EDI软件是指可以将用户数据库系统中的信息译成EDI标准格式的相关软件，不同企业应用的EDI软件不同。EDI硬件主要有计算机、调制解调器和电话线等。

（3）通信网络。通信网络的种类比较多，有点对点网络、一点对多点网络、多点对多点网络及增值网络等。根据企业的业务处理需求选择合适的通信网络。

3．EDI在物流中的应用

EDI在仓储活动中应用较广泛。例如，仓库管理者发现某物品的库存水平较低，需要补货，这时仓管员可以在订单管理系统上制作一张订单，保存为可以进行电子传输的格式，将保存好的电子订单发到供应商的邮箱（实际上订单存在了供应商的EDI交换中心上），供应商使用邮箱接受指令（实际上是从EDI交换中心提取），并在自己的订单管理系统中生成一份订单回执单，发送到仓管员的邮箱（实际上通过EDI交换中心存放到仓管员邮箱）。

（四）电子订货系统

1．电子订货系统的定义

国家标准《物流术语》（GB/T 18354—2021 6.24）对电子订货系统的定义是："不同组织间利用通信网络和终端设备进行订货作业与订货信息交换的系统。"

EOS在供应商和零售商之间建立了一条高速通道，双方能够及时有效地沟通信息，大大缩短了零售商的订货周期和双方的资金周转。

2．EOS的构成

一个完善的电子订货系统由供应商、零售商、通信网络和计算机系统构成。

（1）供应商。供应商主要是指商品的制造者（生产者）或商品的供应者（批发商）。

（2）零售商。零售商主要是指商品的销售者（中间商或零售商）或商品的需求者（最终消费者）。

（3）通信网络。通信网络主要是指能够传输订单、发票、收货单、发货单等订货信息的网络。

（4）计算机系统。计算机系统主要是进行信息的输入、输出和处理。

3．EOS在物流中的应用

EOS在物流中的库存管理方面应用较广泛。

（1）利用EOS可以提高订货作业效率。利用EOS订货信息直接通过通信网络传输，一方面可以减少纸质单证，另一方面EOS替代了纸质订单，可以减少订单信息的出错率，减少纠错时间，提高从接到订单到发货的作业效率。

（2）利用EOS可以提高库存管理水平。一方面，采用EOS可以根据下游零售商的订货信息，判断当前的畅销产品，备足库存，避免出现缺货造成失销等损失；另一方面，采用EOS后，供应链上下游之间的信息交换更加便利和迅速，上游供应系统能够比较合理地设置库存水平，下游订货系统能够比较合理地设置订货点和订货批量，使整条供应链上的库存管理水平显著提高。

（五）销售时点系统

1．销售时点系统的概念

国家标准《物流术语》（GB/T 18354—2021 6.23）对销售时点系统（point of sale，POS）的定义是："利用自动识别设备，按照商品最小销售单位读取实时销售信息，以及采购、配送等环节发生的信息，并对这些信息进行加工、处理和共享的系统。"

将条码自动识别技术、POS系统和EDI集成起来，可以在供应链（由生产线直至付款柜台）之间建立一个无纸的信息传输系统，以确保产品能不间断地由供应商流向最终客户，同时信息流能够在开放的供应链中循环流动。POS系统通过自动读取设备（如收银机）在销售商品时直接读取商品销售信息（如商品名、单价、销售数量、销售时间、销售店铺、购买顾客等），并通过通信网络和计算机系统传送至有关部门进行分析加工以提高经营效率。POS系统最早应用于零售业，以后逐渐扩展至其他如金融、旅馆等服务行业，利用POS系统的范围也从企业内部扩展到整条供应链。将POS系统应用于供应链，可以实时传递物品销售信息，提高供应链管理的效率。

2．销售时点系统的构成

POS系统由硬件和软件两部分构成。硬件部分主要由主机部分、密码键盘、电源适配器、打印机构成，软件主要由操作系统、相关应用程序构成。

3．POS系统在物流中的应用

POS系统在零售业应用较广，其有助于零售业物流的开展，运作过程如下：单个零售店销售商品时，收银员使用手持终端扫描商品上的条码读取商品的基本信息（如品名和单价等），通过店内的计算机核对商品的基本信息并计算销售商品的总金额，完成销售时点信息（如商品名称、单价、销售数量、销售时间、购买顾客等）的采集，返回给收银机，并打印出顾客本次购买清单及应付款总额。各个零售店的销售时点信息通过网络传送给总部的物流中心，物流中心根据销售时点信息进行库存管理及配送作业，根据顾客消费偏向进行畅销品合理采购。

三、其他物流信息相关技术

（一）物流管理信息系统

国家标准《物流术语》（GB/T 18354—2021 6.15）对物流管理信息系统（logistics management information system）定义是："通过对物流相关信息的收集、存储、加工、处理以便实现对物流的有效控制和管理，并提供决策支持的人机系统。"

建设企业物流信息管理系统是企业物流管理信息化的基本条件，是实现智慧物流的前提和保障。目前我国物流企业基本实现了信息化，利用物流信息系统可以将物流信息以数据的形式加以存储，可以对合同、单证、票据等物流信息进行日常处理，可以进行车辆跟踪及库存管理等。

物流管理信息系统涉及仓储作业管理、运输及配载管理、财务管理、企业资源管理、客户关系管理、供应链管理等内容，通过使用计算机技术、通信技术、网络技术等手段，建立物流信息化管理，以提高物流信息的处理和传递速度，使物流活动的效率和快速反应能力得到提高，提升人性化服务质量，完善实时物流跟踪，减少物流成本。

（二）地理信息系统

1．地理信息系统的定义

国家标准《物流术语》（GB/T 18354—2021 6.17）对地理信息系统（geographical information system，GIS）的定义是："在计算机技术支持下，对整个或部分地球表层（包括大气层）空间中的有关地理分布数据进行采集、储存、管理、运算、分析、显示和描述的系统。"

由定义可知，GIS是以地理空间数据为基础，采用地理模型分析技术，获取、存储、检索和显示地球空间数据的计算机系统。

GIS可以利用计算机管理地球空间相关信息，可以在显示器上对地图进行任意图层放大、缩小与调用，通过GIS可以完成车辆路线选择和最短路径优化等功能。

2．GIS的构成

（1）计算机软件和硬件。软件系统是指操作系统，硬件系统主要包括计算机、绘图仪、数字化仪器和打印机等。

（2）数据库系统。GIS有数据存储功能，这主要是依赖于数据库系统，数据库系统可以完成几何数据等存储任务。

（3）数据库管理系统。此系统主要进行数据的输入、存储、转换、处理、分析和输出。

（4）专业人员。地理信息系统的操作需要懂专业、懂计算机和懂地理知识的复合人才。

3．GIS在物流中的应用

GIS在仓库选址、配送中心选址、运输线路选择和物流网络优化方面应用较广。例如，在进行配送中心选址时，需要考虑客户地理分布情况、货源地理分布情况、城市交通状况等因素，利用地理信息系统的地面图层功能可以从中获得所需要的信息，为配送中心选址提供决策依据。

（三）全球定位系统

1．全球定位系统的概念

国家标准《物流术语》（GB/T 18354—2021 6.18）对全球定位系统的定义是："以人造卫星为基础、24h提供高精度的全球范围的定位和导航信息的系统。"

全球定位系统由三大部分组成。

（1）空间部分。全球定位系统的空间部分由若干颗卫星组成，不同国家或地区开发的全球定位系统卫星的数量不同，一般由24~60颗组成。这些卫星分布在2万千米以上的高空、若干个不同高度的轨道面上。

（2）地面部分。全球定位系统的地面部分主要是地面监控系统，由主控站、输入站和监测站组成。主控站负责收集各个监测站的跟踪数据并计算卫星轨道和时钟参数，将计算结果通过地面天线发送给卫星。同时，主控站还负责管理、协调整个地面控制系统的工作。

（3）用户部分。全球定位系统的用户部分主要是卫星定位系统信号接收机，由天线、接收机、显示器和信号处理器组成。当接收机捕获到跟踪的卫星信号后，即可测量出接收天线至卫星的伪距离和距离的变化率，解调出卫星轨道参数等数据。根据这些数据，接收机中的微处理计算机就可按定位解算方法进行定位计算，计算出用户所在地理位置的经纬度、高度、速度、时间等信息。

2．常用的全球定位系统

提到全球定位系统，人们习惯上认为是指美国于1994年建成的GPS（global positioning system）。GPS是最早开发出来的全球定位系统，在全球有大量的用户。目前在我国，甚至全球很多国家，北斗卫星导航系统（beidou navigation satellite system，BDS）因其优越的性能而逐渐代替GPS，用户群体越来越大。

BDS是中国自行研制的全球卫星导航系统，也是继GPS、GLONASS之后的第三个成熟的卫星导航系统。北斗卫星导航系统（BDS）和美国GPS、俄罗斯GLONASS、欧盟GALILEO，是联合国卫星导航委员会已认定的供应商。BDS可在全球范围内全天候、全天时地为各类用户提供高精度、高可靠度的定位、导航、授时服务，并且具备短报文通信能力，已经初步具备区域导航、定位和授时能力，定位精度为分米、厘米级别，测速精度0.2米/秒，授时精度10纳秒。2023年5月17日10时49分，中国在西昌卫星发射中心用长征三号乙运载火箭，成功发射第五十六颗北斗导航卫星。

3．卫星定位系统在物流中的应用

目前卫星定位系统主要应用在物流的运输过程中，在运输工具上安装卫星定位系统可以对车辆和轮船进行实时定位和监控。

（1）利用卫星定位系统可以为驾驶员导航。对于长距离大范围的货物输送活动，驾驶

员很可能对送货地点和送货线路不熟，如果在送货车辆上安装GPS/BDS接收机，驾驶员可以随时知道自己所在的位置以及车辆将向哪里行驶。

（2）利用卫星定位系统可以实行车辆调度。在送货车辆上安装卫星定位系统，可以将定位信息发送给调度指挥中心，调度指挥中心根据自己掌握的车辆定位情况，利用计算机和GIS可在电子地图上找出车辆的具体位置，通过对车辆实时监控，可对车辆进行优化配置和合理调度。

（3）利用卫星定位系统可以提高物流服务水平。在送货车辆上安装卫星定位系统，可实时监控车辆在整个途中的运行情况，方便用户查询自己的货物目前在哪个城市，以便用户合理安排接货工作，提高物流效率和客户服务水平。

本章小结

本章介绍了物流七大功能活动，分为七节内容，其中七大功能活动的概念、作业环节、作业合理化是重点内容。通过本章的学习，能够了解物流包装、装卸搬运、储存、流通加工、运输、配送、物流信息处理的作用，并能够进行这七大物流活动的合理化分析，提出对应措施。

思考与练习

一、单项选择题

1. 以下可以抗压抗振的包装材料是（　　）。
   A．木制包装材料　　　　　　　　B．纸制包装材料
   C．金属包装材料　　　　　　　　D．塑料包装材料
2. 以下不是运输产品特殊性的是（　　）。
   A．运输产品的非实体性　　　　　B．运输活动不创造新产品
   C．运输产品看得见、摸得着　　　D．运输方式之间具有可替代性
3. 以下噪声、废气等环境污染严重的运输方式是（　　）。
   A．公路运输　　　B．铁路运输　　　C．水路运输　　　D．管道运输
4. 以下对流通加工合理化措施描述不正确的是（　　）。
   A．加工与配送相结合：尽量将流通加工设置在配送作业活动中。一方面可按照客户的配送要求进行流通加工，另一方面，配送环节的流通加工产品可以直接进入配货作业，减少中间分货、拣货和配货作业环节，提高作业效率

B. 加工与配套相结合：有一些产品需要有一定的配套产品与之搭配，但是生产企业往往不能完成配套产品的生产，这时可以委托流通加工企业完成。例如，电脑的使用需要电脑桌，这时电脑制造企业可以委托木材流通加工中心进行电脑桌的制作

C. 加工与运输相结合：生产活动结束后，将大批量的产品通过干线运输输送到设置在需求地区的流通加工中心，流通加工后，将产品通过支线运输输送到消费者手中，这样可以通过流通加工衔接干线运输与支线运输，提高运输效率和效益

D. 加工与商流相结合：进行流通加工时，要不断整合流通加工资源，充分利用流通加工的技术设备，做到流通加工的边角余料再利用，充分体现流通加工合理利用资源的优势

5. （　　）是指完全按用户突然提出的时间、数量方面的配送要求，随即进行配送的方式。

  A. 即时配送 B. 共同配送 C. 定量配送 D. 定时配送

二、填空题

1. 包装的三大功能分别是_____、_____、_____。
2. 装卸搬运合理化是指以尽可能少的人力、_____，高质量、高效率完成货物的装卸搬运活动。
3. 储存作业的原则有_____、_____、重不压轻原则、分类管理原则、_____。
4. 运输合理化的五要素是指运输距离、_____、_____、运输方式、运输时间、运输费用。
5. 流通加工是指在流通的过程中，对物品进行简单再加工，根据用户要求对物品进行_____、_____、_____、_____、_____、_____、贴标签等简单作业的总称。

三、简答题

1. 包装是如何分类的？包装的功能体现在哪些方面？如何做到包装合理化？
2. 常见的装卸搬运方法有哪些？如何做到装卸搬运合理化？
3. 常见的不合理运输现象有哪些？如何进行运输合理化？
4. 储存有何积极功能？储存有何消极功能？
5. 流通加工与一般加工有何区别？

四、能力训练题

1. 查阅相关资料，分析大型综合体育赛事物流的特点。
2. 查阅相关资料，分析农产品流通加工的作业包括哪些？如何促进农产品流通加工发展？

第三章 物流系统

学习目标

通过本章学习，了解系统的定义及其一般模式，掌握物流系统的定义、特征及其研究要素，在此基础上理解物流系统分析的内容和方法、物流系统评价的原则和方法。通过本章学习，还要熟悉物流系统的组成、物流系统分析的要点、物流系统评价的步骤等知识。

关键概念

物流系统　　　　　　　　物流系统分析
物流系统评价

教学引入

京东的物流系统

京东集团2007年开始自建物流，2017年4月正式成立京东物流集团，2021年5月，京东物流于香港联交所主板上市。京东物流是中国领先的技术驱动的供应链解决方案及物流服务商。

京东物流具有仓储网络、综合运输网络、最后一公里配送网络、大件网络、冷链物流网络和跨境物流网络六大网络，运营超1600个仓库，含云仓生态平台的管理面积在内，京东物流仓储总面积超3200万平方米，截至2023年年末，京东物流云仓生态平台合作云仓的数量已超过2000个。京东物流具有自动分播墙、天狼货到人系统、地狼搬运系统、智能快递车、室内配送机器人、JDX-50京燕无人机、JDX-500京蜓无人机等硬件产品，具有京东物控、京东物流智能仓储执行系统（warehouse execution system，WES）、京东物流智能仓储控制系统（warehouse control system，WCS）、SCEMP碳能管理平台、谷语（农场）、京小卫、数字月台、物流5G套件、物流场景深度定制化掌上电脑（personal digital assistant，PDA）产品、RFID企业套件等软件产品，具有全国领先的一站式服务平台"京东服务+"产品。

京东物流以"技术驱动，引领全球高效流通和可持续发展"的使命担当，秉承"以客户为中心，用可信赖的供应链服务持续创造价值"的企业理念，致力于成为全球最值得信赖的供应链基础设施服务商。

资料来源：京东商城官网。

>
> 京东物流在硬件和软件产品方面的创新如何提升其物流系统的智能化和自动化水平？

第一节 概述

一、系统概述

（一）系统思想的产生

自从人类有了生产活动以后，由于不断地和自然界打交道，客观世界的系统性便逐渐反映到人的认识中来，从而自发地产生了朴素的系统思想。古代农事、工程、医药、天文知识等方面的成就，都在不同程度上反映了朴素的系统思想的应用。朴素的系统思想，不仅表现在古代人类的实践中，而且在古中国和古希腊的哲学思想中得到了反映。古希腊的唯物主义哲学家德谟克利特曾提出"宇宙大系统"的概念，并最早使用"系统"一词；辩证法奠基人之一的赫拉克利特认为"世界是包括一切的整体"；后人把亚里士多德的名言归结为"整体大于部分的总和"。在古代中国，春秋末期的思想家老子曾阐明了自然界的统一性；西周时期，出现了世界构成的"五行说"（金、木、水、火、土）；东汉时期张衡提出了"浑天说"。

古代朴素的系统思想用自发的系统概念考察自然现象，其理论是想象的，有时是凭灵感产生出来的，没有建立在对自然现象具体剖析的基础上，因而这种关于整体性和统一性的认识是不完全和难以用实践加以检验的。辩证唯物主义认为，世界是由无数相互关联、相互依赖、相互制约和相互作用的过程所形成的统一整体。这种普遍联系和整体性的思想就是科学系统思想的实质。

（二）系统的定义

发展至今，关于系统的定义有很多。我国著名学者钱学森把系统定义为：系统是由相互作用相互依赖的若干组成部分结合而成的，具有特定功能的有机整体，而且这个有机整体又是它从属的更大系统的组成部分。有些学者认为系统是为实现某些功能而聚在一起的若干部分，各部分之间存在相互影响的关系。同时，各组成部分又是一个个的小系统，称之为子系统。

由此，用一种概括的语言，总结系统的一般定义为：系统是由两个及以上有机联系、相互作用的要素组成，具有特定功能、结构和环境的整体。该定义有以下四个要点。

1．系统及其要素

系统是由两个及以上要素组成的整体，构成这个整体的各个要素可以是单个事物（元素），也可以是一群事物组成的分系统、子系统等。

2. 系统和环境

任一系统又是它所从属的一个更大系统（环境或超系统）的组成部分，并与其相互作用，保持较为密切的输入输出关系。

3. 系统的结构

在构成系统的诸要素之间存在着一定的有机联系，这样在系统的内部形成一定的结构和秩序。结构即组成系统的诸要素之间相互关联的方式。

4. 系统的功能

任何系统都应有其存在的作用与价值，有其运作的具体目的，也都有其特定的功能。

（三）系统的一般模式

系统是相对外部环境而言的，外部环境向系统提供资源、手段、劳动力、信息等，称为"输入"。系统接收到这些输入，继而运用自身所具有的功能进行转换处理，形成有用的产品，称为"转换"。系统再将这些产品输出到外部环境，称为"输出"。

另外，由于系统的外部环境处在不断的变化过程中，这些变化会对系统的运转产生影响，可能会致使输出的结果偏离预期目标，所以系统还具有将输出结果的信息反馈给输入环节的功能。系统的一般模式如图3-1所示。

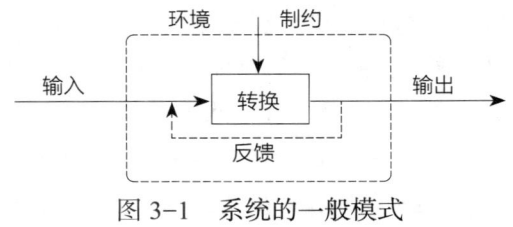

图 3-1　系统的一般模式

（四）系统的特征

广泛存在于人们生活里的各种系统，结构和输出功能都千差万别，但可以根据不同系统本质的、共同的功能特性，总结出一般性的系统的特征。

1. 整体性

系统的各个组成部分不是简单地拼凑在一起，而是以实现某种功能为目的，按照一定的逻辑顺序结合在一起。各个组成部分之间存在协调关系，这种协调关系使得系统成为一个有机整体。

2. 相关性

组成系统的各部分之间存在相互影响的作用，有着特定的关系和演变规律。它们之间的某一部分中的要素发生变化，另一部分就会做出相应调整，进而影响系统总体功能的输出效果。

3. 环境适应性

环境适应性是指系统对不断变化的外界环境的调整能力。系统存在于环境之中，和环境之间产生物质的、能量的、信息的交换，系统和环境相互融入。因此，系统必须适应外部环境的变化，只有二者协调统一才能全面发挥系统的整体功能。

4．目的性

系统的目的是人们根据实践的需要而确定的，并由此产生了系统存在的基础。系统的目的与功能相统一，是区别不同系统的标志。系统的目的性要求人们正确地确定系统目标，运用各种手段把系统导向预设的目标，从而达到系统整体目标最优的目的。

5．层次性

系统作为一个相互协调的诸多部分的总体，可以分解为一系列的子系统，各子系统又分别由更小的子系统组合而成。由此，构成了系统结构的层次性。在系统层次结构中，不同层次子系统之间存在隶属关系。

二、物流系统概述

（一）物流系统的定义

现代物流观点认为，物流系统是指在一定的时间和空间里，由需要位移的物资、包装设备、装卸搬运机械、运输工具、仓储设施、人员和通信联系等若干相互制约的动态要素所构成的具有特定功能的有机整体。

一般地，物流系统可以分为物流运作子系统和物流信息子系统。物流运作子系统是在包装、仓储、运输、装卸搬运、流通加工等操作中运用各种先进技术将生产商与需求者连接起来，使整个物流活动网络化，提高物流效率。物流信息子系统是运用各种先进信息技术保障与物流运作相关信息的通畅，提高整个物流系统的效率。

物流系统的目的是实现物资的空间效益和时间效益，在保证社会再生产顺利进行的前提条件下，实现各个物流环节的合理衔接，并取得最佳的经济效益。物流系统是社会经济大系统的一个系统或组成部分。

（二）物流系统的一般模式

物流系统具有系统的一般模式，即输入、转换、输出、环境制约和反馈等环节。依据物流系统的情况，内容有所不同，各个环节的具体内容如图3-2所示。

1．输入

外部环境对物流系统的输入是各种资源和手段，其中资源包括人力、物力、资金、信息等。

2．转换

物流系统的转换是指物流的各项活动的执行过程，即物质资料的空间效益、时间效益及附加值的创造过程。具体内容有运输、储存、装卸搬运、包装、流通加工、信息处理及管理工作。

3．输出

物流系统与其本身所具有的各种手段和功能，对环境的输入进行各种处理后所提供的物流服务称为系统的输出。具体内容有物质资料位置的转移及各种劳务，如合同的履行及其他服务等。

4．环境制约

外部环境对物流系统具有一定的影响，称之为外部环境对物流系统的制约。具体有因资源条件、能源限制、资金与生产的能力有限等所产生的限制，以及因价格、需求和政策的变化等而产生的干扰。

5．反馈

物流系统在把输入转换为输出的过程中，由于受外界环境的制约，致使系统不能按原计划实现预期目标，需要把输出结果返回给输入，进行调整（图3-2）。即使按原计划实现，也要把信息返回以对工作做出评价，这称为信息反馈。信息反馈的活动包括各种物流活动分析报告、各种统计报告数据、典型调查、国内外市场信息与有关动态等。

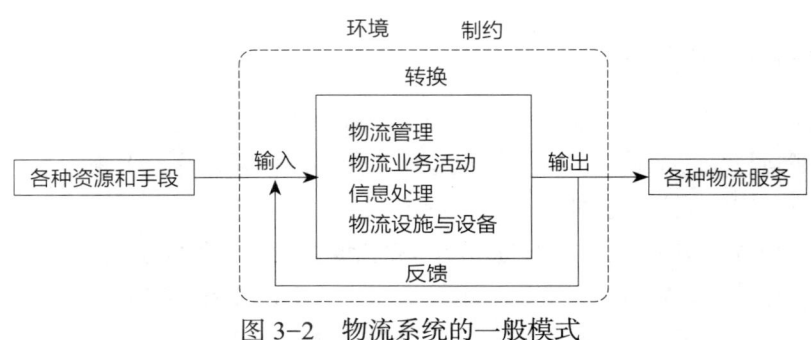

图 3-2　物流系统的一般模式

（三）物流系统的特征

物流系统具有一般系统共有的特征，即整体性、相关性、环境适应性、目的性和层次性。同时物流系统作为现代观念和现代科技的产物，还具有一些特有的特征。

1．物流系统是动态系统

物流活动受到社会生产和社会需求的广泛制约，连接着多个生产企业和顾客，需求、供应、价格、渠道的变动都随时随地影响着物流，所以物流系统是一个稳定性较差而动态性较强的系统。为使物流系统良好地运行以适应不断变化的环境，必须对物流系统进行不断完善和调整，有时甚至需要重新设计整个物流系统。

2．物流系统具有可分性

在整个社会再生产中，物流系统是流通系统的一个子系统，受到流通系统、社会经济系统的制约。物流系统本身又可以分成若干相互联系的子系统，如运输子系统、仓储子系统等，系统与子系统之间、各个子系统之间都存在着总的目标、总的费用、总的效果以及时间空间、资源利用等方面的相互联系。而所分子系统的多少，层次的阶数，是随着人们对物流系统的认识和研究的深入来不断扩充的。

3．物流系统的复杂性

物流系统构成要素的复杂性决定了物流系统的复杂化。如物流系统的作用对象——

物，品种繁多、数量庞大，遍及全部社会物质资源；再如物流系统的主体——人，需要数百万的庞大队伍；以及物流系统要素间关系的复杂等都增加了物流系统的复杂性。

4．物流系统是一个大跨度的系统

大跨度表现为地域跨度大和时间跨度大，即时空的跨度大。随着国际化的不断发展，国际间企业的交流越来越频繁，提供大跨度时空的物流活动将会成为物流企业主要的任务。随着信息技术的发展，电子商务、网络的广泛运用，将逐步缩小物流系统的时空跨度。

5．物流系统的效益背反现象

物流系统结构要素之间存在着效益背反的规律，即各功能要素完成目标之间存在此消彼长的冲突。物流系统是个整体，因此不能将各要素当作简单的独立个体来看待，不能只追求某个要素的功能目标优化而不顾系统的整体利益。这就要求必须注重总体效益，以成本为核心，调整各个子系统、各要素之间的矛盾，使之有机联系起来成为一个有效整体，实现物流系统的最佳效益。

三、物流系统的目标

1．服务目标

物流系统连接着生产与再生产、生产与消费，因此要求其有很强的服务性。在为客户服务方面要求做到无缺货、无货损和无货差等现象，且费用低。在技术方面，如准时供货方式、柔性供货方式等也是其服务性的表现。

2．快速、及时目标

快速、及时既是一个传统目标，更是一个现代目标。随着社会化大生产的发展，这一要求更加迫切。为此采取的诸如直达物流、联合运输等管理和技术，把物流设施建在需求地区附近，合理利用有效的运输工具和合理配送计划等手段，都是快速、及时目标的体现。

3．节约目标

节约是经济可持续发展的基本要求。虽然我国土地费用比较低，但也在不断上涨，特别是对城市市区面积的有效利用必须加以充分考虑。应逐步发展立体化设施和有关物流机械，实现空间的有效利用。

4．规模化目标

应该考虑物流设施集中与分散是否适当，机械化与自动化程度如何合理安排，信息系统的集中化所要求的设备的使用等，都是规模化目标的体现。

5．库存调节目标

库存调节目标也是服务性的延伸。库存过多需要更多的保管场所，而且会产生库存资金积压，造成浪费。因此，必须按照生产与流通的需求变化对库存进行有效控制。如正确确定产品的库存方式、库存数量、库存结构、库存分布就是这一目标的体现。

要实现物流系统的目标，就要把物流系统的各个环节（子系统）看成一个整体进行设计和管理，以最佳的结构、最好的配合，充分发挥其系统功能、效率，实现整体合理化。

第二节　物流系统的组成及研究要素

一、物流系统的组成

物流系统是由运输、仓储、装卸搬运、包装、流通加工、配送和信息服务七大子系统组成的。

1．运输子系统

运输是物流系统的核心业务之一，也是物流系统的一个重要子系统。合理选择运输方式对于物流效率提升具有十分重要的意义，在确定运输方式时，必须权衡运输子系统要求的运输服务和运输成本，可以考虑将运输机具的服务特性作为判断的基准：运费、运输时间、频度、运输能力、货物的安全性、时间的准确性、适用性、伸缩性、网络性和信息等。

2．仓储子系统

在物流系统中，仓储和运输是同等重要的组成部分。仓储子系统包括了对进入物流系统的货物进行堆存、管理、保管、保养、维护等一系列活动。仓储的作用主要表现在两个方面：一是完好地保证货物的使用价值和价值；二是为将货物配送给用户，在物流中心进行必要的加工活动而进行的保存。随着经济的发展，物流由少品种、大批量物流进入到多品种、小批量或多批次、小批量物流时代，仓储子系统从重视保管效率逐渐变为重视如何才能顺利地进行发货和配送作业。

3．装卸搬运子系统

装卸搬运是随运输和保管而产生的必要物流活动，是对运输、仓储、包装、流通加工等物流活动进行衔接的中间环节，以及在保管等活动中为进行检验、维护、保养所进行的装卸活动。在物流活动的全过程中，装卸搬运活动是频繁发生的，因而是造成产品损坏的重要原因之一。对装卸搬运的管理，主要是对装卸搬运方式、装卸搬运机械设备的选择、合理配置与使用以及装卸搬运合理化的管理，尽可能减少装卸搬运次数，以节约物流费用，获得较好的经济效益。

4．包装子系统

为使物流过程中的各类物资完好地运送到用户手中，并满足用户和服务对象的要求，需要对大多数物资进行不同方式、不同程度的包装。包装子系统的功能主要体现在保护货物、促进商品销售等方面。

5．流通加工子系统

流通加工子系统是在产品从生产领域向消费领域流动的过程中，为了促进产品销售、维护产品质量和实现物流效率化，对物品进行简单加工处理的子系统。这种在流通过程中对商品进一步的辅助性加工，可以弥补企业、物资部门、商业部门等在生产过程中加工程度的不足，更有效地满足用户的需求，更好地衔接生产和需求环节，使流通过程更加合理化，是物流活动中的一项重要增值服务，也是现代物流发展的一个重要趋势。

6．配送子系统

配送子系统的设置，可采取物流中心集中库存、共同配货的形式，完成多品种、少批量、多批次、多用户的货物输送。使用户或服务对象依靠物流中心的准时配送，而无须保持自己的库存或只需保持少量的保险储备，减少物流成本的投入。

7．信息服务子系统

现代物流是需要依靠信息技术来保证物流体系正常运作的。物流系统的信息服务子系统，包括进行与上述各项子系统有关的计划、预测、动态（运量、收、发、存数）的信息及有关的费用信息、生产信息、市场信息活动。物流系统的信息服务子系统必须建立在计算机网络技术和国际通用的EDI信息技术基础之上，才能高效地实现物流活动一系列环节的准确对接，真正创造"场所效用"及"时间效用"。可以说，信息服务是物流系统的中枢神经，该子系统在物流系统中处于不可或缺的重要地位。

二、物流系统的要素

物流系统和一般的管理系统一样，都是由人、财、物、设备、信息和任务目标等要素组成的有机整体。具体来说，物流系统的要素可以分为一般要素、功能要素、支撑要素和物质基础要素，这些要素通过一定的管理手段联系在一起，其有效地协调可以使物流系统更好地发挥整体效益。

（一）物流系统的一般要素

1．劳动者要素

劳动者要素是物流系统的核心要素、第一要素。劳动者是保证物流得以顺利进行和提高管理水平的关键要素。提高劳动者的素质，是建立一个合理化的物流系统并使它有效运转的根本。

2．资金要素

交换是以货币为媒介，实现交换的物流过程，实际也是资金运动过程，同时物流服务本身也需要以货币为媒介。物流系统建设是资本投入的一大领域，离开资金这一要素，物流不可能实现。

3．对象要素

对象要素是物流系统的作用对象，即各种实物，以及劳动工具、劳动手段，如各种物流设施、工具，各种消耗材料（燃料、保护材料）等。没有物，物流系统便成了无本之木。

（二）物流系统的功能要素

一般认为物流系统的功能要素包含以下几个方面。

1．采购功能要素

为做到低成本、高效率地为企业提供物流服务，采购功能对企业越来越重要。采购功能具体表现为选择企业各部门所需要的恰当物流，从恰当的来源，以恰当的价格、恰当的送货方式（包括时间和地点）获取适当数量的原材料。

2．包装功能要素

包装包括产品成品的包装，生产过程中在制品、半成品的包装以及在物流过程中的换装、分装、再包装等活动。

3．装卸搬运功能要素

装卸搬运包括对产品输送、保管、包装、流通加工等物流活动进行衔接的活动，以及在保管等活动中进行产品检验、养护所进行的装卸活动。伴随装卸活动的小搬运，一般也包括在这一活动中。

4．运输功能要素

产品运输是运用设备和工具，实现产品由其生产地至消费地的空间转移，包括供应及销售物流中的车、船、飞机等运输方式。

5．存储保管功能要素

存储保管包括堆存、保管、保养、维护等活动，主要是对产品数量、质量进行管理控制的活动，其目的是为清除产品生产与消费在时间上的差异。

6．流通加工功能要素

这种加工活动是因产品销售企业等组织为了弥补生产过程中加工程度的不足，更有效地满足用户或本企业的需求，更好地衔接产需，而进行的诸如分类、切割等加工活动。

7．配送功能要素

配送功能是指在经济合理区域内，根据顾客的要求，对产品进行拣选、加工、包装等作业，并按时送达指定地点的物流活动。配送处于"末端运输"的地位，更直接地面向并靠近用户。

（三）物流系统的支撑要素

物流系统的建立需要许多支撑手段，尤其是它处于复杂的社会经济系统中，要确定物流系统的地位，要协调与其他系统的关系，这些要素必不可少，主要包括以下四个方面。

1．体制、制度

物流系统的体制、制度决定物流系统的结构、组织、领导、管理方式。国家对其控制、指挥和管理的方式是现代物流系统的重要保障。有了这个支撑条件，物流系统才能确立在国民经济中的地位。

2．法律、规章

物流系统的运行，不可避免地会涉及企业及人的权益问题。法律、规章一方面限制和规范物流系统的活动，使之与社会经济系统或其他物流系统相协调；另一方面给物流活动以保障，合同的执行、权益的划分、责任的确定都需要靠法律、规章维系。

3．行政、命令

物流系统和一般系统不同之处在于物流系统关系到国家军事、经济命脉、政治安全等，所以，行政、命令等手段也常常是支持物流系统正常运转的重要支撑要素。

4．标准化系统

标准化系统是保证物流环节协调运行，保证现代物流系统与其他系统在技术上实现连接的重要支撑条件。

（四）物流系统的物质基础要素

现代物流系统的建立和运行，需要有大量技术装备手段，这些手段的有机联系对现代物流系统的运行有决定性意义，这些要素对实现物流系统或其某一方面的功能也是必不可少的。

1．物流设施

它是现代物流系统运行的基础物质条件，包括物流站、货场、物流中心、仓库、物流线路、建筑物、公路、铁路、港口等。

2．物流装备

它是保证现代物流系统运行的重要条件，包括仓库货架、进出库设备、流通加工设备、运输设备、装卸机械等。

3．物流工具

它是现代物流系统运行的物质条件，包括包装工具、维护保养工具、办公设备等。

4．信息技术及网络工具

它是掌握和传递物流信息的手段。根据所需信息水平不同，它包括通信设备及线路、传真设备、计算机及网络设备等。

5．组织及管理

它是物流系统的"软件"，起着连接、调运、统筹、协调及指挥各要素的作用，是保障物流系统目标实现的重要条件。

第三节　物流系统分析与评价

一、物流系统分析

当今的社会经济处在不断的变化之中，供应链中的合作伙伴关系、系统外部的经济环境及政治环境等变幻莫测，因而需要对物流系统进行分析，以期适应各种变化，并使物流系统输出的效果达到最优。

物流系统分析是从物流系统的整体出发，根据系统的目标要求，运用科学的分析工具和计算方法，对系统目标、功能、环境、费用和效益等进行充分的调研，并收集、比较、分析、处理有关数据和资料，建立若干拟定方案，比较和评价结果。

（一）物流系统分析的要点

在物流系统分析前要注意以下几个方面。

1．物流系统分析是一个长期的工作

物流系统分析贯穿在物流系统规划、运行评价、优化改善的全过程中。因为物流系统分析的总目标是寻找实现物流系统目标的最优途径，而物流系统运行过程中，它所处的外界环境及其内部构成都在不断地变化和运动，系统分析就要抓住这些信息，总结和归纳出这些特征，找到系统达到效益最优的途径和方法。可以说，只要有物流系统存在运行，物流系统分析工作就要时时刻刻地进行。总之，物流系统分析离不开高能力的分析人员辛勤而漫长的工作。

2．物流系统分析不能完全代替想象力、经验和判断力

物流系统分析虽然对制定决策有很大的帮助，但是它不能完全代替想象力、经验和判断力。物流系统分析只能是将研究问题运用数学的方法或模型，推解出优化的备选方案。在将现实问题归纳成数学模型的过程中，必然舍去了一些无法运用数学方法进行分析的因素，而这些因素可能对系统的实际运行产生影响，因此当管理者进行选择或决策时，必然要运用自己的经验、想象或直觉进行综合判断。

3．物流系统分析主要采用经济学方法

物流系统分析基本上是考虑经济、效益等目标，或者说是以经济学的方法来解决问题。对任何问题，通常均有不同的解决方案，应用物流系统分析研究问题，应对各种解决问题的方案，计算出全部费用，然后再进行比较。但在决策时又要注意费用最少的方案，不一定是最佳选择，因为选择最佳方案的着眼点，不只是"省钱"，还需要"有效"。

（二）物流系统分析的内容

物流系统分析首先要对现有物流系统进行详细调查，包括调查现有物流系统的工作方法、业务流程、信息数量和频率、各业务部门之间的相互联系，在对现有物流系统从时间和空间上对信息的状态进行详细调查的基础上，分析现有系统的优缺点，并了解其功能。一般来说，对物流系统分析需要回答下面几个问题。

（1）我们为什么要进行这项工作？

（2）进行该项工作能增加什么价值？

（3）为什么要按照现有程序进行该项工作？

（4）为了提高效率，能否改变作业步骤的顺序？

（5）为什么要由某一个小组或个人来完成这些工作？

（6）其他人可以完成这项工作吗？

（7）还有更好的物流系统运行方式吗？

（三）物流系统分析的方法

1．数学规划法（运筹学方法）

这是一种对系统进行统筹规划、寻求最优方案的数学方法，其具体理论与方法包括线性规划、动态规划、整数规划、排队规划和库存论等。这些理论和方法都是解决物流系统中物流设施选址、物流作业的资源配置、货物配载、物料储存的时间与数量的问题。

2. 统筹法（网络计划技术）

统筹法，是指运用网络来统筹安排，合理规划系统的各个环节。它用网络图来描述活动流程的线路，把事件作为节点，在保证关键线路的前提下安排其他活动，调整相互关系，以保证按期完成整个计划。该项技术可用于物流作业的合理安排。

3. 系统优化法

在一定约束条件下，求出使目标函数最优的解。物流系统包括许多参数，这些参数相互制约，互为条件，同时受外界环境的影响。系统优化法就是在不可控参数变化时，根据系统的目标，如何来确定可控参数的值，以使系统达到最优状态。

4. 系统仿真

利用模型对实际系统进行仿真实验研究。物流系统仿真技术的发展及应用依赖于计算机软件技术的飞速发展。今天，随着计算机科学与技术的巨大发展，系统仿真技术的研究也在不断完善，应用在不断扩大。

二、物流系统评价

物流系统评价主要是利用各种模型和资料，按照一定的价值标准，对各种物流方案进行比较分析，选择最优方案的过程。它是物流系统规划选优和决策的基础。

（一）物流系统评价的原则

1. 评价的客观性

评价的目的是决策，因此评价的质量影响着决策的正确性。也就是说，必须保证评价的客观性，必须弄清评价资料是否全面、可靠、正确，防止评价人员的倾向性，并注意人员的组成应具有代表性。

2. 方案的可比性

评价各个备选方案时，要把握一致的前提条件和评价内容，对每项指标都要进行评价。替代方案在保证实现系统的基本功能上要有可比性和一致性。个别方案功能突出、内容有新意，也只能说明其相关方面，不能代替其他方面。

3. 评价指标的系统性

评价指标必须反映系统的目标，要包括系统目标所涉及的各个方面，且对定性问题要有恰当的评价指标，以保证评价不出现片面性。由于物流系统的目标往往是多元的、多层次的、多时序的，因此评价指标体系也应是一个多元的、多层次的、多时序的有机整体。

4. 充分考虑物流系统中的"二律背反"现象

物流系统中典型的"二律背反"现象是指物流系统不同主体和不同活动之间可能在目标、运作上存在冲突，如运输和仓储两项作业在成本降低目标上可能的冲突等。因此物流系统评价应明确系统评价的目标，选择适当的考核指标来进行整体的评价。

（二）物流系统评价的步骤

（1）明确评价目的和评价内容。

（2）确定评价因素。

（3）确定评价指标体系。

（4）制定评价准则。

（5）确定评价方法。

（6）单项评价。

（7）综合评价。

单项评价是对物流系统或物流系统方案的某一具体方面进行详细的评价。单项评价不能解决最优方案的判定问题。综合评价就是在各单项评价的基础上按照评价标准，对系统整体进行全面的评价。

（三）物流系统评价的方法

由于不同的物流系统结构不同、性能不同、评价因素不同，因此评价方法也有不同。物流系统评价方法的选用应根据物流系统的具体情况而定。目前国内外系统评价使用的方法有很多，一般可以分为三类：定量评价、定性评价和两者相结合的综合评价方法。定性评价法简单直接，它不需要复杂的计算。定量评价法是搜集相关数据，以数学计算和模型分析来判断定性评价相差不大的方案之间的差别，通常需要专业人员参与。综合评价法需要更全面的考虑，其中优缺点比较法属于常见的定性评价法，成本分析法属于常见的定量评价法，层次分析法、灰色关联法、计算机仿真法等都是综合评价法的代表。

本章小结

本章主要介绍了物流系统的相关知识，分为三节内容。第一节介绍了系统的概念、物流系统的概念、物流系统的目标；第二节介绍了物流系统的组成、物流系统的要素；第三节介绍了物流系统分析的要点、内容、方法，物流系统评价的原则、步骤与方法。

思考与练习

一、单项选择题

1．物流系统的输出是（　　）。

　　A．物流情报　　　　B．流通加工　　　　C．产品配送　　　　D．物流服务

2．配送中心属于物流系统的（　　　）。
  A．功能要素　　　　B．支撑要素　　　　C．一般要素　　　　D．物质基础要素
3．物流术语、托盘标准化等属于物流系统的（　　　）。
  A．功能要素　　　　B．支撑要素　　　　C．一般要素　　　　D．物质基础要素
4．在进行物流系统评价时，有利害关系的相关人员需回避。以上表述主要体现了物流系统评价的（　　　）原则。
  A．客观性　　　　　　　　　　　　B．方案的可比性
  C．评价指标的系统性　　　　　　　D．整体性
5．物流系统的作用对象，即各类物资，品种繁多、数量庞大，遍及全部社会物质资源。以上表述主要体现了物流系统的（　　　）。
  A．可分性　　　　B．动态性　　　　C．复杂性　　　　D．大跨度性

二、填空题
1．一般地，物流系统可以分为_____子系统和物流信息子系统。
2．物流系统具有系统的一般模式，即输入、转换、输出、_____、反馈等过程。
3．构建物流系统评价指标体系时，既要包含经济性指标，又要包含非经济性指标。以上表述主要体现了物流系统评价的_____原则。
4．物流系统本身可以分成若干相互联系的子系统，如运输子系统、仓储子系统、配送子系统等，因此，物流系统具有_____的特征。
5．在物流系统评价方法中，一般来讲，_____评价法简单直接，不需要复杂的计算。

三、简答题
1．在物流系统分析前，要注意哪些要点？
2．物流系统分析的方法有哪些？
3．物流系统评价的原则是什么？
4．简述物流系统的特征。
5．简述物流系统评价的步骤。

四、能力训练
1．结合实际谈谈物流系统的特征。
2．以你熟悉的物流系统为例，试着说说构成它的一般要素、功能要素、支撑要素及物质基础要素的具体表现。

第四章 物流管理

学习目标

通过本章学习，了解物流管理的发展阶段，熟悉物流管理、物流标准化的内容，掌握现代物流管理的内容、特征，物流服务与质量管理、成本管理的主要内容，在此基础上能够进行初步的物流管理和分析工作。

关键概念

物流管理	质量管理	物流成本管理
物流服务	物流标准化	

教学引入

亚太森博牵手G7易流打造"物联网+造纸"标杆

亚太森博是全国领先的高档文化用纸生产商，年产200万吨高档文化用纸，其"百旺"品牌高档复印纸销往全球110多个国家和地区，已成为全球办公室较受欢迎的办公用纸之一。2023年4月，亚太森博与G7易流达成合作，依托G7易流行业领先的物联网软件即服务（software as a service，SaaS）实力，双方将共同构建物流运输平台，实现业务全流程数字化、智能化，运输全流程可视化。在双方团队的紧密配合下，历经4个多月，物流运输平台项目成功上线！

G7易流基于物联网（Internet of things，IoT）SaaS技术，结合亚太森博的业务场景，助力亚太森博在"IoT SaaS+物流运输""IoT SaaS+管理"进行更多场景挖掘，提高运输效率和物流管理水平。

从计划到签收，北斗卫星导航系统全程跟踪在途车辆，实时掌握货物流转状态。在运输环节中，亚太森博融入绿色理念，通过物流运输平台合理选择运输工具和承运商，对运输线路进行合理布局与规划，实现优化运输路径、提升满载率、减少排放的目标。通过无纸化签收，降低纸张成本和能耗。一系列人工录入与管理模式被数字化、智能化系统所代替，简化线下流程、减少手工操作。

资料来源：新浪新闻。

>
> 亚太森博是如何进行物流管理的？

第一节 概述

一、物流管理的概念及理解

（一）物流管理的概念

"管理"指为实现一定的目标对管理对象实施一定的管理职能，如计划、组织、指挥、协调、控制、考核等的活动。

国家标准《物流术语》（GB/T 18354—2021 3.4）中，将物流管理（logistics management）定义为："为达到既定的目标，从物流全过程出发，对相关物流进行的计划、组织、协调与控制。"

（二）物流管理概念的理解

可以从以下四个方面理解物流管理的概念。

1．物流管理是对物流活动诸环节的管理

物流活动涉及运输、储存、装卸、搬运、包装、流通加工、配送、信息处理等环节，只有对各环节进行合理组织与安排，协调各环节的作业，才能实现整个活动的顺畅进行。

2．物流管理是对物流系统诸要素的管理

物流管理具有管理的一般属性，要对物流系统各生产要素进行合理组织，这些生产要素包括人、财、物、设备、资金、信息等，要充分发挥各项资源的功效，以达到最佳的生产效率。

3．物流管理的具体职能是计划、组织、协调与控制

物流管理是对物流各项活动进行的计划、组织、协调与控制。计划工作为各项活动拟定可行方案，其方案可行程度是各项工作成功与否的关键。组织工作是把各要素、各环节连接起来，实现空间和时间上的衔接，合理组织成一个整体，有效实现物流过程。协调工作是做好各部门、各环节的配合，在分工协作的基础上实现总体目标。控制工作是以物流计划为目标，考察实际完成情况，不断分析差异、采取对策。

4．物流管理要以最低的物流成本达到用户满意的服务水平

物流管理的目标是在达到顾客满意的情况下最大限度地降低成本。这就要求物流企业不断改进操作技能，采用现代管理方法，实现人、财、物等资源的合理配置，提高经济效益。

二、物流管理的发展阶段

从20世纪50年代至今,物流管理经历了多次变革,有了很大的发展。由于各国的社会经济环境不同,其物流发展进程也有所差异。从逻辑上看,物流管理的发展大致经历了四个阶段,即实物配送阶段、物流管理阶段、综合物流阶段和供应链管理阶段,详见表4-1。

表4-1 物流管理发展阶段

阶段	时间段	特征	管理范围	管理重点
第一阶段	第二次世界大战后到20世纪70年代初期	实物配送阶段(physical distribution)	企业内部没有一个独立的物流管理部门,只是生产活动中的一个部分	设法降低运输成本和保管成本等个别环节
第二阶段	20世纪70年代中后期	物流管理阶段(material management)	企业内部,有独立的物流管理部门	各企业内部的物流合理化,但缺乏部门、行业、企业之间的紧密配合
第三阶段	20世纪70年代后期至80年代末	综合物流阶段(intergrated logistics management)	以企业内部为主的生产、流通、消费一体化物流管理	考虑生产、流通、消费需要的物流活动优化管理
第四阶段	20世纪80年代末至今	供应链管理阶段(supply chain management)	从原材料的供应商到制造商、经销商、零售商、顾客的整个过程的物流管理	供应链整体的物流活动优化管理

(一)实物配送阶段

实物配送阶段是指从第二次世界大战后到20世纪70年代初期,以实物配送理论与实践的发展为标志的阶段。1962年彼得·德鲁克提出"物流业是每个国家经济增长的'黑大陆',是企业重要的利润源泉"等观点,从而对物流界又产生了一次重大的推动作用。在这一背景下,1963年成立了美国物流管理协会,这是世界上第一个由物流专业人员组成的组织,表示物流已从市场营销中分离出来,获得了独立的地位。

在这个阶段中,真正物流意义上的管理意识还没有出现,企业还没有设立一个独立的物流管理部门,只是把物流活动当作生产活动的一部分,物流管理仅仅是在设法降低运输成本和保管成本等个别环节上。所采用的办法和途径局限于要求降低运价或仓储价格上,企业对物流的认识程度和物流在企业中的位置都很低。

(二)物流管理阶段

20世纪70年代中后期,随着社会经济的不断发展,生活消费对物质产品需求数量不断增加,单纯依靠技术革新、扩大生产规模提高生产率来获得利润的难度越来越大。这就促使人们开始寻求新的途径,如通过改进和加强流通管理、降低流通费用可以比较容易获得较高的利润。因此，改进流通、加强物流管理就成为现代企业获得利润的新的重要源泉之一。

在产业界，企业设立了物流部、物流管理部、物流对策室、流通服务部等机构。物流革命之所以如此急速发展，是因为人们认识到它是降低产品成本、提高经济效益的有力武器。这一时期改进物流的工作主要在各企业内部进行。尽管在包装、装卸、保管、运输、信息方面实现了局部的合理化，但由于缺乏从整体上研究和设计物流系统，各部门、行业、企业之间缺乏紧密配合。因此从整个社会来看，物流费用并没有明显地下降，总体上经济效益不高。

（三）综合物流阶段

综合物流阶段是指20世纪70年代后期至80年代末，以综合物流的形成为标志。首先，跨国公司的兴起导致全球性竞争加剧，企业采用新的物流管理技术、改进物流系统、提高服务水平成为必要。其次，20世纪70年代后期，美国首先实行了运输自由化，放松了对运输业的管制，承运人和货主能自由定价，服务的地理范围也可以扩大，承运人与货主之间建立紧密与长期的合作关系，增加了企业系统地分析物流过程、降低物流成本和改进服务的可能。最后，一些先进管理技术与理念，如物资需求计划（material requirement planning，MRP）、制造资源计划（manufacturing resources planning，MRP Ⅱ）、分销需求计划（distribution requirement planning，DRP）、分销资源计划（distribution resources planning，DRP Ⅱ）、全面质量管理（total quality management，TQM）、准时制生产方式（just in time，JIT）的产生及在物流管理中的应用，人们逐渐认识到需要从生产、流通、消费的全过程把握物流管理，而计算机的商业化及相关信息技术的发展，为物流的一体化管理提供了物质基础和技术手段。

在这个阶段，通过分析物料从原产地运到工厂，经过生产线，变成成品再运到配送中心，最后交付给客户这样一个过程，企业可以消除很多看似高效率但实际上却降低了整体效率的环节，由此出现了综合物流。

（四）供应链管理阶段

20世纪80年代末至今，企业之间的分工越来越细，各大生产企业纷纷外包零部件生产，把低技术、劳动密集型的制造零部件工作转移到了那些劳动力成本低的国家。同时，如何在维持库存成本最低的情况下，保证生产不中断，也就是保证所有零部件都能按时、按量、以最低的成本供应给装配厂。这已经超出一家企业的管理范围。它要求与各级供应商、分销商建立一种紧密的合作伙伴关系，信息共享、精确配合，才能保证整个流程的顺畅，由此诞生了供应链管理。

供应链管理是指从初始供应一直到最终用户，向客户提供增值的产品、服务和信息的商务过程的一体化管理。综合物流阶段的一体化管理只限于企业内部，受企业内部资源和活动范围的限制，而供应链一体化是超越企业边界的外部一体化，覆盖原材料的供应商到制造商、经销商、零售商、顾客的整个过程。企业从重视内部经营转向重视外部合作，企业之间的竞争也转化为不同供应链之间的竞争。

三、现代物流管理的任务、目标和内容

（一）物流管理的任务

物流管理是以追求全过程的物流费用和效益达到最优为最终目标的，所以物流管理的核心是降低成本，提高服务水平，创造顾客价值。为此，现代物流管理承担的任务是要求在适当的时间，以最低的价格从供应商处购入优质的原材料，尽快生产出符合客户需要的适当产品，并以正确的质量水平，在正确的时间，将正确的产品交付到正确的地点。也就是要达到"7R"的要求，即适当的质量（right quality）、适当的数量（right quantity）、适当的时间（righ time）、适当的地点（right place）、适当的产品（right product）、适当的条件（right condition）、适当的成本（right cost）。为此要求提高对于给定产品的预定服务水平，降低物流管理的成本，并使整条供应链的库存水平和各类费用降到最低。

（二）物流管理的目标

物流管理总体上是在兼顾成本与服务的前提下，以实现客户满意为第一目标，对物流系统的构成要素进行调整改进，实现物流系统整体优化。具体地说，物流管理追求的目标是服务目标、快捷目标、节约目标、规模化目标、库存调节目标和物流合理化目标。

1．服务目标

物流系统是连接生产和消费的纽带和桥梁，因此要有很强的服务性。物流统一采取送货、派送等形式，在为用户服务方面要求做到无货缺、无货损、无货差，费用便宜等；在技术方面，近年来出现了准时供货方式、柔性供货方式等。

2．快捷目标

快捷目标要求把货物按照用户指定的时间和地点迅速、及时地送到，这不但是高水平客户服务的体现，更是流通对物流提出的要求。在物流领域采取的诸如直达物流联合一贯运输、高速公路等管理和技术，或者把物流设施建立在供给地区附近，或者利用有效的运输工具和合理的配送计划等，都是快捷目标的体现。

3．节约目标

在物流领域中除流通时间的节约外，节约物料投入和实物占用，是提高相对产出的重要手段。根据美国一些专业机构对物流成本的分析研究，物流开支一般占销售额的10%~35%，物流成本被认为是企业经营成本的重要组成部分之一，仅次于制造过程中的材料费用与营销成本。很明显，物流费用的降低对企业盈利水平甚至企业的经营成败会有至关重要的影响。

4．规模化目标

物流企业要以一定的规模为目标，以此来实现规模效益。生产领域的规模生产是早已为社会所承认的，物流系统由于比生产系统的稳定性差，因而难以形成标准的规模化模式，但较大的物流规模通常意味着较低的单位物流成本。在物流领域以分散或集中等不同方式建立物流系统，提高物流集约化程度，就是规模化这一目标的体现。

5．库存调节目标

库存调节目标是服务性的延伸，也是宏观调控的要求，同时涉及物流企业本身的效益。在物流领域中合理确定库存方式、库存数量、库存结构、库存分布就是这一目标的体现。

6．物流合理化目标

物流管理追求的总目标是物流合理化，就是使物流设备配置和一切物流活动趋于合理，通过对物流设备配置和物流活动组织进行调整改进、实现物流系统整体优化的过程，即以尽可能低的物流成本，实现尽可能高的服务水平。

（三）物流管理的内容

1．物流基本业务管理

根据实际的运作，将产品的运输、储存、装卸、搬运、包装、流通加工、配送、信息处理等基本功能有机整合，协调运作，就是物流的基本业务管理。

2．物流服务管理

物流服务本质是满足客户需要，正确地确定物流服务的各个服务要素（备货、接受订货的具体截止时间、进货期、订货单位、信息等），确定细分市场客户服务，制定物流服务组合，向客户提供和收集物流服务的信息，提供物流增值服务，进行服务质量管理等，以适当的成本实现高质量的服务，科学合理地制定物流服务策略，采取切实可行的步骤改进物流服务质量，达到物流服务管理的目标。

3．物流质量管理

物流质量管理是指通过制定科学合理的基本标准，对物流活动实施的全对象、全过程、全员参与的质量控制过程。归结起来物流质量管理主要是质量保证和质量控制两个方面，质量控制是质量保证的基础，物流质量是管理的目的，就是在"向客户提供满足要求的质量服务"和"以最经济的手段来提供"两者之间找到一条优化的途径，并同时满足这两个要求。

4．物流成本管理

物流成本管理是对物流活动发生的相关费用进行的计划、协调与控制。物流成本管理是物流管理的核心，也是物流管理部门最为重要的内容。通过对物流成本的把握，加强对物流活动过程中费用的管理和控制，降低劳动消耗，从而降低物流总成本，提高企业和社会的经济效益。

5．物流信息管理

信息管理工作就是要加强物流信息的收集、传递、整理、分析和应用管理，建立有效的信息交流、共享机制，不断形成信息资源的累积和优势转化，取得更大的信息价值，加强对信息活动过程的组织和控制，加强物流信息系统基础设施的建设，提高信息的交流处理能力，建立良好的信息流通环境，体现应有的信息价值。

6．供应链管理

供应链管理是指对供应链涉及的全部活动进行计划、组织、协调与控制。涉及供应、生产计划、物流和需求几个方面，还包括供应链的需求预测和计划、供应链的设计、供应链节点企业之间物料供应与需求管理、产品设计与制造管理、资金流管理、交换信息管理、供应链的合作伙伴关系管理、供应链的用户服务管理等。通过供应链的管理，合理配置和利用物流资源，使客户需求与供应商的物料流动协调一致，提高客户服务水平和质量，建立供应链的竞争优势。

四、现代物流管理的特征

1．以实现客户满意为第一目标

现代物流是基于企业经营战略，从客户服务目标的设定开始，进而追求客户服务的差别化。它通过物流中心、信息系统、作业系统和组织构成等综合运作，提供客户所期望的服务。在追求客户满意最大化的同时，追求自身的不断发展。

2．以企业整体最优为目的

物流企业既不能单纯追求单个物流功能的最优，也不能片面追求各局部物流的最优，而应实现企业整体的最优。

3．以信息为中心

信息技术的发展带来了物流管理的变革，无论是条形码系统、电子数据交换、电子订单系统、销售时点系统等物流信息技术的运用，还是快速反应（quick response，QS）、高效消费者回应（efficient customer responses，ECR）等供应链物流管理方法的实践，都是建立在信息的基础上，信息已经成为现代物流管理的中心。

4．重效率，更重效果

原来的物流以提高效率、降低成本为重点，而现代物流不仅重视效率方面的因素，更强调整个物流过程的效果，即若从成果角度看，有的活动虽然使成本上升，但它有利于整个企业战略目标的实现，则这种活动仍然可取。

5．物流活动的国际化

在经济全球化的浪潮中，跨国公司普遍采取全球战略，在全世界范围内选择原材料、零部件的来源，选择产品和服务的销售市场。因此，其物流的选择和配置也超出国界，着眼于全球大市场。大型跨国公司普遍的做法是选择一个适应全球分配的分配中心以及关键供应物的集散仓库，在获得原材料以及分配新产品时使用当地现存的物流网络，并且把这种先进的物流技术推广到新的地区市场。

6．物流过程的一体化

现代物流具有系统综合和总成本控制的思想，它将经济活动中所有供应、生产、销售、运输、库存及相关的信息流动等活动视为一个动态的系统总体，关心的是整个系统的运行效能与费用。

物流一体化的一个重要表现是供应链概念的出现。供应链把物流系统从采购开始，经过生产过程和货物配送到达用户的整个过程，看作是一条环环相扣的"链"，现代物流管理以整条供应链为基本单位，而不再是单个的功能部门。在采用供应链管理时，世界级的公司力图通过增加整条供应链提供给消费者的价值、减少整条供应链的成本的方法来增强整条供应链的竞争力，其竞争不再是单个公司之间的竞争，而是上升为供应链与供应链之间的竞争。

五、现代物流管理的重要性

现代物流管理的核心在于创造价值。良好的物流管理要求供应链上的每项活动均能实现增值，在为顾客创造价值的同时，也为企业自身及其供应商创造价值。物流管理所创造的价值体现在商品的时间效用和空间效用上，以及保证顾客在需要的时候能方便地获取商品上。

（一）物流在国民经济中的作用

物流在国民经济中的作用主要体现在两个方面。

1．物流活动的成本在GDP中占有相当一部分份额

据国际货币基金组织（IMF）统计，一些国家和地区的物流成本（包括运输、仓储、库存维持等费用）占其GDP的10%以上，在各国家和地区的经济中均占有显著的地位。如果某国能以较小比例的资源完成各项物流活动，则该国的物流效能较高。

2．物流活动是大部分商品交易实现的保障

物流支撑着经济生活中的大多数交易行为，是所有的商品交易（无形的、不能流动商品除外）得以实现的重要保障。正是因为有了物流活动的保障，交易行为才能最终在正确的时间和空间内得以实现。同时，物流创造了货物和服务的时间效用和空间效用。

（二）物流在企业中的作用

顾客导向是企业参与市场竞争的指导思想，物流的本质在于创造价值，而物流系统的输出正是为顾客服务，越来越多的企业将物流管理视为提高盈利能力和竞争力的关键所在。以最低的物流成本提供最好的服务，为顾客创造最大的价值是企业赢得竞争的主要途径。

产品（product）、价格（price）、促销（promotion）和地点（place）是企业的市场营销四要素（4P）。成功的市场营销要求企业拥有良好的产品、合理的价格、有力的促销手段，以及保证产品顺利输送到正确的地点。物流活动直接服务于地点要素，保证顾客在需要时能方便地购买到产品。

物流总成本是指满足物流需求所必需的全部开支。物流总成本需要用系统的方法来考虑，它是有效管理物流过程的关键。物流总成本主要包括客户服务、库存管理、运输、仓储、订货处理和信息六个方面。权衡是物流管理的核心概念。物流的任务是以尽可能低的成本为顾客提供最好的服务。由于物流活动成本之间经常存在此消彼长的关系，因此需要就物流的各个活动进行成本的权衡。例如，顾客服务水平显然受库存状态影响，为提高顾客服务水平，最好有庞大的库存，而庞大库存的代价却是库存成本的提高。企业为实现长

期盈利最大化的目标，必须不断调整顾客服务水平，迎合顾客的需要，这就要求企业将其有限的资源在市场营销四要素及各项物流活动中合理配置，在不断提高服务水平的同时降低物流总成本。

六、现代物流管理的原则

1．服务性原则

物流业属于服务业，物流管理必须以用户为中心。随着商品经济向纵深发展，用户对物流活动更重视高效率、低消耗的效果。所以现代物流业必须满足用户多样化的需求，如在承担中长距离运输的同时，还要注意满足用户小批量、多批次、短距离、时间准的要求，甚至要为用户"量身定做"物流方案。

2．通用性原则

专业物流企业在为用户提供个性化服务时必然发生高昂的费用，但是，如果能采用通用化的物流设施与设备，提高设施与设备的利用率，就能降低物流成本。例如，集装箱、托盘等集装工具的标准化，规定最小的集装单元的尺寸是600毫米×400毫米等，都是通用性的具体表现。随着现代物流业全球性的发展，不仅要求设施与设备的通用，而且要求包括商务单证、手续规则的通用等，这些也是现代物流业发展所要研究解决的问题。

3．合理化原则

物流企业要降低物流成本，就要考虑按最优模式设计它的作业，对它的各个作业环节——运输、储存、包装、装卸、搬运、流通加工等进行合理组织。需要注意的是，在物流的作业环节中，存在着相互制约问题，即"背反现象"。例如，按小批量进货，可以降低存储成本，但要增加采购次数，又会使采购费用增加；简化包装可以降低包装成本，但包装强度降低，会使破损率上升，维修或赔偿费用增大，甚至损害自己的声誉等。

因此，物流管理应遵循合理化的原则，要进行周密的考察，衡量各方面的利害关系、影响程度等，确定矛盾双方各自应该具有的水平，找到适宜的处理方法，使综合效益最大。

第二节　物流成本管理

物流成本是伴随着物流活动而发生的各种费用，物流成本的高低直接关系到企业利润水平的高低。人们对物流的关注首先是从物流成本开始的，物流被视为企业的"第三利润源泉"。因此，物流成本管理已经成为企业物流管理的核心内容。

一、物流成本的含义和构成

（一）物流成本的含义

国家标准《物流术语》（GB/T 18354—2021 3.23）中，将物流成本（logistics cost）定义为："物流活动中所消耗的物化劳动和活劳动的货币表现。"具体来说，它是产品在实物运动过程中，如包装、装卸搬运、运输、储存、流通加工、配送、信息处理等各物流活动过程中所支出的人力、财力和物力的总和。

不同类型企业对物流成本的理解有所不同。对专业物流企业而言，企业全部运营成本都可以看作物流成本；对于生产企业，物流成本则是采购、储存、销售过程中的所有物流活动费用支出，但不包括生产加工环节产生的非物流费用；对于商业企业而言，物流成本是采购、储存、销售过程中的商品实体运动所产生的物流费用。

（二）物流成本的构成

一般来说，一切由物流活动引起的支出都是物流成本，具体由以下五个部分构成。

（1）人工费用。从事物流工作人员的工资、奖金、津贴、社会保险、医疗保险、员工培训费等。

（2）作业消耗。物流作业过程的各种物质消耗，如包装材料、燃料、电力等的消耗及车辆、设备、场站库等固定资产的折旧费。

（3）物品损耗。物品在运输、装卸搬运、储存等物流作业过程中的合理损耗。

（4）利息支出。用于各种物流环节占用银行贷款的利息支付等，对工商企业而言，主要指存货占用资金的成本。

（5）管理费用。组织、控制物流活动的各种费用，如通信费、办公费、差旅费、咨询费、技术开发费等。

二、物流成本的特点与分类

（一）物流成本的特点

与其他成本相比，物流成本有许多不同之处，具体表现在以下几个方面。

1．隐含性

在通常的企业财务报表中，物流成本核算的是企业对外部所支付的运输费用或保管费用；对企业内部的人工费、折旧费等，则与企业其他费用统一计算，因此企业很难确定实际的物流成本。

2．乘数效应

物流成本的升降对企业利润是以乘数的效应发生作用的，即物流成本的下降可以使企业的利润成倍增长，物流成本的上升也可以使利润成倍削减。

3．效益背反性

物流的各功能要素之间存在着损益的矛盾，某一功能要素的优化和利益发生的同时，必然会存在另一功能要素的利益损失，这是一种此消彼长的现象。

4．复杂性

从产品的价值实现过程看，物流成本既与企业的生产和营销有关，又与客户的物流服务要求直接相关。物流成本涉及的范围广、环节多，导致很多的物流成本项目都无法准确地区分，在现行的会计制度下物流成本很难统计和分离。

（二）物流成本的分类

1．按物流活动范围分类

（1）供应物流费用。这是指从商品采购直到批发、零售业者进货为止的物流过程中所需的费用。

（2）企业内部物流费用。这是指从购进的商品到货或由本企业提货时开始，直到最终确定销售对象的时刻为止的物流过程所需要的费用，这包括运输、包装、保管等费用。

（3）销售物流费。这是指从确定物流对象时开始，直到商品送交到客户为止的物流过程中所需要的费用，这包括包装、商品出库、配送等方面的费用。

（4）回收物流费。这是指包括材料、容器等由销售对象回收到本企业的物流过程所消耗的费用。

（5）废弃物物流费。这是指包括为了处理已经成为废弃物的产品、包装物以及运输容器、材料等物品所进行的诸活动而发生的费用。

2．按物流费用的支出形式分类

（1）材料费。因材料的消耗而发生的费用，包括包装材料费、燃料费、消耗性工具费以及其他物料消耗等费用。

（2）人工费。因人力劳务的消耗而发生的费用，包括工资、奖金、福利费、医药费、劳动保护费以及其他一切用于职工的费用。

（3）水电费。这包括水费、电费、冬季取暖费、绿化费及其他费用。

（4）维护费。这是指建筑物、机械设备、车辆、搬运工具等固定资产的使用、运转和维护修理所产生的费用。

（5）一般经费。这包括差旅费、交通费、会议费、书报资料费、文具费、邮费、城市建设税、能源建设税及其他税款，还包括物资及商品损耗费、物流事故处理费及其他杂费等一般支出。

（6）特别经费。这是指采用不同于财务会计的计算方法所计算出来的物流费用，包括按实际使用年限计算的折旧费和企业内利息等。

（7）委托物流费。这是指将物流业务委托给企业外部的物流业者时向其支付的费用，包括向其支付的包装费、运费、保管费、出入库费、手续费、装卸费等。

（8）其他企业支付费用。在物流成本中，还应包括向其他企业支付的物流费。例如，商品购进采用送货制时包含在购买价格中的运费，在这种情况下，虽然实际上企业内并未发生物流活动，但却发生了物流费，这笔费用也应该作为物流成本而计算在内。

3. 按物流费用的主要用途分类

（1）物流作业费用。这是指直接用于物品实体运动各环节的费用，包括包装费（运输包装费、集合包装与解体包装费等）、运输费（营业性运输费、自备运输费等）、保管费（物品保管、养护费等）、装卸费（营业性装卸费、自备装卸费等）、流通加工费（外包加工费、自行加工费等）。

（2）信息费用。这是指用于物流信息收集、处理、传输的费用，包括线路租用费、入网费、网站维护费、计算机系统硬件和软件支出等。

（3）物流管理费用。这是指用于对物流作业进行组织、管理的费用，包括物流现场管理费用、物流机构管理费用等。

这种分类法可以用来比较不同性质费用所占的比例，发现物流成本问题发生在哪个环节。

三、物流成本管理的原则和基本内容

（一）物流成本管理的原则

成本管理的原则一般有五项，即：全面性原则，开源与节流相结合原则，按例外管理的原则，责、权、利相结合原则及按目标管理的原则。

这里重点解释一下按例外管理的原则。该原则要求管理人员不要把精力和时间分散在全部成本差异上，不要平均使用力量，而应该突出重点，把注意力集中在那些属于不正常的不符合常规的关键性的差异上。

（二）物流成本管理的内容

物流成本管理主要包含以下内容。

1. 物流成本核算

物流成本核算是根据企业确定的成本计算对象，采用相适应的成本计算方法，按规定的成本项目，依据一定的标准对物流费用进行汇集与分配，从而计算出各物流服务环节的实际总成本和单位成本。

2. 物流成本预测

物流成本预测是根据有关成本数据和企业具体的发展情况，运用一定的技术方法，对未来的物流成本水平及变动趋势做出科学的估计。物流成本预测可以提高物流成本管理的科学性和预见性。

3. 物流成本决策

物流成本决策是在物流成本预测的基础上，结合其他有关资料，运用一定的科学方法，从若干个拟定方案中选择一个满意的方案的过程。例如，配送中心新建、改建、扩建的决策，装卸、搬运设备、设施的决策，流通加工合理下料的决策。进行物流成本决策、确定目标成本是编制成本计划的前提，也是实现成本的事前控制、提高经济效益的重要途径。

4．物流成本计划

物流成本计划是根据由物流成本决策所确定的方案、计划期的生产任务、降低成本的要求及有关资料，通过一定的程序，运用一定的方法，以货币形式规定计划期物流各环节费用水平和成本水平，并提出保证物流成本计划顺利实现所采取的措施。通过物流成本计划管理，可以在降低物流成本各环节方面给企业提出明确的目标，推动企业加强成本管理责任制，增强企业的成本意识，控制物流环节费用，挖掘降低物流成本的潜力，保证企业降低物流成本目标的实现。

5．物流成本控制

物流成本控制是根据计划目标，对成本的发生和形成过程及影响成本的各种因素和条件施加主动的影响，以保证实现物流成本计划的一种行为。从企业生产经营过程来看，物流成本控制包括成本的事前控制、事中控制和事后控制。通过物流成本控制，可以及时发现存在的问题，采取纠正措施，保证企业降低物流成本目标的实现。

6．物流成本分析

物流成本分析是在物流成本核算及其他有关资料分析的基础上，运用一定的方法揭示物流成本水平的变动，进一步查明影响物流成本变动的各种因素。通过物流成本分析，检查和考核物流成本计划的完成情况，总结经验，找出实际与计划出现差异的原因，揭露物流环节的主要矛盾。

四、降低物流成本的途径

（一）影响企业物流成本的因素

影响企业物流成本的因素有很多，其中最主要的有以下五个。

1．竞争因素

企业之间的竞争除了产品的价格、性能和质量外，从某种意义上看，优质的客户服务水平是决定竞争成败的关键，而高效的物流系统则是提高客户服务水平的重要途径。客户服务水平的高低会直接影响物流成本的变动，影响客户服务水平的因素是订货周期、库存水平和运输等。

2．产品特性

产品的特性不同也会影响物流成本，主要包括产品的价值、产品的密度、产品废品率、产品破损率和特殊搬运等。

3．运输工具

运输成本在物流成本中占有很大的比重，一般占物流成本的40%~50%，是影响物流成本的重要因素。影响运输成本的主要因素有运输工具和运输距离。

4．物流人才

要做到物流的合理化，提高物流服务水平，都需要专业的人员去做。他们的工作态度、工作方式与方法等，间接影响物流成本的大小。

5．库存保管制度

良好的保管、保养等制度，可以减少物品的损耗、丢失、霉腐等事故，从而降低物流成本。反之，物流成本则上升。

（二）降低物流成本的途径

降低物流成本已成为企业开辟第三利润源的重要途径，也是企业可以挖掘利润的一片新的绿洲。物流成本的降低是企业获取利润的重要方面。降低物流成本的途径主要有以下几方面。

1．物流合理化

物流合理化是使一切物流活动和物流设施趋于合理，以尽可能低的成本获得尽可能好的物流服务。物流合理化不能单纯地依靠强调某个物流环节的合理性、有效性来节省个别成本，而是要统筹兼顾，系统地考虑。

2．提高物流质量

提高物流质量，也是降低物流成本的有效途径。因为只有不断提高物流质量，才能减少事故的发生，降低不必要的费用开支，降低物流过程的消耗，从而保持良好的信誉，吸引更多的顾客，实现规模化经营，提高物流效率，从根本上降低物流成本。

3．实行供应链管理

通过对商品流通的全过程实现供应链管理，提高顾客的物流服务来削减成本。降低物流成本不仅仅是企业物流部门或生产部门所关心的，同时也是销售部门和采购部门的责任，要将降低物流成本的目标贯彻到企业所有部门当中。提高顾客的物流服务是降低物流成本的有效方法之一，但是需注意超过必要量的物流服务有碍于物流效益的实现。

4．加快物流速度

加快物流速度，可以减少流动资金的占用，缩短物流周期，降低储存费用，从而节省物流成本。加快物流速度可以通过加快采购物流、生产物流、销售物流的速度来缩短整个物流周期，加快资金的利用率。

5．利用物流外包

为了降低成本，企业把物流外包给专业化的第三方物流公司，可以缩短物品在途时间，减少物品周转过程的费用和损失。有条件的企业可以采用第三方物流公司直供上线，实现零库存，降低成本。

6．借助现代化的信息管理系统

企业采用信息系统一方面可使各种物流作业或业务处理能准确、迅速地进行；另一方面通过信息系统的数据汇总，进行预测分析，可控制物流成本发生的可能性。

第三节　物流服务与质量管理

一、物流服务概述

（一）物流服务

国家标准《物流术语》（GB/T 18354—2021 3.5）对物流服务（logistics service）定义为："为满足客户物流需求所实施的一系列物流活动过程及其产生的结果。"

但不同的企业对物流服务这一概念往往有不同的理解。例如供应商和他的顾客对物流服务的理解就有很大的不同。一般来说，可以理解为衡量物流系统为某种商品或服务创造时间和空间效用的好坏的尺度，这包括从接收顾客订单开始到商品送到顾客手中为止而发生的所有服务活动。

物流服务是发生在买方、卖方的一个过程，这个过程使交易中的产品或服务实现增值。这种发生在交易过程中的增值，对单次交易来说是短期的，当各方形成较为稳定的合同关系时，增值则是长期持久的。同时，这种增值意味着通过交易，各方都获得了价值的提升。因而，从过程管理的观点看，物流服务是通过节省成本费用为供应链提供重要的附加价值的过程。

物流服务和质量在物流业处于重要的地位，物流业有极强的服务性质。服务因用户不同而要求各异，因此物流企业需要掌握和了解用户要求，如商品质量的保证程度、流通加工对商品质量的提高程度、批量及数量的满足程度、间隔期及交货期的保证程度等相关服务等。

（二）物流服务的本质

物流服务的本质是满足顾客的需求，包括以下三个方面。
（1）有顾客需要的商品（保证有货）。
（2）可以在顾客需要的时间内送达（保证送到）。
（3）达到顾客要求的质量（保证质量）。

（三）物流服务的重要性

物流服务是企业物流系统的产出，换句话说，从顾客角度看到的是企业提供的物流服务而不是抽象的物流管理。良好的物流服务有助于发展和保持顾客的忠诚度与持久的满意度，物流服务的诸要素在顾客心目中的重要程度甚至高过产品价格、质量及其他有关要素。

根据专家的估计，企业65%的销售来自老顾客，而发展一个新顾客的费用平均是保留一个老顾客所需费用的6倍。从财务角度分析，用于物流服务的投资回报率要大大高于投资于促销和其他发展新顾客的活动。

物流服务水平不同，物流的形式必将随之发生变化，物流服务水平是构筑物流系统的前提条件。企业要决定恰当的物流服务水平，为实现其水平而建立的物流服务系统，必须在整个公司统一思想取得共识。

物流在降低成本方面起着重要的作用，而降低物流成本必须在一定服务水平的前提下考虑，从这个意义上来说，物流服务水平是降低物流成本的依据。物流服务起着连接厂家、批发商和零售商的纽带作用。

（四）物流服务的特征

1．从属性

由于货主企业的物流需求是以商流为基础，伴随商流而发生的，因此物流服务从属于货主企业物流系统，表现为流通货物的种类、流通时间、流通方式、提货配送方式都由货主企业选择决定，物流企业只按照货主企业的需求，提供相应的物流服务。

2．不可存储性

物流服务属于非物质形态的劳动，它生产的不是有形的产品，而是一种伴随销售和消费同时发生的即时服务，不可储存。

3．移动性和分散性

物流服务以分布广泛、大多数不固定的客户为对象，所以具有移动性面积广、分散的特性，它的移动性和分散性会使产业局部的供需不平衡，也会给经营管理带来一定的难度。

4．需求波动性

由于物流服务以数量多而又不固定的客户为对象，客户的需求在方式和数量上是多变的，有较强的波动性，因此容易造成供需失衡，从而导致劳动效率低、费用高。

5．差异性

差异性是指物流服务的构成部分及其质量水平经常变化，很难统一界定。物流企业提供的服务不可能完全相同，难以制定和执行服务 质量标准，不易保证服务质量。

6．可替代性

站在物流活动承担主体的角度看，产生于货主企业生产经营的物流需求，既可以由货主企业自身采用自营运输、自营保管等自营物流的形式来完成，也可以委托给专业的物流企业来完成。因此，对于专业物流企业来说，不仅有来自行业内部的竞争，还有来自货主企业的竞争。

二、物流服务的影响因素

（一）物流成本与服务水平的关系

物流成本与服务水平存在着效益背反，之前讲到过，二者之间不是呈线性相关关系的。

物流服务与成本的关系有以下几种类型。

（1）为了提高物流服务，不惜增加物流成本。这是许多企业在面对特定顾客或其特定商品面临激烈竞争时采取的积极做法。

（2）在成本不变的前提下，提高物流服务水平。这是一种追求效益的办法，也是一种有效地利用成本性能的方法。

（3）用较低的成本来实现较高的物流服务。这是增加销售、增加效益、具有战略意义的方法。

（4）不改变物流服务水平，通过优化物流系统来降低物流成本。这是一种追求效益的方法。

（二）影响物流服务的因素

从企业整体的角度看，物流服务可视为市场战略的一个基本组成部分，影响物流服务的因素有以下几个。

1．缺货水平

即对企业产品可供性的衡量尺度。要根据具体产品和顾客需求，对每一次缺货情况做完备记录，以便发现潜在的问题。当缺货发生时，企业要为顾客提供合适的替代产品，或尽可能地从其他地方调运，或向顾客承诺一旦有货立即安排运送，目的在于尽可能保持顾客的忠诚度，留住顾客。

2．订货信息

向顾客快速准确地提供所购商品的库存信息、预计的运送日期。对顾客的购买需求，企业有时难以一次完全满足，这种订单需通过延期订货、分批运送来完成。延期订货发生的次数及相应的订货周期是评估物流系统运作优劣的重要指标。延期订货处理不当则容易造成失销，对此，企业要给予高度重视。

3．信息的准确性

顾客不仅希望快速获得广泛的数据信息，同时也要求这些关于订货和库存的信息是准确无误的。企业对不准确的数据应当注明并尽快更正。另外，对于经常发生的信息失真，企业要特别关注并努力改进。

4．订货周期的稳定性

订货周期是从顾客下订单到收货为止所跨越的时间。订货周期包括下订单，订单汇总与处理，货物拣选、包装与配送。顾客往往更加关心订货周期的稳定性而非绝对的天数。当然，随着对时间竞争的日益关注，企业也越发重视缩短整个订货周期。

5．特殊货运

有些订单的送货不能通过常规的运送体系来进行，而要借助特殊的货运方式。例如，有的货物需要快速运送或需要特殊的运送条件。企业提供特殊货运的成本要高于正常运送方式，但失去顾客的代价可能更加高昂。

6．交叉多点运输

企业为避免失销，有时需要从多个生产点或配送中心向顾客运送货物，这也是应对延期订货的策略之一。

7．订货的便利性

订货的便利性指顾客下订单的便利程度。顾客总是喜欢同便利和友好的卖方打交道。如果单据格式不正规、用语含糊不清，或在电话中等待过久，顾客都有可能产生不满，从而影响顾客与企业的关系。对于这方面可能存在的问题，企业可以通过与顾客的直接交谈来获取，并要进行详细记录和改进。

8．替代产品

当顾客所订购的某种产品暂时缺货时，不同规格的同种产品或者其他品牌的类似产品可能也能够满足顾客的需要，这种情况在现实中时有发生。如果一种产品当前可供率为70%，该企业还生产一种替代产品，其当前可供率也为70%，则该产品的供应率就可提升至91%；类似地，如果存在两种可被顾客广泛接受的替代产品，其可供率可达97%。可见，为顾客提供可接受的替代产品可以大大提升企业的服务水平。

三、物流质量管理

国家标准《物流术语》（GB/T 18354—2021 7.29）对物流质量管理（logistics quality management）定义为："对物流全过程的物品质量及服务质量进行的计划、组织、协调与控制。"物流质量管理是物流管理的重要组成部分。

（一）物流质量的定义

物流质量包含商品质量、物流服务质量、物流工作质量和物流工程质量，因而是一种全面的质量观。物流质量内涵丰富，其主要内容包括以下几点。

1．商品质量

物流对象是具有一定质量的实体，有合乎要求的等级、尺寸、规格、性质、外观。这些质量是在生产过程中形成的，物流过程在于转移和保障质量，最后实现对商品质量的保证及改善。

现代物流过程还可以采用流通加工等手段改善和提高商品的质量。因此从一定意义上说物流过程也是商品质量的形成过程。

2．物流服务质量

物流业有极强的服务性质，可以说整个物流的质量目标就是保证其服务质量。物流服务质量因用户不同而要求各异，要掌握和了解用户的要求，包括商品狭义质量的保持程度，流通加工对商品质量的提高程度，批量及数量的满足程度，配送额度、间隔期及交货期的保证程度，配送、运输方式的满足程度，成本水平及物流费用的满足程度，相关服务（如信息提供、索赔及纠纷处理）的满足程度。

3．物流工作质量

物流工作质量指的是物流各环节、各工种、各岗位的具体工作质量。物流工作质量和物流服务质量是两个有关联但又不同的概念，物流服务质量水平取决于各个物流工作质量水平的总和。所以，物流工作质量是物流服务质量的某种保证和基础。重点抓好物流工作质量，物流服务质量也就有了一定程度的保证。

4．物流工程质量

物流质量不但取决于物流工作质量，而且取决于物流工程质量。在物流过程中，会对商品质量产生影响的各种因素（人的因素、体制因素、设备因素、工艺方法因素、计量与测试因素、环境因素等）统称为"工程"。很明显，提高物流工程质量是进行物流质量管理的基础工作，能提高物流工程质量，就能做到"预防为主"的物流质量管理。

因此，物流质量管理与一般商品质量管理的主要区别在于：一方面要满足生产者的要求，使其产品能及时准确地转移给用户；另一方面要满足用户的要求，即按用户要求将其所需的商品送交，并使两者在经济效益上保持一致。

（二）物流质量管理的特点

物流质量管理可以归纳为以下三个特点。

1．管理的对象全面

物流质量管理不仅管理物流对象本身，而且还管理工作质量和工程质量，最终对成本及交货期起到管理作用，具有很强的全面性。

2．管理的范围全面

物流质量管理对流通对象的包装、装卸搬运、储存、运输、配送、流通加工等若干过程进行全过程的质量管理，同时又是对产品在社会再生产全过程中进行全面质量管理的重要一环。在这一全过程中，必须一环不漏地进行全过程管理才能保证最终的物流质量，达到质量目标。

3．全员参加管理

要保证物流质量，就涉及有关环节的所有部门和所有人员，决不是依靠哪个部门和少数人能搞好的，必须依靠各个环节中各部门和广大职工的共同努力。物流管理的全员性，正是物流的综合性、物流质量问题的重要性和复杂性所决定的，它反映了质量管理的客观要求。

由于物流质量管理存在"三全"的特点。因此，全面质量管理的一些原则和方法，如PDCA（plan、do、check、action，PDCA）循环，同样适用于物流质量管理。但应注意，物流是一个系统，在系统中各个环节之间的联系和配合是非常重要的。物流质量管理必须强调"预防为主"，明确"事前管理"的重要性，即在上一道物流过程中就要为下一道物流过程着想，预估下一道物流过程可能出现的问题。

四、物流质量的衡量

如何衡量物流质量是物流管理的重点。物流质量的保证首先建立在准确有效的质量衡量上。大致说来，物流质量主要从以下三个方面来衡量。

1．物流时间

时间的价值在现代社会的竞争中越来越凸显出来，谁能保证时间的准确性，谁就能获得客户。由于物流的重要目标是保证商品送交的及时性，因此时间成为衡量物流质量的重要因素。然而，在货物运输中，我国现行运输管理体制和道路基础设施水平在一定程度上制约了不同运输方式之间的高效衔接，减缓了物流速度。由此可见，物流质量的提高还依赖于物流大环境的改善。

2．物流成本

物流成本的降低不仅是企业获得利润的源泉，也是节约社会资源的有效途径。在国民经济各部门中，因各产品对物流运输、仓储等的依赖程度不同，物流费用在生产费用中所占比重也不同。

3．物流效率

物流效率对于企业来说，指的是物流系统能否在一定的服务水平下满足客户的要求，也是指物流系统的整体构建水平。对于社会来说，衡量物流效率是一件复杂的事情。因为社会经济活动中的物流过程非常复杂，物流活动内容和形式不同，必须采用不同的方法去分析物流效率。

由此可见，物流质量主要由物流时间、物流成本和物流效率来衡量。我国物流业由于受多方面因素的影响，物流质量总体水平比较低，物流效率有待进一步改善。

五、物流质量指标体系

由于物流质量是衡量物流系统的重要方面，所以发展物流质量的指标体系对于控制和管理物流系统来说至关重要。物流质量指标体系的建立必须以最终目标为中心，它是围绕最终目标发展出来的，衡量物流质量的一定指标。

一般来说，物流服务目标质量指标，包括物流工作质量指标和物流系统质量指标两个系列。以这两个指标为纲，在各工作环节和各系统中又可以制定一系列"分目标"的质量指标，从而形成一个质量指标体系。整个质量指标体系犹如一个树状结构，既有横向的扩展，又有纵向的挖掘。横向的主干是为了将物流系统的各个方面的工作都包括进去，以免遗漏；纵向的分支是为了将每个工作的质量衡量指标具体化，便于操作。没有横向的扩展就不能体现其广度，没有纵向的挖掘就不能体现其深度。

1．服务水平指标

满足顾客的要求需要一定的成本，并且随着顾客服务达到一定的水平时，若再想提高服务水平，企业往往要付出更大的代价，所以企业出于利润最大化的考虑，往往只满足一定的订单，由此便产生了服务水平指标。由此可见，服务水平越高，企业满足订单的次数与总服务次数之比就越高。

2．满足程度指标

服务水平指标衡量的是企业满足订单的次数，但由于每次订货数量的不同，所以仅以此来衡量是不完全的，于是就产生了满足程度指标，即企业能够满足的订货数量与总的订单的订货数量之比。

3．交货水平指标

我们知道，时间的准确性对于物流来说，是衡量其质量的重要方面，因此建立交货水平指标也很重要。它是指按期交货次数与总交货次数的比率。

4．交货期质量指标

它衡量的是满足交货的时间因素的程度，即实际交货期与规定交货期相差的日数（天）或时数（时）。

5．商品完好率指标

保持商品的完好对于客户来说是很重要的，即交货时完好商品量或缺损商品量与总交货商品量的比率（%）。也可以用"货损货差赔偿费率"来衡量商品的破损给公司带来的损失，对于一个专业的物流公司来说，由于自身的服务水平有限导致商品的破损，要付出一定的赔偿金额，这部分金额占同期业务收入总额的比率（%）即"货损货差赔偿费率"。

6．物流吨费用指标

物流吨费用指标即单位物流量的费用（元/吨），这一指标比同行业的平均水平低，说明运送相同吨位货物费用较低，则此公司拥有更高的物流效率，其物流质量较高。

第四节　物流标准化

一、物流标准化基本概念

标准是指为取得全局的最佳效果，在总结实践和充分协商的基础上，对人类生活和生产技术活动中具有多样性和重复性特征的事物和概念以特定的程序和形式进行的统一。

标准化是指在经济、技术、科学及管理等社会实践中，对产品、工作、工程、服务等普通的活动制定、发布和实施统一标准的过程。标准化是国民经济中一项重要的技术基础工作。它对于改进产品、过程和服务的适用性、防止贸易壁垒、促进技术合作、提高社会经济效益具有重要的意义。

物流标准化是指在运输、配送、包装、装卸、保管、流通加工、资源回收及信息管理等环节中，对重复性事物和概念通过制定、发布和实施各类标准，实现协调统一，以获得最佳秩序和社会效益。

物流标准化工作是实现物流系统化的一项重要内容，它不仅是实现物流各环节衔接的一致性、降低物流成本的有效途径，而且是进行科学化物流管理的重要手段。

二、物流标准化工作的必要性

物流的基础首先是标准化问题。首先因为物流的范围广、涉及的部门多、标准化工作的难度大，物流涉及方方面面、各行各业、范围太广、领域太多，所以物流标准难度大、工作量大、特殊性强；其次因为物流国际化要求，随着经济全球化的日益发展，国际化大生产、大流通、大贸易、大循环的经济格局逐步形成，与世界经济接轨、与国际惯例相符合是不可逆转的大趋势。为此，物流的标准无疑需要与国际一致，不能违背国际统一标准，自行其是；最后因为物流装备和器具（如托盘、集装箱等）通用性强、利用率高、作业面广，如果规格尺寸不统一，将会造成严重的不良后果，物流作业的机械化、自动化也将无法实现。物流标准化是做好一切物流工作的前提，打好基础必须从头做起。

> **延伸阅读**
>
> **国际标准化组织**
>
> 国际标准化组织（International Organization for Standardization，ISO）是一个全球性的非政府组织。ISO国际标准组织成立于1946年，中国于1978年加入ISO，在2008年成为ISO的常任理事会员，代表中国参加ISO的国家机构是中国国家技术监督局（CSBTS）（现已整合为国家市场监督管理总局）。
>
> ISO负责目前绝大部分领域（包括军工、石油、船舶等行业）的标准化活动。ISO的宗旨是"在世界上促进标准化及其相关活动的发展，以便于商品和服务的国际交换，在智力、科学、技术和经济领域开展合作。"

三、物流标准化的特点

物流标准化的主要特点有以下几个方面。

（一）涉及面更为广泛

与一般标准化系统不同，物流系统的标准化涉及面更为广泛，其对象也不像一般标准化系统那样单一，而是包括了工具、工作方法等许多种类。虽然处于一个大系统中，但缺乏共性，从而造成标准种类繁多，标准内容复杂，也给标准的统一性及配合性带来很大困难。

（二）属于二次系统，或称为后标准化系统

物流标准化系统属于二次系统，或称为后标准化系统。这是由于物流及物流管理思想出现较晚，组成物流大系统的各个分系统，在过去没有归入物流系统之前，早已分别实现了系统的标准化，并经多年的应用、发展和巩固，已很难改变。在推行物流标准化时必须以此为依据，在个别情况下也可以把旧标准推翻，按物流系统所提出的要求重新建立标准化体系。总的来说，通常是在各个分系统标准化基础上建立物流标准化系统，这就必然要从适应及协调角度建立新的物流标准化系统，而不可能全部创新。

(三)体现科学性、民主性和经济性

物流标准化更应体现科学性、民主性和经济性,这是标准化的三性,是物流标准化特殊性所要求的。科学性是指要体现现代科技成果,以科学实验为基础,在物流中则还要求与物流的现代化相适应,要求能将现代科技成果连接成大系统。这里既包含单项技术的高水平,还包含在协调与适应能力各方面综合的最优水平。民主性是指标准的制定要采用协商一致的办法,广泛考虑各种现实条件、广泛听取意见,使标准更具权威,减少阻力,易于贯彻执行。经济性是物流标准化的主要目的之一,也是标准生命力的决定因素,不能片面追求科技水平,否则会引起物流成本的增加,使标准失去生命力。

(四)物流标准化具有非常强的国际性

由于我国实行开放政策,对外贸易和交流有了大幅度上升,特别是加入世界贸易组织以后,国际交往、对外贸易越来越重要,而国际贸易都是靠国际物流来完成的,这就要求各个国家间的物流相衔接,力求使本国标准与国际物流标准体系相一致,否则会加大国际交往的难度;如果在本来就已经很高的国际物流费用的基础上再增加由于标准化不统一造成的损失,势必会增加国际贸易成本。因此,物流标准化的国际性也是其区别于其他产品标准的重要特点。

四、物流标准化的作用

物流本身是一个大系统,所涉及的要素极其广泛,一项物流活动的完成是众多物流要素共同作用的结果。实现物流系统化需要从包装、装卸、运输、配送、信息等各个功能环节上处理好有关技术、工艺的配合性;各种运输手段的有机结合以及各种类型物流节点设施之间的货物转移需要在物流设备、包装方式等方面相互配合。为了能够使各种物流要素有效配合,需要对物流设施、设备、器具、作业方法等制定统一的标准,并且按照统一的标准组织物流活动。

物流标准化的作用主要体现在以下几个方面。

(1)物流标准化是实现物流各环节衔接的一致性、加快流通速度的需要。通过制定和执行物流工作中的相关标准,不仅可以保证物流活动各环节的技术衔接和协调、规范服务质量、加快流通速度,而且可以合理地利用物流资源,提高资源利用效率。

(2)物流标准化是进行科学化物流管理的重要手段。物流标准化为物流管理的规范化提供了基础,使得物流管理目标更加明确,有利于提高物流管理效率,实现整个物流大系统的高度协调统一。

(3)物流标准化是降低物流成本的有效手段。通过物流标准化,可以实现物流各个环节的有机结合,减少中间环节,减少无效劳动,提高设备、设施及其器具的使用效率,从而达到降低物流成本,提高经济效益的目的。

(4)物流标准化有利于提高技术水平,推动物流技术的发展。标准化有利于在运输工

具、装卸、包装等方面采用国际标准，为开展国际交流与合作，便于为与国外物流设施、设备、器具的相互配合创造条件。

（5）物流标准化便于同外界系统的连接。物流活动中使用的设施和设备需要机械制造企业提供，货源来自生产企业和流通企业等，也就是说物流活动不仅是物流系统本身的问题，还涉及产品的生产、流通以及物流设施和设备的生产制造系统。实施标准化，可以促进这些系统的有效衔接。

中国物流标准化工作还处于起步发展阶段，许多方面和环节还缺乏统一、规范的标准，这也是制约国内物流水平提高的重要因素之一。加快物流标准化进程，是中国物流业面临的重要课题。

五、物流标准化分类

（一）大系统配合性、统一性标准

（1）基础编码标准。基础编码标准是对物流对象进行编码，并且按物流过程的要求将其转化成条码，使物流大系统实现衔接、配合最基本的标准，也是采用信息技术对物流进行管理和组织、控制的技术标准。

（2）物流基础模数尺寸。物流基础模数尺寸是标准化的共同单位尺寸，或系统各标准尺寸的最大公约尺寸。在物流基础模数尺寸确定之后，各个具体的尺寸标准，都要以物流基础模数尺寸为依据，选取其整数倍数作为规定的尺寸标准。由于物流基础模数尺寸的确定，进行尺寸标准选择只需在倍数系列选择其他的尺寸标准，这就大大减少了尺寸的复杂性。物流基础模数尺寸的确定不但要考虑国内物流系统，而且要考虑与国际物流系统的衔接，具有一定难度和复杂性。

（3）物流建筑基础模数尺寸。物流建筑基础模数尺寸主要是指物流系统中各种建筑物所使用的基础模数尺寸，它是以物流基础模数尺寸为依据确定的，也可选择共同的模数尺寸。该尺寸是设计建筑物长、宽、高，门窗尺寸，建筑物柱间距、跨度及进深等尺寸的依据。

（4）集装模数尺寸。集装模数尺寸是在物流基础模数尺寸基础上推导出的各种集装设备的基础模数尺寸，以此尺寸作为设计集装设备三项尺寸的依据。在物流系统中，由于集装是起贯穿作用的，集装模数尺寸必须与各环节物流设施、设备、机具相配合，因此整个物流系统在设计时往往以集装模数尺寸为核心，在满足其他要求前提下确定各设计尺寸。因此，集装模数尺寸影响着与其有关各环节的标准化程度。

（5）物流专业名词标准。为了使大系统有效配合和统一，尤其在建立系统的情报信息网络之后，要求信息传递异常准确，首先便要求专用语言及所代表的含义实现标准化，否则，会造成工作的混乱，出现大的损失。物流专业名词标准包括统一的物流用语及统一的定义。

（6）物流单据、票证的标准。物流单据、票证的标准可用于实现信息的快速录入和采集，使管理工作规范化和标准化，也是应用计算机技术和通信网络进行数据交换和传递的基础标准。它可用于物流核算、统计的规范化，是建立系统情报信息网络、对系统进行统一管理的基础，也是对系统进行宏观控制与微观监测的基础。

（7）标志、图示和识别标准。物流中的物品、工具、机具都是不断运动的，需要有易于识别和区分的标志、图示，有时还需要自动识别，这时就可以用复杂的条码来代替用肉眼识别的标志、图示。

（8）专业计量单位标准。除国家公布的统一计量标准以外，还要考虑国际计量方式的不一致性以及国际习惯用法，不能完全以国家统一计量标准为依据。

（二）分系统技术标准

分系统技术标准主要有运输车船标准、作业车辆标准、传输机具标准、仓库技术标准，包装、托盘、集装箱标准，包括包装、托盘、集装箱系列尺寸标准，包装物标准，货架储罐标准等。

六、物流标准化的方法

从世界范围来看，对于物流体系的标准化，各个国家都还处于初始阶段，标准化的重点是通过制定标准规格尺寸来实现全物流系统的贯通，取得提高物流效率的初步成果。以下介绍标准化的一些方法，主要是初步的规格化方法及做法，具体包括以下内容。

（一）确定物流基础模数尺寸

物流标准化的基础是物流基础模数尺寸，它的作用和建筑模数尺寸的作用大体相同，考虑的基点主要是简单化。基础模数尺寸一旦确定，设备的制造、设施的建设、物流系统中各个环节的配合协调、物流系统与其他系统的配合就有了依据。物流基础模数尺寸是指为使物流系统标准化而制定的标准规格尺寸。国际标准化组织中央秘书处和欧洲各国确定的物流基础模数尺寸为600mm×400mm。

确定的600mm×400mm为基础模数尺寸，主要是考虑了现有物流系统中影响最大而又最难改变的输送设备，采用"逆推法"，由现有输送设备的尺寸推算的。同时，也考虑了已通行的包装模数和已使用的集装设备，并从行为科学角度研究人和社会的影响，使基础模数尺寸适应人体操作。

基础模数尺寸一经确定，物流系统的设施建设、设备制造，物流系统中各环节的配合协调，物流系统与其他系统的配合，都要以基础模数尺寸为依据，选择其倍数为规定的标准尺寸。

（二）确定物流集装基础模数尺寸

物流集装基础模数尺寸（即最小的集装尺寸），集装基础模数尺寸影响着与其有关的各个环节的标准化程度。

物流集装单元基础模数尺寸，可以从600mm×400mm按倍数系列推导出来，有1200mm×1000mm、1100mm×1100mm、1200mm×800mm三个。

物流基础模数尺寸与物流集装基础模数尺寸的配合关系，可用集装基础模数尺寸

1200mm×1000mm为例说明。由图4-1可以看出，物流集装基础模数尺寸可以由五个物流基础模数尺寸组成。

（三）以分割及组合的方法确定物流各环节的系列尺寸

物流基础模数作为物流系统各环节标准化的核心是形成系列化的基础。可依据物流模数确定有关系列的大小及尺寸，再从中选择全部或部分，作为定型的生产制造尺寸。由物流模数体系可以确定包装容器、运输装卸设备、保管器具等系列尺寸。如图4-2所示的关系，可以确定各环节的系列尺寸。例如日本工业标准（JIS）规定的"输送包装系列尺寸"，就是以1200mm×1000mm推算的最小尺寸为200mm×200mm的整数分割系列尺寸确定的。

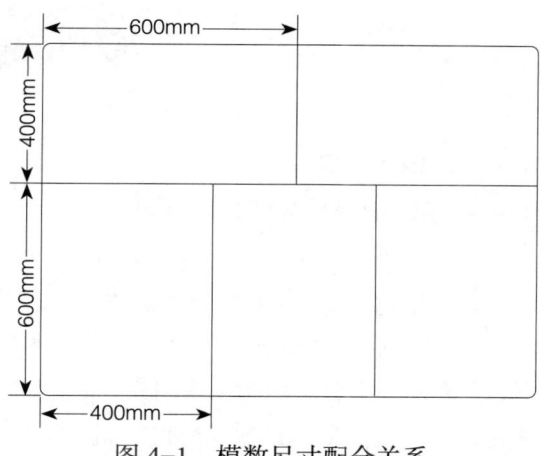

图 4-1　模数尺寸配合关系

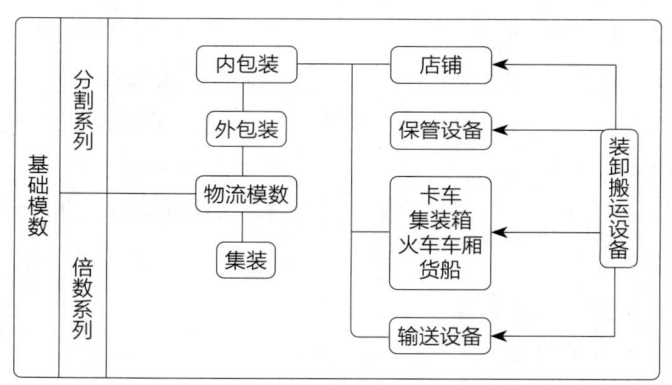

图 4-2　物流模数体系构成图

本章小结

本章介绍了物流管理的基本概念和方法，分为四节内容。第一节主要介绍了物流管理的概念、物流管理的发展阶段、现代物流管理的任务、目标和内容、现代物流管理的特征、重要性和原则；第二节主要介绍了物流成本的含义和构成、物流成本的特点与分类、物流成本管理的原则和基本内容、降低物流成本的途径；第三节主要介绍了物流服务的概念与特征、物流服务的影响因素、物流质量管理、物流质量的衡量、物流质量指标体系；第四节主要介绍了物流标准化基本概念、物流标准化工作的必要性、物流标准化的特点、作用、分类及方法。

思考与练习

一、单项选择题

1. 现代物流管理的核心是（　　　）。
   A．创造价值　　　B．网络化　　　C．全球化　　　D．智能化
2. 现代物流管理的原则不包括（　　　）。
   A．服务性原则　　B．通用性原则　　C．合理化原则　　D．虚拟化原则
3. 物流服务质量因用户不同而要求各异，要掌握和了解用户的要求，包括（　　　），流通加工对商品质量的提高程度，批量及数量的满足程度，配送额度、间隔期及交货期的保证程度，配送、运输方式的满足程度，成本水平及物流费用的满足程度，相关服务（如信息提供、索赔及纠纷处理）的满足程度。
   A．商品狭义质量的保持程度　　　　B．物流设施设备水平
   C．工作人员教育水平　　　　　　　D．订单处理量
4. 物流质量管理的特点不包括（　　　）。
   A．管理的对象全面　　　　　　　　B．管理的范围全面
   C．管理的内容单一　　　　　　　　D．全员参加管理
5. 国际标准化组织中央秘书处和欧洲各国确定的物流基础模数尺寸为（　　　）。
   A．800mm×400mm　　　　　　　B．1200mm×1000mm
   C．600mm×400mm　　　　　　　D．1100mm×1100mm

二、填空题

1. 物流管理的发展阶段是_____、_____、_____、_____。
2. 制定物流标准的原则有_____、_____、_____、_____、_____。
3. 物流集装基础模数尺寸有_____、_____、_____。
4. 物流服务的本质是_____、_____、_____。
5. 现代物流管理的原则是_____、_____、_____。

三、简答题

1. 简述现代物流管理的特征。
2. 简述物流管理的目标。
3. 物流成本的概念是什么？物流成本合理化管理主要包含哪些内容？
4. 物流质量管理包括哪些内容？质量管理的特点是什么？
5. 什么是物流标准化？包括哪些内容？
6. 简述物流的质量指标体系。

四、能力训练题

1. 谈谈你对我国物流管理所处发展阶段的认识，并思考我国现代物流管理的发展趋势。
2. 站在物流标准化的角度分析你身边的物流现象，是否标准化物流运作？若不是，你有什么建议？

第五章 企业物流

学习目标

通过本章学习，首先掌握企业物流的构成、企业物流的特点，了解不同类型的企业物流；其次掌握生产物流的特征及主要环节；最后掌握销售物流和逆向物流的特征等内容。

关键概念

采购	准时制采购（JIT采购）	供应物流
生产物流	销售物流	逆向物流

教学引入

党的二十大报告指出："建设现代化产业体系。坚持把发展经济的着力点放在实体经济上，推进新型工业化，加快建设制造强国、质量强国、航天强国、交通强国、网络强国、数字中国。"

资料来源：习近平在中国共产党第二十次全国代表大会上的报告。

>
> 你理解的"先进制造业""现代农业"是怎样的？

第一节　概述

一、企业物流的概念

企业物流是指企业内部的物品实体流动，它从企业的角度，研究与之有关的物流活动，是具体的、微观的物流活动的典型领域。企业物流（enterprise logistics）在国家标准物流术语（GB/T 18354—2021 3.26）中的定义是："生产和流通企业围绕其经营活动所发生的物流活动。"

企业物流主要包括供应物流、生产物流、销售物流、逆向物流等，如图5-1所示。

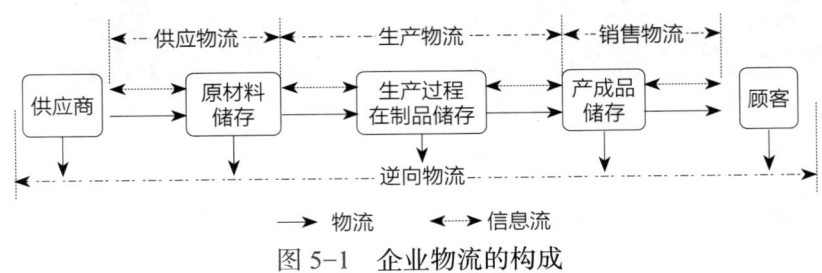

图 5-1　企业物流的构成

企业系统活动的基本结构是"投入—转换—产出"。对于生产类型的企业，投入的是原材料、燃料、人力、资本等，经过制造或加工使之转换为产品或服务；对于服务型企业，投入的则是设备、人力、管理和运营，转换为对用户的服务。在企业系统活动的投入环节，物流活动表现为企业外供应或企业外输入物流；在企业系统活动的转换环节，物流活动表现为企业内生产物流或企业内转换物流；在企业系统活动的产出环节，物流表现为企业外销售物流或企业外服务物流。由此可见，物流活动是伴随着企业系统活动的"投入—转换—产出"而发生的，物流是渗透到企业各项经营活动之中的活动。

二、企业物流的特点

企业物流有以下几个重要的特点。

1．企业物流是生产工艺的一个组成部分

物流过程和生产工艺过程几乎是密不可分的，它们之间的关系有许多种：有的是在物流过程中实现生产工艺所要求的加工和制造；有的是在加工和制造过程中同时完成物流；有的是通过物流对不同的加工制造环节进行连接。物流过程和生产工艺过程之间有非常强大的一体化的特点，几乎不可能出现"商物分离"那样的物流活动完全独立分离和运行的状况。

2．企业物流有很强的"成本中心"的作用

在生产中，物流对资源的占有和消耗是生产成本的一个重要组成部分。由于在生产中，物流活动频繁，对成本的影响很大，所以工厂物流的观念应当主要是一个成本观念。

3．企业物流是专业化很强的"定制"物流

企业物流必须完全适应生产专业化的要求，面对特定的物流需求，而不是面对社会上的、普遍的物流需求。因此，企业物流具有专门的适应性而不是普遍的适应性，可以通过"定制"获得很高的效率。

4．生产物流是小规模的精益物流

生产物流的规模，由于只面对特定对象，因此物流规模取决于生产企业的规模，这和社会上千百家企业所形成的物流规模的集约比较起来，相差甚远。由于规模有限并且在一

定的时间内规模固定不变，这就可以实行准确、精密的策划，可以运用资源管理系统等有效手段，使生产过程中的物流"无缝衔接"，实现物流的精益化。

三、企业物流的分类

按照企业性质的不同，企业物流可以分为工业生产企业物流、农业生产企业物流、流通企业物流、服务企业物流和其他企业物流等。

（一）工业生产企业物流

工业生产企业物流是对应生产经营活动的物流，有供应物流、生产物流、销售物流、逆向物流四个子系统。工业生产企业种类很多，物流活动存在差异，按照主体物流活动区别，可大体分为以下几种类型。

1．供应物流突出型

在供应物流突出型企业的经营活动中，供应物流突出而其他物流简单，供应物流组织和操作十分复杂，难度大。如飞机、汽车、大型机械等机械制造企业，一个产成品的生产可能需要几万个零部件，需要由众多不同地域的供应商供应，而销售物流相对简单，甚至没有。

2．生产物流突出型

生产物流突出型企业在经营活动中，生产物流突出而供应、销售物流相对简单。如钢铁、冶金、电力、热力等企业的生产物流，从原材料转化为产品的生产工艺过程复杂，内部物流环节多，装卸搬运量极大；而其产品的品种一般较少，销售物流就简单很多。

3．销售物流突出型

销售物流突出型企业在经营过程中，销售物流突出，难度大。如小商品、小五金等企业。它们大宗原材料的进货、加工并不复杂，但产品品种繁多，销售地域范围广。此外，如水泥、玻璃、化工危险品等，虽然生产物流也较为复杂，但其销售时物流难度更大，有时会出现大事故或花费大代价，因而也包含在销售物流突出的类型中。

4．逆向物流突出型

有些企业在经营活动中会产生很多废弃物，如制药、造纸、印染、制糖等工业企业。由于这类企业在生产过程中产生大量有害或无害的废弃物，所以企业要对废弃物进行回收和再处理，才能获得运营的资格。

（二）农业生产企业物流

农业生产企业中农产品加工企业的性质及物流与工业企业相似。农业种植企业的物流是农业生产企业物流的代表，其物流的四个子系统分为供应物流、生产物流、销售物流和逆向物流。

1．农业生产企业的供应物流

农业生产企业的供应物流主要是以组织农业生产资料，如化肥、种子、农药、农业机械等作为主要内容，除了物流对象不同外，这种物流和工业企业供应物流类似，没有大的特殊性。

2. 农业生产企业的生产物流

农业生产企业的生产物流具有特殊性，表现在：①农业生产企业的种植对象在生产过程中不发生位移，进行物流活动的是劳动手段，如施肥、浇水等；②农业种植企业生产物流停滞时间长而运动时间短，但工业企业生产物流几乎是不停滞的；③农业种植企业生产物流周期长且有季节性，而工业企业生产物流周期一般较短。

3. 农业生产企业的销售物流

农业生产企业的销售物流以组织（如棉花、粮食等）农业产品销售为主要内容，其销售物流的一个很大特点是存储功能的需求较高，存储量大，并且储存时间长。

4. 农业生产企业的逆向物流

农业种植企业产生的废弃物物流的重量一般高于销售物流，而工业企业则不同。农业废弃物指在整个农业生产过程中被丢弃的有机类物质，通常人们所说的农业废弃物主要指农作物秸秆和畜禽粪便。农业方面每年都产生大量的废弃物，但其中大部分没有得到充分利用。近年来农业废弃物的能源化利用越来越受到专家乃至大众的关注。

（三）流通企业物流

流通企业物流从制造商的角度看，属于销售物流。但从流通企业本身来看，也包括供应物流、生产物流、销售物流、逆向物流四个子系统。不同类型的流通企业，其物流也各有特点。

1. 批发企业物流

批发企业物流既包括供应物流，又包括销售物流。对于一些将自身核心能力集中在新产品研发与生产制造的企业来说，可能将产品委托销售或直接销售给其下游的批发企业，由批发企业销售其产品。

现代批发企业正面临机遇和挑战。供应链管理模式在现代企业中呈纵深式发展，连锁经营模式也正在全球兴起，这些使得自建配送网络成为首选，传统批发企业危机四伏。另外，随着消费者需求的多样化、个性化以及产品生命周期的缩短，零售商经营风险和成本上升，零售商要求制造商积极从事产品多品种、少批量的配送，而这又是制造商很难满足的。制造商和零售商在物流配送方面的分歧为批发企业物流提供了生产和发展的空间。

2. 零售企业物流

零售企业物流主要是供应物流。现代零售企业主要包括百货商店、连锁超市等商业企业。连锁零售企业一般设有配送中心，由配送中心组织货源并进行配送和送货。独立的零售企业则由具备物流功能的批发企业自行承担货源的运输、存储等物流业务。随着电子商务的发展，网上购物成为普遍现象，零售企业直接向消费者配送的功能得到快速发展。

（四）服务企业物流

服务企业向顾客提供实物产品的同时，更多的是提供无形的服务。很多第三方物流企业都属于物流服务业。面对日益激烈的国际、国内竞争和消费者价值取向的多元化，加强物流管理，改进顾客服务是企业创造持久竞争优势的有效手段之一。

（五）其他企业物流

其他各种类型的企业物流各有其特点。例如建筑与房地产开发企业的物流主要是供应物流，林业、海洋捕捞等企业则以销售物流为主。

四、企业物流的发展阶段

1．分割的物流功能阶段

这是在"物流"观念确立之前企业的普遍状况。没有整体的物流观念，物流的实际活动分散在企业不同部门和不同领域，各自独立运作，相互之间缺乏有机衔接。

2．物流功能集合阶段

系统的物流观念确立之后，从系统物流观念出发，尽量将组成物流系统的各项功能进行集合，从而确定了企业中原来互不相关的许多活动，可以由"物流"两字统一起来的现状。

3．集合功能的组织化阶段

在系统的、整体的物流观念对于改进企业生产流程、降低库存、增加衔接的准确性以及降低成本等方面发挥了效用之后，自然而然地就出现了成立新的物流部门，综合管理和运作企业内部的物流事宜，组织和推进企业物流的情况。

4．过程集合阶段

在不改变企业生产和管理组织的前提下，对于处于不同领域和不同部门的物流过程，进行横向集合。这就是依靠信息手段，将物流过程跨越不同领域和部门的分隔，从系统的角度进行协调和衔接，使企业生产物流的有效性得到提高。

5．透明化的虚拟组织阶段

在企业已经实现信息化的基础之上，在信息技术的强大支持下，形成了一种正规组织之外的"准管理组织"状态，这种组织是虚拟的，但是可以发挥整合资源、优化过程、辅助管理的作用。

由此可见，传统的企业物流只是将生产的商品送交消费者的过程中所发生的各种活动，即把供应、销售物流作为主要对象。而现代企业物流是将供应、生产、销售和逆向物流加以综合考虑，从原材料采购开始到将商品送交消费者，以及对从消费者端流向上游的全过程进行一体化管理，以此形成一个完整的物流循环系统。

第二节　供应物流

一、概述

1．供应物流的概念

供应物流（supply logistics）是指"为生产企业提供原材料、零部件或其他物品时所发生的物流活动（GB/T 18354—2021 3.27）"。

企业供应物流是企业物流活动的起始阶段，是企业产品生产前准备工作的辅助作业。供应物流包括企业生产所需的原材料、零部件、机器、设备等一切物资在供应企业与生产企业之间流动而产生的一系列物流活动。供应物流的运作安排需要依据企业的生产计划，使物流运作与企业生产紧密衔接并实现操作上的一致性，从而保证企业生产活动的连续性和持续性。

2．供应物流的作用

供应物流的基本作用表现在以下两个方面。

（1）供应物流是保证企业顺利进行生产经营活动的前提条件。"巧妇难为无米之炊"，恰当地反映了企业生产与原材料、零部件等生产物资的关系。这个阶段企业供应物流的主要作用是为生产活动进行物质准备，保证企业按照事先制订的生产计划进行生产的时候可以随时、无阻碍地获得需要的原料，实现无间断生产，即实现企业生产的连续性。

（2）加强供应物流的科学管理，是保证完成企业各项技术经济指标、取得良好经济效果的重要环节。首先，物资供应费用在产品成本中占有很大的比重。因此，加强供应物流的科学管理，合理组织供应物流活动，对降低产品成本有着重要的意义。其次，在现代化大生产中，企业的储备资金在流动资金中所占比重也是很大的。因此，加强供应物流的合理组织与储备，可以节约占用资金，加快资金周转。最后，在物资供应中，能否提供符合生产要求的物资，直接关系到产品的质量，新产品的开发程度和劳动生产率。

二、采购

1．采购的概念

对采购的认识，存在狭义和广义两种不同的观点。狭义的观点认为采购商和供应商之间的交易是所有权和货币的交换。广义的观点认为采购商和供应商的交易除了所有权和货币的交换，还包括使用权和货币的交换。企业运营中的采购通常以所有权的交易为主，所以这里使用采购的狭义观点。

从狭义角度看，采购是指企业在一定的条件下，向供应商购买其产品作为企业资源，以保证企业生产及经营活动正常开展的一项企业经营活动。

2．传统的采购活动

传统采购的重点放在如何和供应商进行商业交易的活动上，特点是比较重视交易过程的供应商的价格比较,通过供应商的多头竞争,从中选择价格最低的作为合作者。虽然质量、交货期也是采购过程中的重要考虑因素,但在传统的采购方式下,质量、交货期等都是通过事后把关的办法进行控制,如到货验收等,交易过程的重点放在价格的谈判上。因此在供应商与采购部门之间经常要进行报价、询价、还价等多次谈判,并且多头进行,最后从多个供应商中选择一个价格最低的供应商签订合同,订单才决定下来。

3. 准时采购

准时(just in time,JIT)采购是一种先进的采购模式。它的基本思想是在恰当的时间、恰当的地点、以恰当的数量、恰当的质量提供恰当的物品。它是从准时生产发展而来。要进行准时化生产必须有准时的供应,因此准时化采购是准时化生产管理模式的必然要求。准时采购和传统的采购方法在质量控制、供需关系、供应商的数目、交货期的管理等方面有许多不同,其中关于供应商的选择(数量与关系)、质量控制是准时采购的核心内容。准时采购包括供应商的支持与合作以及制造过程、货物运输系统等一系列的内容。准时采购不但可以减少库存,还可以加快库存周转、缩短提前期、提高采购的质量、获得满意交货等效果。

4. 经济订货批量

经济订货批量(economic order quantity,EOQ)是通过平衡采购进货成本和保管仓储成本核算,以实现总库存成本最低的最佳订货量。

一般来说,采购成本的构成主要有三个部分:①采购成本,指购买材料等存货所支付的价款。在一定时期存货的需求和采购量一定的情况下,如果供货商没有按订货数量的多少给予价格上的折扣,采购成本是确定的。②订货费用,指为采购存货所花费的各项进货费用,包括采购人员的差旅费、办公费以及存货的运输费用和检验费用等。订货费用与一定时期的订货次数成正比,与一次订货量成反比。③储存费用,指存货在仓库中储存和保管所花费的各项费用,包括存货占用资金的机会成本、仓库人员的工资及办公费、库房的折旧费和维修费及存货储存期间的合理损耗等。储存费用与一定时期的平均存货水平成正比。

经济订货批量是指使存货的总成本最低的一次订货批量。

三、企业供应物流的基本流程

不同类型的企业运行供应物流的模式是不完全相同的,但是供应物流的基本流程却是一样的,主要包括四个基本环节(图5-2)。各环节之间存在着相互制约的关系,任何一个环节决策的变动都可能引起其他环节决策的相应变化,只有了解供应物流各业务环节的具体工作内容才能理顺关系,实现业务环节之间的协调运作,从而保证企业供应物资的顺畅流动。

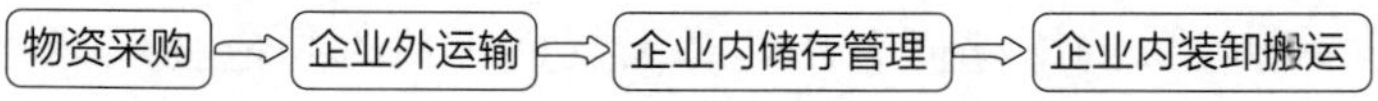

物资采购 ⇒ 企业外运输 ⇒ 企业内储存管理 ⇒ 企业内装卸搬运

图 5-2 企业供应物流的基本流程

1．物资采购

物资采购对企业的生产经营活动具有重要的意义，是企业进行产品生产所必不可少的准备工作。采购是企业的一个衔接点，即实现着企业与外部的生产企业、供应企业和专业物流服务企业等类型的企业之间的联系。采购的许多决策——交货地点、供应商的选择、运输方式的选择等都会影响到企业物流其他环节的决策。

2．企业外运输

将采购物资从供应商处运输至生产企业的仓库，所取得的资源必须经过物流才能到达企业。这个物流过程是企业外部的物流过程，往往要反复运用装卸、搬运、储存、运输等物流活动才能使采购的资源到达企业。

3．企业内储存管理

企业所采购的物料是为生产做准备的，但并不是全部的物料都要马上运到生产线上进行产品的生产，因此会出现部分物料在生产前进行短暂存储的现象，从而产生了物料管理问题。物料管理包括按照生产计划安排生产物资的及时供应，生产物资的仓储管理、库存控制，评估库存决策及相应计划的执行情况等。

4．企业内装卸搬运

装卸与搬运工作是企业生产物资收货、发货、入库、出库、堆码时需要进行的操作。除了了解搬运系统的基本设计准则外，还要进行搬运系统类别的选择。通常搬运系统分为机械化系统、半自动化系统、自动化系统和信息引导系统四种。企业可以结合自身的特点和搬运系统的特点进行自由选择。

四、供应物流的新方式

近年来，随着供应链思想和实践的拓展，逐渐发展起来一些供应物流的新方式。这些新方式主要有准时供应方式、即时供应方式和零库存供应方式。

1．准时供应方式

准时（JIT）供应的基本原理是按需定供，即供应方根据需求方的要求，按照需求方的需求品种、规格、质量、数量、时间及地点等要求，将物品送到指定的地点。不多送也不少送，不早送也不晚送，所送物料有质量保证。

2．即时供应方式

即时供应方式是准时供应方式的一个特例，是完全不依靠计划时间而按照用户即时提出的供应要求，进行准时供应的方式。这种方式一般作为应急的方式采用。在网络经济时代，由于电子商务的广泛开展，在电子商务运行中，消费者所提出的服务要求，大多缺乏计划性，而又有严格的时间要求，所以在新经济环境下，这种供应方式已被广泛采用。需要说明的是，这种供应方式由于很难实现计划和共同配送，所以一般成本较高。

3．零库存供应方式

"零库存"是一种特殊的库存概念，其对工业企业和商业企业来讲是个重要的概念。零库存的含义是仓库储存的某种或某些种物品的数量很低，甚至可以为"零"，即不保持库存。对零库存存在两种理解：①实际意义上的零库存，就是与传统意义上的大量库存比较，由于通过JIT供应和即时供应，使库存量大大减少，几乎接近零。②数学意义上的零库存，即需求方不设库存，而是由供应方设置和管理库存。这种运作方式对供需双方都有利。

第三节 生产物流

企业供应物流的结束就意味着生产物流的开始，虽然没有一条标准来明确两者的界限划分，但是通常认为企业的生产物流是指以企业生产所需原材料入库为起点，以企业加工制造的成品入库为终点的整个产品生产过程所涉及的物流活动。生产物流是制造型企业所经历的物流管理环节，它与企业的生产流程紧密结合，不可分割且同步发生。

生产物流（production logistics）是指"生产企业内部进行的涉及原材料、在制品、半成品、产成品等的物流活动（GB/T 18354—2021 3.28）"。

一、生产类型

企业的生产物流是伴随着企业生产活动的进行而产生的，生产物流与企业生产存在密切关系，因此企业的生产类型对企业生产物流的运作类型具有决定性的作用。在学习企业生产物流的特点之前先来了解一下生产的类型。

（一）按照企业生产工艺的基本特征分类

按照企业生产工艺的基本特征分类，可以分为流程型生产和加工装配型生产。

1．流程型生产

流程型生产的两个基本特征是：工艺顺序的固定性和工艺进程的连续性。产品的生产原理决定生产中使用的设施、设备要按照工艺的固定顺序来进行布置；产品生产所需的原材料则要根据工艺过程在不同的阶段被连续地投入产品生产的工艺流程，既要保证产品生产的数量要求，还要保证产品生产的工艺要求。典型的采用流程型生产的企业包括化工企业、炼油企业、造纸企业和工业品生产企业等。

2．加工装配型生产

加工装配型生产的产品可以进行比较高程度的标准化生产，产品由许多零部件构成，通过装配形成最终的产成品。生产中所需要的零部件可以由企业自身制造供应，也可以外包给其他加工企业进行制造或从其他生产企业进行外购，因此这种生产类型的生产工艺可以不具有连续性，而是离散的。木桶原则在这种生产类型的生产安排中起到重要的作用，也就是说，要保证生产的连续性就必须保证组装产品的各种零部件在数量、品种、质量、时间上具有配套性，任何一个条件的不满足都将对生产过程产生全局性的影响。典型的加工装配型生产企业包括机械设备制造企业、电子设备制造企业、家电制造企业和通信设备制造企业等。

（二）按生产的稳定性和重复性分类

按生产的稳定性和重复性分类，可分为大量生产、单件小批生产和成批生产三种类型。

1．大量生产

大量生产类型的主要特征是：产品品种稳定；产量高；生产的工艺过程专业化程度高且基本稳定。大量生产型制造企业可以重复地进行大批量相同产品的生产，标准化程度越高，越容易采用这种生产类型。如家电、计算机、汽车等产品的生产都可以采用大量生产方式。

2．单件小批生产

单件小批生产类型的主要特征是：产品品种变化很大；产量低；工艺流程呈现不稳定的变动，具有比较大的不确定性；产品生产强调个性化。采用这种生产方式的产品并不多，而且其需求量也相对较小，服装定制是典型的采用单件小批生产类型的例子。

3．成批生产

成批生产类型是前两种类型的一个折中，产品品种和每种产品的产量比较多；工艺流程呈现出动态的、规律性变化，但相对于单件小批生产，成批生产的不确定性减弱。为了保证客户对产品的个性化要求，成批生产还演变出一种大规模定制的生产方式，其生产的前提是产品生产工艺的模块化。

（三）按产品需求的特性分类

按产品需求的特性分类，可分为订货生产和备货生产。

1．订货生产

订货生产是指企业的生产流程在企业收到客户具体的订货要求以后开始，企业根据客户对产品的要求进行产品生产，这样企业可以有效地避免根据需求预测制订生产计划可能导致的产品供给大于产品需求的状况，可有效地降低企业生产的不确定性——经营风险。客户对产品的要求呈现多样化的变化趋势，这给企业的生产经营活动带来巨大的不确定性。如果产品的生产流程可以形成模块化生产或局部的标准化生产，那么该企业可以通过采用订货生产的生产类型来降低企业生产经营的不确定性。

2．备货生产

备货生产是指企业的生产活动按照企业事先制订的生产计划进行，而生产计划主要是依据企业对市场的产品需求调查和需求预测编制的。这种生产方式下，企业的生产活动对产品需求变化的适应性比较差，主要通过产品库存来满足客户对产品的需求。表5-1简单地对上述生产类型进行了特点比较。

表5-1 备货生产和订货生产的特点比较

项目	备货生产	订货生产
产品性质	标准产品	按客户需求生产
产品需求	可以预测	难以预测
价格	事先确定	订货时确定
交货期	随时供货	订货时决定
设备	专用设备	多采用通用设备
员工技术	专业化人员	多种操作技能

二、生产物流的特征

企业的生产物流活动与生产活动交错进行，通过生产流程来呈现产品的加工过程，整个生产过程都伴随着原材料、半成品以及生产设备、工具在各个工艺环节之间的流动，因此企业采用的生产类型将会影响企业的生产物流。而生产物流与生产这种相互影响的关系是生产物流最显著的特点，企业生产的顺利进行要求生产物流活动做到连续性、平行性、节奏性、比例性和适应性。

1．生产物流的连续性

企业的生产过程主要是对原材料和零部件进行加工、组装的过程，各工序需要的物料必须在适当的时间、适当的地点以适当的质量和适当的数量进行供应，从而保证企业生产的连续进行。这些物料的供应工作是生产物流的核心环节，因此对生产物流的连续性要求就是保证生产需要的物资供应的连续性，包括生产物资在空间上的连续性和在时间上的连续性。生产物流的连续性是连续生产的重要保证。

2．生产物流的平行性

企业生产的连续性除了要求生产物流具有连续性外，还要求生产物流具有平行性，也就是要求生产物流的操作可以同时在不同的工艺环节进行，而不是此起彼伏性的运作。生产物流需要按照不同环节的物资需求进行供应活动，生产物流的平行性既保证了生产连续性，又可以有效地减少产品的生产周期。任何生产类型都可以通过生产物流的平行运作来缩短产品生产的周期，进而提高企业的生产效率和机器设备的利用率。

3．生产物流的节奏性

生产物流的节奏性是对生产物流的时间要求的总结，企业的生产多数是按照事先制订的生产计划进行的，任何时间上的延迟或提前都会打乱企业生产的节奏。生产物流的节奏性将给管理工作带来极大的方便，可以减少物资供应管理的工作量。成批生产和大量生产的生产工艺流程相对比较稳定，为生产物流的节奏性提供了有利的条件，而单件小批生产由于生产工艺流程的不确定性，生产物流的节奏性同样很难实现。

4. 生产物流的比例性

生产物流的比例性主要是对生产物流的数量要求的表述，强调产品生产需要的物资在各个环节之间的分配存在着比例关系，这一点对于企业生产的连续进行也是非常重要的。加工装配型生产对生产物流的比例性要求最高，任何零部件的不成比例生产都会给企业造成经济上的损失或生产周期的延长。单件小批生产对生产物流的比例性要求也比较高，但是由于这种生产方式下的产品产量过小，生产物流操作上无法实现运作的规模效应，因而减弱了其比例性的要求程度。

5. 生产物流的适应性

生产物流的适应性是生产物流系统对生产工艺流程变动的反应程度，要求企业的生产物流系统在最短的时间里调整操作内容来适应生产工艺的变化。产品市场的多样化和个性化发展趋势决定了企业对生产物流的适应性要求逐渐增强。

三、生产物流的主要环节

生产物料经过企业的供应物流进入生产环节，随着生产工艺流程进行流动，以产成品的形式于成品库内暂时存储，最终进入企业的销售物流环节。生产物流有三个主要环节（图5-3），即生产物料的存储、生产转换过程和产成品的存储。

生产物料的存储 ⟹ 生产转换过程 ⟹ 产成品的存储

图 5-3　企业生产物流的主要环节

1. 生产物料的存储

非准时生产制度下的制造企业，其生产所需要的原材料都需要经过生产前的存储过程。企业对生产物料进行存储一方面考虑到企业的经营风险，避免因原料供应不上而导致产品生产的停滞，生产物料的存储可以有效地降低企业的生产经营风险；另一方面考虑到生产的连续性，通常企业的原料采购活动不是实时的，而且通常都存在着提前期的问题，为了保证生产的连续性，也必须对生产物料进行产前存储。

2. 生产转换过程

生产转换过程是生产物料到产成品的转换过程，也就是企业生产工艺流程的全过程。在这一过程中，生产物流系统需要进行生产物料的出库、装卸、搬运和产成品的入库。生产物料和在制品的流动与企业生产的工艺流程有关，不同的生产工艺对应着不同的物料流动，但是在整个环节，企业都需要做到保证物流运作的高效率和低成本。

3. 产成品的存储

经过了生产转换过程，企业实现了生产物料到产成品的变化，产成品进入销售环节之前通常也需要进行短暂的存储，存储的目的是实现产品的时间效用——调整产品供给与需求的时间差异。即使是采用订货生产的企业，也会对产品进行短暂的存储，获得产品销售前的集中运输和大批量包装的规模效应。

四、生产物流运作的目标与原则

在企业生产过程中,物料空间效用和时间效用在一定程度上是依靠生产物流系统来实现的,这与生产物料的流转贯穿产品的加工、制造过程有着密不可分的关系。生产物流系统的出现,将以前分散的物料装卸、搬运活动有机地结合起来,视为一个运作系统,企业可以从产品生产的系统角度来分析这一过程中所涉及的物流活动,从而提高生产过程中物料装卸、搬运的效率,使物料的装卸和搬运能够更加协调地运作。

(一)生产物流运作的目标

企业在生产过程中进行生产物流的管理,无非要实现生产物流运作的效率性和经济性,具体来讲包括以下几个方面。

1. 保证产品生产过程的连续性和高效率

生产的连续性决定了生产物料的流动方向与产品生产工艺流程的运行顺序要保持一致,生产物料的流动受阻就意味着产品生产过程的停滞或生产速度减缓。如果出现生产物料的流动方向与产品的生产工艺流程顺序不一致,企业不但要面临生产停滞的问题,而且可能面临产品的生产周期延长、产品的生产效率下降等一系列相关问题。因此,生产物流运作的第一个目标就是要保证产品生产过程的连续性,体现生产物流的效率性,也就是说只有生产物料的流转顺利进行,才能保证产品生产的效率。

2. 实现生产物流运作费用和成本的整体降低

企业通过生产物流的运作,降低生产物料装卸的频率,缩短生产物料搬运的距离,从而降低生产成本。企业生产物流系统需要同时从空间和时间的角度来考虑生产物料的装卸、搬运,装卸和搬运是企业生产转换过程的主要物流活动,决定着物流费用和成本的支出水平。而搬运的距离和装卸的频率是两种操作费用的主要影响因素,要想实现物流成本的最小化,必须合理地进行装卸频率、搬运距离的安排,同时两种操作的合理安排还可以提高物流系统的运作效率。

3. 有效控制物料的损失和防止人员或设备的意外事故

生产物流的比例性影响着物流运作的流量,也就是说生产物料的需求增加将引起物料装卸、搬运频率的增加,产生物料损失的机会增大。生产物流的适应性决定着物流运作系统对生产过程中意外事故的承受能力,影响在人员、设备发生意外事故时恢复生产物料的正常流动需要的时间,需要的恢复时间越长,企业的费用支出就越多,运作效率就越低。

(二)生产物流运作的原则

企业为了实现生产物流系统运作的目标,需要对物流操作提出指寻性的原则。这些原则可以帮助企业处理突发事件,提高整个生产物流系统的效益和效率。

1. 流动性原则

流动性原则是生产物流运作的首要原则,企业在进行生产物流的规划和操作的过程中，必须始终保持生产物料的有效流动。特别是生产物料按照企业的生产流程向着成品的方向移动，而物料在任何工序之间的逆向移动、漏工序移动或交叉混杂移动都会对物料的流动产生负面影响，这是生产物流运作所不允许的。

2．最优化原则

最优化原则要求生产物流的运作结果应该达到物料流动的最佳效果，也就是说生产物流运作应尽量避免额外的操作环节。额外的操作环节只可能增加物流运作的人力、物力和财力的投入，而不能增加运作的价值。同时，最优化原则适用于生产物流系统的整体，当局部操作的最优化不能导致整体操作的最优化的时候，以整体最优为准，局部最优服从、服务于整体。

3．最小化原则

最小化原则要求生产物料搬运距离最小化、装卸次数最小化和生产物流的运作成本最小化。同样，当生产物流搬运距离或装卸次数的最小化与物流运作成本的最小化发生矛盾的时候，以生产物流运作成本为主，其他操作都服务于这个主体。

五、生产物流控制方法

生产物流运行过程当中，由于受到生产企业的战略选择与企业内外部环境的作用和影响，计划与实际之间会产生偏差。为了保证计划的完成，必须对物流活动进行有效控制。生产物流控制的方法有三种类型：①以推进控制原理为指导的物料需求计划、制造资源计划、企业资源计划；②以拉引控制原理为理论指导的准时化生产；③以约束理论为指导的约束理论系统。

1．物料需求计划

物料需求计划（MRP）是指根据市场需求预测和客户订单，再依据产品结构各层次物品的从属和数量关系，以每个物品为计划对象，以完工时期为时间基准倒排计划，按提前期长短整理各个物品下达计划时间的先后顺序，从而实现按需生产。

MRP是一种工业制造企业内物资计划管理模式，其运行的主要步骤有以下几个。

（1）根据市场预测和客户订单，正确编制可靠的生产计划和生产作业计划，在计划中规定生产的品种、规格、数量和交货日期，同时，生产计划必须同现有生产能力相适应。

（2）正确编制产品结构图和各种物料、零件的用料明细表。

（3）正确掌握各种物料和零件的实际库存量。

（4）正确规定各种物料和零件的采购交货日期，以及订货周期和订购批量。

（5）通过MRP逻辑运算确定各种物料和零件的总需求量以及实际需求量。

（6）向采购部门发出采购通知单或向本企业生产车间发出生产指令。

2．制造资源计划

MRP只产生物流需求计划，而没有考虑完成这个计划的能力，在执行中可能会产生能力短缺与资源闲置并存的情况，致使计划不能顺利执行。为此，发展出了制造资源计划（MRP Ⅱ）。MRP Ⅱ是在MRP的基础上发展出的一种规划方法，它更是一个把企业生产经营活动直接相关的工作、资源、财务计划等连成一体的全面生产管理系统。可以给MRP Ⅱ下这样一个定义：MRP Ⅱ是从整体最优化的角度出发，运用科学的方法，对企业的各种制造资源和企业生产经营各环节实行合理有效的计划、组织、控制和协调，达到既能连续均衡生产，又能最大限度降低各种物品的库存量，进而提高企业经济效益的生产管理系统。

MRP Ⅱ的原理可以总结为以下几个方面。

（1）增加了对生产能力资源的管理。

（2）增加了车间管理。

（3）增加了仓库管理。

（4）增加了成本管理。

（5）形成闭合的信息反馈系统。

3．企业资源计划

企业资源计划（ERP）是在MRP Ⅱ的基础上发展起来的。它扩展了管理范围，给出了新的结构，把客户需求和企业内部的制造活动以及供应商的制造资源整合在一起，体现了完全按用户需求制造的思想。

ERP的基本思想是将制造企业的制造流程看作一条紧密连接的供应链，其中包括供应商、制造工厂、分销网络和客户；将企业内部划分成几个相互协同作业的支持集团，如财务、市场、销售、质量、工程等，还包括竞争对手的监视管理。ERP强调企业的事前控制能力，它为企业提供了面对质量、适应变化、客户满意、效绩等关键问题的实时分析能力。另外，它还为企业提供多种模拟功能和财务决策支持系统，使之能对每天将要发生的情况进行预测，而不像MRP Ⅱ那样只能作月度分析。这样，财务的计划系统将不断地接收来自制造过程、分析系统和交叉功能子系统的信息，可正确快速地做出决策；生产管理则在管理事务级集成处理的基础上给管理者更强的事中控制能力。

人们把MRP到MRP Ⅱ称为功能和技术上的发展，而把MRP Ⅱ到ERP称为一场革命。

4．准时化生产

准时化生产是20世纪五六十年代日本丰田汽车公司首创的一种生产管理方法，指企业生产系统的各个环节、工序只在需要的时候，按需要的量，生产出所需要的产品。JIT生产与传统制造系统中物流从零件到组装再到装配的做法相反，主张从反方向来看物流，即从装配到组装再到零件。在生产过程中需求方起到主导作用，需求方决定供应物流的品种、数量、到达时间和地点，供应方只能按需求方的指令供应物料。

JIT生产实施的条件有以下几个。

（1）整个生产均衡化。

（2）尽量按照产品专业化的要求布置生产设备。

（3）实行全面质量管理。

（4）合理设计产品。

（5）采用强制性方法解决生产中存在的不足。

5．约束理论系统

约束理论（theory of constraint，TOC）是关于改进和如何最好地实施这些改进的一套管理理念和管理原则。TOC可以帮助企业识别出在实现目标的过程中存在着哪些制约因素（TOC称之为"约束"），并进一步指出如何实施必要的改进来——消除这些约束，从而更有效地实现企业目标。

TOC强调必须把企业看成一个系统，从整体效益出发来考虑和处理问题，运用TOC组织生产物流的基本要点有以下几个。

（1）识别企业的真正约束点。

（2）依据瓶颈约束，建立产品产出计划。

（3）在所有瓶颈和装配供需前设置"缓冲器"，保证资源得以充分利用，防止出现等待任务的情况，从而实现企业最大的产出。

（4）对企业物流进行平衡，使得进入非瓶颈的物料应被瓶颈的产出率所控制。

第四节　销售物流

销售物流是企业产品销售工作的辅助活动，是保证企业实现经济效益而进行的物流活动，通过实现产品的时间效用和空间效用促使产品的货币价值得以体现。

一、概述

1. 销售物流的概念

在国家标准《物流术语》（GB/T 18354—2021 3.29）里，销售物流（distribution logistics）是指"企业在销售商品过程中所发生的物流活动"。企业销售物流是将企业生产、组装的产品从工厂、物流中心或其他商业企业的仓库，送到批发商、零售商或消费者手中的运输、配送等一系列的活动。对生产型企业而言，将其所生产的产品送到其他商业单位的仓库而产生的运输和配送等物流活动也属于企业销售物流的范畴。

2. 销售物流的模式

销售物流主要有用户自己提货的形式、生产者企业自己组织销售物流和第三方物流企业组织销售物流三种模式。

（1）用户自己提货的形式。这种形式实际上是将生产企业的销售物流转嫁给客户，变成了客户自己组织供应物流的形式。对销售方来讲，已经没有了销售物流的职能。这是在计划经济时期广泛采用的模式，将来在除非十分特殊的情况下，这种模式不再具有生命力。

（2）生产企业自己组织销售物流。这是在买方市场环境下的主要销售物流模式之一，也是我国当前部分企业采用的物流形式。生产企业自己组织销售物流，实际上把销售物流作为企业生产的一个延伸或者是看成生产的继续。在企业从"以生产为中心"转向"以市场为中心"的情况下,这个环节逐渐变成了企业的核心竞争环节,逐渐不再是生产过程的继续,而是企业经营的中心,生产过程变成了这个环节的支撑力量。

生产企业自己组织销售物流的好处在于,可以将自己的生产经营和客户直接联系起来,信息反馈速度快、准确程度高,信息对于生产经营的指导作用明显,目的性强。

(3)第三方物流企业组织销售物流。这是由专门的物流服务企业组织企业的销售物流,实际上是生产者企业将销售物流外包,将销售物流社会化。由第三方物流企业承担生产企业的销售物流,其最大优点在于,第三方物流企业是社会化的物流企业,它向很多生产企业提供物流服务,因此可以将企业的销售物流和企业的供应物流一体化,采取统一解决的方案。这样可以做到专业化和规模化,从而使得物流成本降低和服务水平提高。

在网络经济时代,各种零售渠道百花齐放,第三方物流企业组织销售物流模式是一种必然的发展趋势。

二、企业销售物流的流程

企业制造、加工工作的结束就意味着企业销售工作的开始。企业销售物流的主要环节有以下几个。

1. 产品包装

产品的包装包括销售包装和运输包装。销售包装的目的是向消费者展示、吸引消费者、方便零售;运输包装的目的是保护商品,便于运输、装卸搬运和储存。

2. 产品储存

储存是满足客户对商品可得性的前提。通过仓储规划、库存管理与控制、仓储机械化等,提高仓储物流工作效率、降低库存水平、提高客户服务水平。帮助客户管理库存,有利于稳定客源、便于与客户的长期合作。

3. 货物运输与配送

运输是解决货物在空间位置上的位移。配送是在局部范围内对多个用户实行单一品种或多品种的按时按量送货。通过配送,客户获得更高水平的服务,企业可以降低物流成本,减少城市的环境污染。

4. 装卸搬运

装卸是物品在局部范围内被人或机械装入运输设备或卸下。搬运是对物品进行水平移动为主的物流作业。装卸搬运主要考虑提高机械化水平、减少无效作业、保证集装单元化、提高机动性能、利用重力和减少附加重量、均衡各环节、保证系统效率最大化等方面。

5. 流通加工

流通加工是根据需要进行分割、计量、分拣、刷标志、拴标签、组装等作业的活动。流通加工主要考虑流通加工方式、成本、效益与配送的结合运用,废物再生利用等。

6. 信息及订单处理

信息处理主要是指产品销售过程中对客户订货单的处理。订单处理是从客户发出订货请求开始到客户收到所订货物为止的一个完整过程,在这个过程中进行的有关订单的活动都是订单处理活动,包括订单准备、订单传输、订单录入、订单履行、订单状况报告等。

7. 销售物流网络规划与设计

销售物流网络是以配送中心为核心,连接从生产厂出发,经批发中心、配送中心、中转仓库等,一直到客户的各个物流网点的网络系统。销售物流网络规划与设计主要考虑市场结构、需求分布、市场环境等因素。

三、企业销售物流服务

企业销售物流服务是一个广泛满足客户的时间和空间效用需求的过程。无论企业的性质如何,接受服务的客户始终是形成物流需求的核心和动力。为了保持客户满意,销售物流服务已成为企业销售系统,乃至整个企业成功运作的关键,也是增强企业产品差异性、提高产品和服务竞争优势的重要因素。

(一)销售物流服务的要素

销售物流服务由订货周期、可靠性、信息渠道和方便性等要素构成。

1. 订货周期

订货周期是指从客户确定对某种产品有需求到需求被满足之间的时间间隔,也称提前期。客户订货周期的缩短标志着企业销售物流管理水平的提高。

2. 可靠性

可靠性是指根据客户订单要求,按照预定的提前期,安全地将订货送达客户指定地点。如果没有销售物流的可靠性作保证,销售物流服务只能是空谈。物流管理者应认真做好信息反馈工作,了解客户的反应与要求,提高客户服务系统的可靠性。

3. 信息渠道

同客户保持信息沟通是监控客户服务可靠性的手段。设计客户服务水平必须包括客户信息的顺畅沟通。通信渠道应对所有客户开放,因为这是销售物流外部约束的信息来源。没有与客户的联系,物流管理者就不能提供有效的、经济的服务。

4. 方便性

它是指服务水平必须灵活便利。从销售物流服务的观点来看,所有客户对销售物流服务有相同的要求,有一个或几个标准的服务水平适用于所有客户是最理想的,但却是不现实的。如某一客户要求所有货物用托盘装运并由铁路运输,另一位客户要求用汽车运输,不用托盘,或者个别客户要求特定的交货时间。因此,客户在包装、运输方式、承运人和运输路线以及交货时间等方面的需求都不尽相同。

(二)销售物流服务的目标

1. 满足客户需求

销售物流活动能提供时间和空间效用来满足客户需求,是企业物流功能的产出或最终产品。无论是面向生产的物流服务,还是面向市场的物流服务,其最终产品都是提供某种满足客户需求的服务。

也可以说,服务是使产品产生差异性的重要手段。这种差异性,为客户提供了增值服务,从而有效地使自己与竞争对手有所区别。尤其是在竞争产品的质量、价格相似或相同时,如果销售物流服务活动提供了超出基本服务的额外服务,就能使本企业的物流产品和服务在竞争中比竞争对手胜出一筹,所以提高客户服务水平,可以增加企业销售收入,提高市场占有率。

2．提高客户的满意程度

客户服务是由企业向购买其产品或服务的人提供的一系列活动。它的内容一般包括三个层次:一是产品能提供给客户基本效用或利益,这是客户需求的核心内容;二是产品的形式能向市场提供实体的外观,它包括产品的质量、款式、特点、商标及包装;三是增值产品,这是客户在购买产品时,得到的其他利益总和,是企业出售产品时附加上去的东西,它能给客户带来更多的利益和更大的满足,如维修服务、咨询服务、交货安排等。

一般来说,客户关心的是购买全部产品,即不仅仅是产品的实体,还包括产品的附加价值。销售物流服务就是提供这些附加价值的重要活动。良好的销售物流服务能提高产品的价值和附加价值,更能提高客户的满意程度。

3．留住老客户,争取新客户

据贝恩咨询公司的研究显示,服务质量、留住客户和公司利润率之间有着非常高的相关性,这是因为:留住客户就可以留住业务;开办成本较低;为老客户的服务成本较少;满意的客户还会介绍新客户;满意的客户会愿意支付溢价。相反,一个对服务提供者感到不满的客户将被竞争对手获得。

物流领域高水平的顾客服务能吸引客户并留住客户,对于客户来说,频繁地改变供应来源会增加其物流成本及其风险性。

4．降低销售物流成本

物流管理要求以最小的总物流成本产生最大的时间和空间效用。企业在降低物流成本的同时,往往会影响所提供的服务水平。

为什么企业往往觉得提供令客户满意的物流服务很困难呢?这是因为"令客户满意"是要付出代价的,这代价便是高昂的物流成本。这样高昂的物流成本加到产品上,客户便难以接受,销售收入的增长便成了一句空话。因此,我国现阶段的企业物流管理仍然要踏踏实实地从企业销售物流成本的管理和控制做起。

四、企业销售物流组织管理

(一) DRP的概念

配送需求计划(DRP)是指依据市场需求、库存、生产计划信息来配置物流配送资源的一套技术方法。现代企业销售物流组织管理的人机一体化系统DRP主要是一种既保证有效地满足市场需要,又使得物流资源配置费用最少的计划方法。DRP是流通领域中的一种物流技术,是MRP原理与方法在物品配送中运用的结果。它主要解决分销物资的供应计划和调度问题，达到有效地满足市场需要又使得配置费用最省的目的。

（二）DRP的原理

DRP主要应用于两类企业：一类是流通企业，如储运公司、配送中心、物流中心、流通中心等；另一类是具有流通部门承担分销业务的企业。这两类企业的共同之处是：以满足社会需求为自己的宗旨；依靠一定的物流能力（储、运、包装、搬运能力等）来满足社会的需求；从制造企业或物资资源市场组织物资资源。

DRP这种新的模式借助互联网的延伸性及便利性，使商务过程不再受时间、地点和人员的限制，企业的工作效率和业务范围都得到了有效的提高。企业也可以在兼容互联网时代现有业务模式和现有基础设施的情况下，迅速构建B2B电子商务平台，扩展现有业务和销售能力，实现零风险库存，降低分销成本，提高周转效率，确保获得领先一步的竞争优势。

DRP是一种更加复杂的计划方法，它要考虑多个配送阶段以及各阶段的特点。DRP在逻辑上是MRP Ⅱ的扩展，在一种独立的环境下运作，由不确定的顾客需求来确定存货需求，由顾客需求引导，企业无法加以控制。

（三）DRP的优缺点

1．优点

（1）营销上的好处主要有以下几个。

①改善了服务水准，保证了准时递送和减少了顾客的抱怨。

②更有效地改善了促销计划和新产品引入计划。

③提高了预计短缺的能力，使营销努力不花费在低储备的产品上。

④改善了与其他企业功能的协调，因为DRP有助于共用一套计划。

⑤提高了向顾客提供协调存货管理服务的能力。

（2）物流上的好处主要有以下几个。

①由于协调装运，降低了配送中心的运输费用。

②能够准确地确定何时需要何种产品，降低了存货水平。

③因存货减少，使仓库的空间需求也减少了。

④由于延交订货现象的减少，降低了顾客的运输成本。

⑤改善了物流与制造之间的存货可视性和协调性。

⑥提高了预算能力，因为DRP能够在多计划背景下有效地模拟存货和运输需求。

2．缺点

（1）存货计划系统需要每一个配送中心有一个精确的、经过协调的预测数。该预测数能够指导货物在整个配送渠道的流动。在任何情况下，使用预测数去指导存货计划系统时，预测误差都有可能成为一个重大问题。

（2）存货计划要求配送设施之间的运输具有固定而又可靠的完成周期，而完成周期的不确定因素则会降低系统的效力。

（3）由于生产故障或递送延迟，综合计划常易遭受系统的影响或频繁改动时间表的影响。

（四）DRP的发展

DRP的发展经过了几个阶段。第一阶段是分销需求DRPⅠ，即物流计划方法；第二阶段是DRPⅡ，即物流资源计划方法；第三阶段是DRPⅢ，即物流资源获得能力分析方法。原则上DRP就是DRPⅠ，而DRP是DRPⅡ和一些CAD（computer aided design，CAD）系统、专家系统、管理信息系统、管理决策系统集成的系统，一般称为集成分销资源计划。

第五节 逆向物流

党的二十大报告指出："实施全面节约战略，推进各类资源节约集约利用，加快构建废弃物循环利用体系。"循环利用体系的核心是放弃传统的"资源产品废弃物"的线性经济发展模式，采用"资源产品再生资源"的闭环经济发展模式。相应的物流模式也应该在传统经济中正向物流的基础上，补充旨在资源回收利用的逆向物流，实现基于循环经济理念的双向物流模式。逆向物流，是一种包含了产品退回、物料替代、物品再利用、废弃处理、再处理、维修与再制造等流程的物流活动。为了实现物流的目的，必须对退回的物资进行回收、分类、检验、拆卸、再生产及报废处理等活动。

一、逆向物流的概念

逆向物流（reverse logistics），又称反向物流，在国家标准《物流术语》（GB/T 18354—2021 3.35）中的定义是："为恢复物品价值、循环利用或合理处置，对原材料、零部件、在制品及产成品从供应链下游节点向上游节点反向流动，或按特定的渠道或方式归集到指定地点所进行的物流活动。"

从定义看，逆向物流包含的范围很大，所有物质资料从供应链下游向上游流动的过程都是逆向物流。常见的逆向物流有回收物流和废弃物物流两种类型。

回收物流（returned logistics）指不合格物品的返修、退货以及周转使用的包装容器从需求方返回到供应方所形成的物品实体流动。企业在生产、供应、销售的活动中总会产生各种边角余料和废料，这些东西的回收是需要伴随物流活动的。如果回收物品处理不当，往往会影响整个生产环境，甚至影响产品的质量，占用很大空间，造成浪费。

废弃物物流（waste logistics）是将经济活动或人民生活中失去原有使用价值的物品，根据实际需要进行收集、分类、加工、包装、搬运、储存等，并分送到专门处理场所的物流活动。

逆向物流是在整个产品生命周期中对产品和物资的完整的、高效的利用过程的协调，可以分为社会层面和企业层面，本书所讨论的逆向物流仅限于企业层面。

> **延伸阅读**
>
> 按产生的来源，我国对废弃物有三类划分：一是生产废弃物，二是流通废弃物，三是生活废弃物。与之相对应的法律法规有：《中华人民共和国固体废物污染环境防治法》《中华人民共和国清洁生产促进法》等。因为废弃物物流不仅涉及物流企业和废弃物产生者的关系，而且直接涉及经济效益和社会效益的关系，我国对废弃物处理的原则是"谁污染，谁治理"。对于工业废弃物，按照法律规定由产业部门自行处理，处理费用计入生产成本；而对于生活废弃物，主要由市政府环卫部门处理，处理费用由政府财政支付。

二、逆向物流的特点

1．分散性

逆向物流产生的地点、时间、质量和数量是难以预见的。废弃物物流可能产生于生产领域、流通领域或生活消费领域，涉及任何领域、任何部门、任何个人，在社会的每个角落都在日夜不停地发生。正是这种多元性使其具有分散性，这是由于逆向物流发生的原因通常与产品的质量（数量）的异常有关。

2．缓慢性

人们发现，开始的时候逆向物流数量少，种类多，只有在不断汇集的情况下才能形成较大的流动规模。废旧物资的产生也往往不能立即满足人们的某些需要，它需要经过加工、改制等环节，甚至只能作为原料回收使用，这一系列过程的时间是较长的。同时，废旧物资的收集和整理也是一个较复杂的过程。这一切都决定了废弃物的缓慢性这一特点。

3．混杂性

回收的产品在进入逆向物流系统时往往难以划分为产品，因为不同种类、不同状况的废弃物常常是混杂在一起的。当回收产品经过检查、分类后，逆向物流的混杂性随着废弃物的产生而逐渐衰退。

4．多变性

由于逆向物流的分散性及消费者对退货、产品召回等回收政策的随意应用，有的企业很难控制产品的回收时间与空间，这就导致了多变性，主要表现在以下四个方面。

（1）逆向物流具有极大的不确定性。

（2）逆向物流的处理系统与方式复杂多样。

（3）逆向物流技术具有一定的特殊性。

（4）逆向物流会产生相对高昂的成本。

三、建立逆向物流系统的必要性

1．提高潜在事故的透明度

逆向物流在促使企业不断改善品质管理体系上具有重要的地位。企业的品质管理活动概括为一个闭环式活动——计划、实施、检查、改进，逆向物流恰好处于检查和改进两个环节之间，承上启下，作用于两端。企业在退货中暴露出的品质问题，将透过逆向物流资讯系统不断传递到管理阶层，提高潜在事故的透明度，管理者可以在事故发生前不断地提高品质管理水平，以根除产品的不良隐患。

2．提高顾客价值，增加竞争优势

在当今顾客驱动的经济环境下，顾客价值高低是决定企业生存和发展快慢的关键因素。众多企业通过逆向物流提高顾客对产品或服务的满意度，赢得顾客的信任，从而增加其竞争优势。对于最终顾客来说，逆向物流能够确保不符合订单要求的产品及时退货，有利于消除顾客的后顾之忧，增加其对企业的信任感及回购率，扩大企业的市场份额。

3．降低物料成本

减少物料耗费，提高物料利用率是企业成本管理的重点，也是企业增效的重要手段。然而，传统管理模式的物料管理仅仅局限于企业内部物料，不重视企业外部废旧产品及其物料的有效利用，造成大量可再用性资源的闲置和浪费。由于废旧产品的回购价格低、来源充足，对这些产品回购加工可以大幅度降低企业的物料成本。

4．改善环境行为，塑造企业形象

随着人们生活水平和文化素质的提高，环境意识日益增强，消费观念发生了巨大变化，顾客对环境的期望越来越高。另外，由于不可再生资源的稀缺以及对环境污染的日益加重，各国都制定了许多环境保护法规，为企业的环境行为规定了一个约束性标准。企业的环境业绩已成为评价企业运营绩效的重要指标。为了改善企业的环境行为，提高企业在公众中的形象，许多企业纷纷采取逆向物流战略，以减少产品对环境的污染及资源的消耗。

四、逆向物流的困境与对策

1．逆向物流的困境

从信息获得的角度来讲，许多企业不容易获得可以正确分析产品回收处理问题的信息。因为这些相关的信息通常都相当分散，有的信息在公司内部，有的在整个企业链中，有的信息甚至是无法取得的。这些必需的信息包括以下四种。

（1）关于产品组成成分的相关信息。

（2）关于产品回收数量以及不确定性的信息。

（3）关于再制造产品、零件以及物料的市场需求信息。

（4）关于产品回收处理以及废弃物处置的作业信息。

对于一个包含产品回收处理的制造系统而言，有七项特征使得生产制造系统的规划控制变得非常复杂。

（1）回收产品的时间和数量的不确定性。

（2）需要平衡回收产品的需求和供给。

（3）需要将回收的产品分解。

（4）回收产品所需物料数量的不确定性。

（5）需要废弃与回收物流网络的支持。

（6）物料配合的复杂性。

（7）对于修护以及再制造作业所需的物料，其处理流程是随机且不确定的，同时其处理时间的不确定性也很高。

从以上分析可以了解到，逆向物流在管理上比正向物流复杂得多，究其原因在于废弃物物流与回收物流增加了许多复杂性和不确定性。恰恰是这些不确定性和复杂性往往会使整个废弃物物流与回收物流的绩效变差。

2．解决对策

逆向物流本身存在着复杂性和不确定性，因此一定要有信息技术和运营管理系统的支持，才能使逆向物流实现规范化。在没有建成逆向物流信息系统的情况下，应该从根本上控制进入流通领域的商品和包装材料，比如在产品设计过程中充分考虑环保要素和逆向物流的需要，使得将来的回收处理和产品再制更方便；提高产品的质量以减少退货量等。

各行业协会在管理逆向物流的过程中，也可以发挥其独特的作用，将类似的很多企业联系起来共同面对逆向物流的管理，从而实现规模效益和技术进步。

第三方物流已经成为解决逆向物流问题的主要途径。例如2023年9月，京东物流与中国再生资源开发集团有限公司在北京达成战略合作协议，双方围绕再生金属、废家电、再生塑料、报废汽车等多品类，开展物流供应链、物流园区再生资源回收等层面的合作，提升再生资源行业供应链效率，助力行业高质量发展。在消费品领域，随着电子商务、微商、直播带货等新零售模式的出现，菜鸟网络推出菜鸟裹裹项目，自研搭建技术平台，整合快递公司，其中一个重要功能就是线上一键退换货，消费端用户可以在线叫快递员上门取件；京东商城更是借助京东物流平台使消费者可以享受快捷的退货或返修服务。

本章小结

本章介绍了企业物流的相关知识，分为五节内容。第一节主要介绍了企业物流的概念、企业物流的特点、企业物流的分类、企业物流的发展阶段；第二节主要介绍了供应物流的概念和作用、采购的概念、企业供应物流的基本流程、供应物流的新方式等；第三节主要介绍了生产类型、生产物流的特征、生产物流的主要环节、生产物流运作的目标与原则、生产物流控制方法；第四节主要介绍了销售物流的概念、企业销售物流的流程、企业销售物流服务的要素和目标、企业销售物流组织管理；第五节主要介绍了逆向物流的概念、逆向物流的特点、建立逆向物流系统的必要性、逆向物流的困境与对策。

思考与练习

一、单项选择题

1. MRP是（　　）的英文缩写。
   A．物料需求计划　　B．管理信息系统　　C．制造资源计划　　D．企业资源计划
2. 以下销售物流突出型的企业是（　　）。
   A．汽车制造企业　　B．钢铁企业　　C．小五金企业　　D．造纸企业
3. （　　）的基本思想是在恰当的时间、恰当的地点、以恰当的数量、恰当的质量提供恰当的物品。
   A．JIT采购　　B．准时采购　　C．即时采购　　D．经济订货批量
4. （　　）的基本思想是将制造企业的制造流程看作一条紧密连接的供应链，其中包括供应商、制造工厂、分销网络和客户；将企业内部划分成几个相互协同作业的支持集团，如财务、市场、销售、质量、工程等，还包括竞争对手的监视管理。
   A．MRP　　B．MRP Ⅱ　　C．DRP　　D．ERP
5. DRP的缺点不包括（　　）。
   A．存货计划系统需要每一个配送中心有一个精确的、经过协调的预测数。该预测数能够指导货物在整个配送渠道的流动是必需的。在任何情况下，使用预测数去指导存货计划系统时，预测误差都有可能成为一个重大问题
   B．存货计划要求配送设施之间的运输具有固定而又可靠的完成周期，而完成周期的不确定因素则会降低系统的效力
   C．由于生产故障或递送延迟，综合计划常易遭受系统的影响或频繁改动时间表的影响
   D．由于协调装运，降低了配送中心的运输费用

二、填空题

1. 企业物流主要包括＿＿＿＿、＿＿＿＿、＿＿＿＿、企业回收物流、逆向物流。
2. 供应物流是指为生产企业提供＿＿＿＿、＿＿＿＿或其他物品时所发生的物流。
3. 生产物流的特征有＿＿＿＿、＿＿＿＿、＿＿＿＿、生产物流的比例性、生产物流的适应性。
4. JIT生产指企业生产系统的各个环节、工序只在需要的时候，按需要的量，生产出＿＿＿＿。JIT与传统制造系统中物流从零件到组装再到总装的做法相反，主张＿＿＿＿，即从装配到组装再到零件。
5. 配送需求计划DRP是指依据＿＿＿＿、＿＿＿＿、生产计划信息来配置物流配送资源的一套技术方法。

三、简答题

1. 企业物流有什么特点？
2. 供应物流有哪些作用？

3. 销售物流服务的要素是什么?

4. 逆向物流有什么特点?

5. 实施逆向物流的困境是什么?

四、能力训练题

1. 观察身边的企业物流现象,分析其类型、流程、特点及作用,并谈谈其合理化与否。

2. 谈谈你网上购物的经历,分析其物流运作过程,并分析你认为物流服务在哪些方面需要改善。

第六章 第三方物流

学习目标

通过本章学习，了解物流外包的概念，熟悉第三方物流、第四方物流的特征；掌握第三方物流的概念、第三方物流企业的服务内容；熟悉第三方物流与第四方物流的关系、企业实施物流外包的策略。

关键概念

第三方物流　　　　　物流外包
第四方物流

教学引入

顺丰冷运：专业的冷链物流解决方案供应商

2014年9月25日，顺丰速运有限公司成立冷运事业部，推出"顺丰冷运"品牌。顺丰冷运依托顺丰强大的运输网络、领先的仓储服务、专业的温控技术、先进的管理系统，致力于为生鲜食品行业客户提供专业、安全、定制、高效的综合供应链解决方案。截至2023年年底，公司已具有以下冷运资源。

1．专业冷仓24万多平方米

顺丰冷运目前已开通运营34个食品仓，仓库总面积约24万多平方米，先进的自动化制冷降温设备，进口计算机温度监控系统，标准专业的操作管理，7×24×365全天服务。

2．冷运干线164条

顺丰冷运目前已开通运营食品干线153条，覆盖193个城市，共3705条流向，贯通东北、华北、华东、华南、华中、华西等重点核心城市。

3．专业冷藏车13000多辆

顺丰冷运自有食品冷藏车256辆，1.4万余辆外包储备冷藏车，皆配备完善的物流信息系统及自主研发的TCEMS全程可视化监控平台。

4．包装技术200套

顺丰冷运成立研发并提供专业的包装解决方案的公司，定制化包装解决方案200多套；已申请国家专利450多项；参与制定国家标准/行业标准12个。

顺丰冷运致力于以物流的价值推动食品行业标准的建立与升级，为战略合作伙伴提供全国性的、端到端的定制化冷运物流解决方案。顺丰冷运的目标是在食品安全、产品诚信、冷运效率、价值创造等方面成为行业领导者，致力于成为高品质、端到端、全程可视可控的冷链解决方案的领先供应商。

资料改编来源：顺丰冷运官网。

> **思考**
> 1. 顺丰冷运的专业性体现在哪里？
> 2. 结合案例谈谈你对第三方物流服务内容的认识。

第一节 概述

随着信息技术的发展和经济全球化趋势，越来越多的产品在世界范围内流通、生产、销售和消费，物流活动日益庞大和复杂，而第一、二方物流的组织和经营方式已不能完全满足社会需要。同时，为参与世界性竞争，企业必须提高核心竞争力，加强供应链管理，降低物流成本，把不属于核心业务的物流活动外包出去。于是，第三方物流应运而生。习近平总书记在党的二十大报告中指出："优化民营企业发展环境。"这对第三方物流企业的成长来说，意味着将有更加肥沃的土壤。

一、第三方物流的概念

1. 第三方物流的定义

在国家标准《物流术语》（GB/T 18354—2021 3.7）中，将第三方物流定义为："由独立于物流服务供需双方之外且以物流服务为主营业务的组织提供物流服务的模式。"

第三方物流的英文表达为third party logistics，简称TPL，人们习惯上简写为3PL。第三方物流是相对"第一方"（供应方）发货人组织的"第一方物流"和"第二方"（需求方）收货人组织的"第二方物流"而言的，是由第三方专业物流企业来承担物流活动的一种物流运作模式（图6-1）。

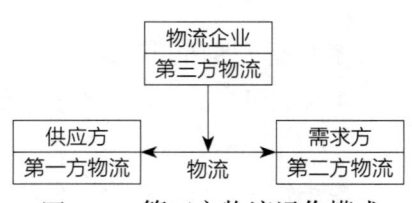

图6-1 第三方物流运作模式

2. 第三方物流的含义

第三方物流是指生产、商贸企业为集中精力做好主业，把原来属于自己处理的物流活动，以合同方式委托给专业物流服务企业，同时通过信息技术与物流服务企业保持密切联系，以达到对物流全程管理和控制的一种物流运作与管理方式。

第三方物流供应商不拥有商品，不参与商品的买卖，而是为客户提供以合同为约束、以结盟为基础的、系列化、个性化、信息化的物流代理服务。

二、第三方物流产生的原因

1．第三方物流产生是社会分工的结果

在业务外包（out-souring）新型管理理念的影响下，各企业为增强市场竞争力，而将企业的资金、人力、物力投到其核心业务上去，寻求社会化分工协作带来的效率和效益的最大化。专业化分工的结果导致许多非核心业务从企业生产经营活动中分离出来，其中包括物流业务。将物流业务委托给第三方专业物流公司负责，可降低物流成本，完善物流活动的服务功能。

2．第三方物流的产生是新型管理理念的要求

进入20世纪90年代后，产生了供应链、虚拟企业等一系列强调外部协调和合作的新型管理理念。这些理念增加了物流活动的复杂性，又对物流活动提出了零库存、准时制、快速反应等的新要求，使得一般企业很难承担此类业务，由此产生了第三方物流。它的出现一方面迎合了个性需求时代企业间专业合作（资源配置）不断变化的要求；另一方面实现了进出物流的整合，提高了物流服务质量，加强了对供应链的全面控制和协调，促进供应链达到整体最佳的效果。

3．改善物流与强化竞争力相结合意识的萌芽

物流研究与物流实践经历了成本导向、利润导向、竞争力导向等几个阶段。将物流改善与竞争力提高的目标相结合是物流理论与技术成熟的标志。这是第三方物流概念出现的逻辑基础。

4．物流领域的竞争激化导致综合物流业务的发展

随着经济自由化和贸易全球化的发展，物流领域的政策不断放宽，同时也导致物流企业自身竞争的激化，物流企业不断地对服务内涵进行拓展和外延，从而导致第三方物流的出现。这是第三方物流概念出现的历史基础。

三、第三方物流企业的类型和服务内容

（一）第三方物流企业的类型

根据不同的标准，物流企业可以划分为不同的类型。

1．按照物流企业是否自行完成和承担物流服务业务分类

按照物流企业是自行完成和承担物流业务，还是委托他人进行操作的区别，可将物流企业分为物流运营企业和物流代理企业。

对于物流运营企业而言，有自己的运输工具和仓库，通常进行物流操作，承担大部分物流服务业务，是第三方物流的主体。

物流代理企业则是管理公司，不拥有或租赁资产，他们受物流需求方的委托，运用自己的物流专业知识、管理经验、物流管理系统，为客户制定最优化的物流路线，选择最合适的运输工具等，但最终由物流运营企业承担具体的物流业务，这类企业较少。

2. 按照物流企业完成的物流业务范围的大小和物流功能分类

按照物流企业完成的物流业务范围的大小和所承担的物流功能，可将物流企业分为功能性物流企业和综合性物流企业。

功能性物流企业（也称单一物流企业）是指那些仅承担和完成某一项或少数几项物流功能的企业，按照其主要从事的物流功能可将其进一步分为运输企业、仓储企业、流通加工企业等。综合性物流企业是指那些能完成和承担多项或全部物流功能的企业，企业一般规模较大、资金雄厚，并且有着良好的物流服务信誉。

3. 按照第三方物流业务角度分类

按照第三方物流业务角度，还可将当代第三方物流企业分为以下几种类型。

第三方物流运输服务企业：所提供的服务内容有汽车运输、专一承运、多式联运、水运、铁路运输、包裹、设备、司机、车队等。

第三方物流仓储服务企业：所提供的服务内容有入库、上门收货服务、包装/次级组装、完善分货管理、存货及管理、位置服务等。

第三方物流特别服务企业：所提供的服务有逆向物流、直接配送到商店、进/出口海关、ISO认证、直接送货到家等。

第三方物流国际互联网服务企业：所提供的服务有物流跟踪、电子商务、电子执行、通信管理、电子供应链等。

第三方物流技术服务企业：所提供的服务内容包括电子数据交换（EDI）技术、条码技术、射频识别（RFID）技术、智慧物流整体解决方案等。

（二）第三方物流的服务内容

第三方物流是一种新的物流管理理念和方式，提供第三方物流服务的企业，其前身一般是运输业、仓储业等从事物流活动及相关业务的企业。

第三方物流的服务内容一般包括运输、仓储管理、配送等。在委托方物流需求的推动下，从事第三方物流的服务内容已经扩展为提供全面的物流服务，例如代收货款、代签回单、物流活动的组织、协调和管理、设计最优物流方案、物流全程的信息收集、管理等。

此外，第三方物流还强调重视与客户之间建立荣辱与共的合作关系，以其第三方的专业优势向物流需求企业提供个性化服务，即针对特定客户的个别业务特征提供为其定制的特定服务，而非面向多个客户提供一般的服务，改变了物流企业与客户之间的关系，由"一对多"变为"一对一"，即物流企业依托于客户，客户则以物流企业为后勤，失掉任何一方，企业都无法有效运作，甚至无法继续生存。

四、第三方物流的主要特征

在第三方物流发展的过程中，逐渐形成鲜明的特征，突出表现在以下五个方面。

1．关系合同化

第三方物流是通过契约形式来规范物流经营者与物流消费者之间关系的。物流经营者根据契约规定的要求，提供多功能直至全方位一体化物流服务，并以契约来管理所有的物流服务活动及其过程。

所谓一体化物流服务（integrated logistics service），是指"根据客户物流需求所提供的全过程、多功能的物流服务（GB/T 18354—2021 3.6）"。

2．服务个性化

首先，不同的物流消费者存在不同的物流服务要求，第三方物流需要根据不同物流消费者在企业形象、业务流程、产品特征、顾客需求特征、竞争需要等方面的不同要求，提供针对性强的个性化物流服务和增值服务。其次，从事第三方物流的物流经营者也因为市场竞争、物流资源、物流能力的影响需要形成各自的核心业务，不断增强所提供物流服务的个性化和特色化，以增强物流市场竞争能力。

3．功能专业化

第三方物流所提供的是专业的物流服务。从物流设计、物流操作过程、物流技术工具、物流设施到物流管理必须体现专门化和专业水平，这既是物流消费者的需要，也是第三方物流自身发展的基本要求。

4．管理系统化

第三方物流应具有系统的物流功能，是第三方物流产生和发展的基本要求。第三方物流只有建立现代管理系统才能满足运行和发展的基本要求。

5．信息网络化

信息技术是第三方物流发展的基础。物流服务过程中，信息技术发展实现了信息实时共享，促进了物流管理的科学化，极大地提高了物流效率和物流效益。

五、第三方物流的优势

在当今竞争日趋激烈和社会分工日益细化的大背景下，第三方物流服务具有明显的优越性，给企业带来了众多益处，主要表现在以下五个方面。

1．企业集中精力于核心业务

由于任何企业的资源都是有限的，企业很难成为业务上面面俱到的专家。企业为了将有限的人、财、物集中于自己擅长的主业，进行新产品和新技术的研究与开发以提高自己的竞争力，就需要把物流等辅助功能外包给专业的物流公司。

2．节约投资，提高收益

企业自建物流需要投入大量的资金来购买物流设备，建设仓库和信息网络等专业的物流设施，这些资源对于缺乏资金的企业，特别是中小企业来说，是个沉重的负担。而如果使用第三方物流服务不仅可以减少设施的投资，还能释放仓库和车队方面的资金占用，加速资金周转，提高投资收益。

3．以信息换库存，降低成本

通过第三方物流可以灵活运用新技术，实现以信息换库存，降低成本。第三方物流企业借助精心策划的物流计划和合理的运作手段，使企业库存开支减少，并改善企业的现金流量。

4．创新管理，为顾客创造更多的价值

第三方物流企业可利用自己的创新性物流管理技术和先进的渠道管理信息系统为自己开辟业务发展道路。一流的第三方物流企业一般在全球拥有广泛的网络，并拥有开展物流服务的经验和专业技术，方便提供灵活多样的服务，为企业创造更多的价值。当企业计划在自己不熟悉的地方开展业务时，可充分利用第三方物流企业的专有技术和经验来进行有关运作。

5．提升企业形象

第三方物流企业与顾客，不是竞争对手，而是战略伙伴，他们为企业着想，通过全球化的信息网络使企业的供应链管理得到优化；他们利用完备的设施和训练有素的员工队伍对整条供应链实现完全控制；他们通过遍布全球的运送网络和服务提供者（分包方）大大缩短交货期，帮助企业改进服务和树立品牌形象。第三方物流企业通过"量体裁衣"式的设计，制定出以企业为导向、低成本和高效率的物流方案，使企业在同行业中脱颖而出，为其在竞争中取胜创造有利条件。

当然，与自营物流相比较，第三方物流在为企业提供上述便利的同时，也会给企业带来诸多的不利。主要有：企业不能直接控制物流职能；不能保证供货的准确和及时；不能保证顾客服务的质量和维护与顾客的长期关系；企业将放弃对物流专业技术的开发等。比如企业在使用第三方物流时，第三方物流公司的员工经常与企业的客户发生交往，此时，第三方物流公司会通过在运输工具上喷涂它自己的标志或让公司员工穿着统一服饰等方式来提升第三方物流公司在顾客心目中的整体形象从而取代企业的地位。

第二节　第四方物流

信息技术以及电子商务的飞速发展，带来了物流模式的不断变革，第三方物流被世界物流界普遍认可的同时，一种全新的物流理念——第四方物流（fourth party logistics，FPL或4PL）又在物流界备受瞩目。

一、第四方物流的概念

第四方物流是1998年美国埃森哲咨询公司首先提出并注册的，它将第四方物流定义

为："第四方物流是供应链的整合者以及协调者，调配与管理组织本身与其他互补性服务所有的资源、能力和技术来提供综合的供应链解决方案。"

第四方物流专门为第一方、第二方和第三方提供物流规划、咨询、物流信息系统、供应链管理等活动，一般不实际承担具体的物流活动的运作。换句话说，4PL是一个供应链的集成商，是供需双方及第三方物流的领导力量。它不仅是物流的利益方，而且是通过拥有的信息技术、整合能力以及其他资源来提供一套完整的供应链解决方案，以此获取一定的利润。它帮助企业实现降低成本和有效整合资源，并且依靠优秀的第三方物流供应商、技术供应商、管理咨询以及其他增值服务商，为企业提供独特的和广泛的供应链解决方案。

二、第四方物流的出现

第三方物流作为物流运作的典型模式，对企业自营物流的传统模式提出了挑战。第四方物流是第三方物流发展的高级形式，是一种新的物流运作模式，它与第三方物流不存在着取代与被取代的关系，而是与第三方物流协调、合作，共同发展。

1. 第三方物流的不足

商业企业、制造企业接受物流业务外包的思想，由第三方物流服务供应商来管理、安排企业的物流运作，表面上解决物流运作在企业内部的不经济现象，节约物流成本，提高物流效率。但是物流作为一种社会化要求很高的行业，从整个社会、国家或全球的角度来看，第三方物流运作并没有使社会处于物流运作的最优状态。第三方物流服务供应商更多关注的是企业客户的物流成本和物流效率，而很少关注社会整个企业链条上的物流成本和物流效率，从而形成社会物流发展的一个难以克服的瓶颈，直接影响着多个行业的发展。

随着第三方物流服务理念得到广泛的肯定，世界经济全球化进程的发展，越来越多的企业会选择第三方物流服务供应商协助安排企业的物流活动，而这些企业并不一定来自同一领域。这就意味着第三方物流服务供应商要进入许多陌生的领域，而在第三方物流服务供应商企业中并不一定能够找到具有相应领域知识的人才，从而限制了企业进入新领域的步伐，也限制了第三方物流服务供应商为企业客户提供物流服务的水平。从企业客户的角度考虑，由于他们不能找到一个合适的第三方物流服务供应商来管理企业全部的物流业务，因此他们只能选择多个第三方物流服务供应商来共同完成企业的物流活动。企业需要进行多次决策来选择合适的物流服务供应商，从而无形中增加了企业的经营成本，使物流外包的效率下降。

第三方物流的出现就是要整合分散的物流资源——运输、仓储等，使物流的实际操作更具有合理性和效率性，但是第三方物流却不能有效地对企业所处行业或供应链的物流系统进行规划和决策。

2. 第四方物流的出现

第四方物流的出现弥补了第三方物流的不足，改变着社会物流系统的运作。第四方物流服务供应商具有比较强的领导力,通过提供综合的供应链解决方案来影响整条供应链的物流活动,从一个更为宏观的角度来安排社会物流运作。

三、第四方物流的功能和特点

1．第四方物流的功能

(1)供应链管理功能,即管理从货主、托运人到用户、顾客的供应全过程。

(2)运输一体化功能,即负责管理运输公司、物流公司之间在业务操作上的衔接与协调问题。

(3)供应链再造功能,即根据货主/托运人在供应链战略上的要求,及时改变或调整战略战术,使其经常处于高效率的运作状态。第四方物流的关键是以"行业最佳的物流方案"为客户提供服务与技术。

2．第四方物流的特点

与第三方物流注重实际操作相比,第四方物流更多地关注整条供应链的物流活动,这种差别主要体现在以下三个方面,并形成第四方物流独有的特点。

(1)第四方物流提供一整套完善的供应链解决方案。第四方物流和第三方物流不同,不是简单地为企业客户的物流活动提供管理服务,而是通过对企业客户所处供应链的整个系统或行业物流的整个系统进行详细分析后,提出具有中观指导意义的解决方案。第四方物流服务供应商本身并不能单独地完成这个方案,而是要通过物流公司、技术公司等多类公司的协助才能将方案得以实施。

第三方物流服务供应商能够为企业客户提供相对于企业的全局最优,却不能提供相对于行业或供应链的全局最优,因此第四方物流服务供应商需要先对现有资源和物流运作流程进行整合和再造,从而达到解决方案所预期的目标。第四方物流服务供应商整个管理过程大概涉及四个层次,即再造、变革、实施和执行。

(2)第四方物流通过其对整条供应链产生影响的能力来增加价值。第四方物流服务供应商可以通过物流运作的流程再造,使整个物流系统的流程更合理、效率更高,从而将产生的利益在供应链的各个环节之间进行平衡,使每个环节的企业客户都可以受益。如果第四方物流服务供应商只是提出一个解决方案,但是没有能力来控制这些物流运作环节,那么第四方物流服务供应商所能创造价值的潜力也无法被挖掘出来。因此,第四方物流服务供应商对整条供应链所产生的影响能力大小直接决定了其经营的好坏,也就是说第四方物流除了具有强有力的人才、资金和技术以外,还应该具有与一系列服务供应商建立合作关系的能力。

(3)第四方物流关键在于为顾客提供最佳的增值服务。第四方物流公司以其知识、智力、信息和经验为资本,为物流客户提供一整套的物流系统咨询服务。第四方物流的关键在于为顾客提供最佳的增值服务,即迅速、高效、低成本和个性化服务等。因此,第四方物流公司要从事物流咨询服务就必须具备良好的物流行业背景和相关经验,它并不需要从事具体的物流活动,更不用建设物流基础设施,只是为整条供应链提供整合方案。发展第四方物流需平衡第三方物流的能力、技术及贸易管理能力等，但也能扩大本身营运的自主性。

总之，第四方物流要为客户带来的效益包括利润增长和降低营运成本，即通过整条供应链外包功能来提高运作效率、降低采购成本。

视野拓展

典型第四方物流企业介绍——菜鸟网络科技有限公司

菜鸟网络科技有限公司（以下简称"菜鸟"）成立于2013年，是一家客户价值驱动的全球化产业互联网公司。菜鸟扎根在物流产业，把物流产业的运营、场景、设施和互联网技术深度融合，以科技创新为核心，在社区服务、全球物流、智慧供应链等领域建立新赛道，为消费者和商家提供普惠优质服务，搭建了领先的全球化物流网络。菜鸟经过长期投入为实体经济降本增效，保障民生流通，稳就业促增收，让物流更加绿色可持续发展。

菜鸟在快速消费品、3C、服饰、美妆洗护与健康、家装家电、快递行业数字化、汽车与工业制造、电商直播物流支持等多个行业中拥有丰富的物流运作经验，可提供物流整体解决方案，为众多商家的商业运营提供了有力支撑。

菜鸟的使命：全国24小时，全球72小时必达。菜鸟愿景：极致的消费者物流体验，高效的智慧供应链服务，技术创新驱动的社会化协同平台。

资料改编来源：菜鸟官网。

四、第四方物流的运作模式

第四方物流的运作模式多种多样，但都以提升供应链效率、降低成本和增强竞争力为目标。这些模式不仅体现了第四方物流在供应链管理中的高度整合性和创新性，也为客户提供了更加全面、高效的物流解决方案。

1．协同运作模式

该运作模式下，第四方物流只与第三方物流有内部合作关系，即第四方物流服务供应商不直接与企业客户接触，而是通过第三方物流服务供应商将其提出的供应链解决方案、再造的物流运作流程等实施。这就意味着，第四方物流与第三方物流共同开发市场，在开发的过程中第四方物流向第三方物流提供技术支持、供应链管理决策，以提高市场准入能力以及项目管理能力等，它们之间的合作关系可以采用合同方式绑定或采用战略联盟方式形成。

2．方案集成商模式

该运作模式下，第四方物流作为企业客户与第三方物流的纽带，将企业客户与第三方物流连接起来，这样企业客户就不需要与众多第三方物流服务供应商进行接触，而是直接通过第四方物流服务供应商来实现复杂的物流运作的管理。在这种模式下，第四方物流作为方案集成商除了提出供应链管理的可行性解决方案外，还要对第三方物流资源进行整合和统一规划，为企业客户服务。

3．行业创新者模式

行业创新者模式与方案集成商模式有相似之处：都是作为第三方物流和客户沟通的桥梁，将物流运作的两个端点连接起来。两者的不同之处在于：行业创新者模式的客户是同一行业的多个企业，而方案集成商模式只针对一个企业进行物流管理。行业创新者模式下，第四方物流提供行业整体物流的解决方案，这样可以使第四方物流运作的规模更大限度地得到扩大，使整个行业在物流运作上获得收益。

第四方物流无论采取哪一种模式，都突破了单纯发展第三方物流的局限性，能实现真正意义上的低成本运作，实现最大范围的资源整合。因为第三方物流缺乏跨越整条供应链运作以及真正整合供应链流程所需的战略专业技术，第四方物流则可以不受约束地将每一个领域的最佳物流提供商组合起来，为客户提供最佳物流服务，进而形成最优物流方案或供应链管理方案。第三方物流要么独自提供，要么通过与自己有密切关系的转包商来为客户提供服务，它不太可能提供技术、仓储与运输服务的最佳结合。

五、第三方物流与第四方物流的关系

通过上述对第三方物流和第四方物流的介绍，大家不难发现：第三方物流与第四方物流之间不存在"你死我活"的关系，它们是完全可以"和平共处"的。也就是说，第四方物流对供应链提出的解决方案和对社会物流资源整合的效果直接受第三方物流所产生的实际物流操作效果的影响；同时第三方物流运作效率又受到第四方物流提出的供应链解决方案水平的影响，两者相互制约、相互促进。

既然第三方物流与第四方物流之间存在着如此紧密的关系，是否两者"合二为一"就会产生更大的优势呢？

（1）对物流服务供应商而言，显然，第三方物流与第四方物流联合成为一体以后，将第三方物流与第四方物流的外部协调转化为内部协调，使得两个相对独立的业务环节能够更和谐、更一致地运作，物流运作效率会得到明显的改善，进而增大物流成本降低的幅度，扩大物流服务供应商的获利空间。

（2）对整个社会而言，第三方物流与第四方物流联合成为一体并不是最有效的，但是第三方物流与第四方物流之间采用合同捆绑或战略联盟的形式进行合作，可能带来的社会效益要远远大于第三方物流与第四方物流的联合，并且也更具有实际意义。

（3）如果第四方物流是从第三方物流逐渐发展过渡而来的，那么第三方物流与第四方物流的联合就是自然产生的，虽然形成性质上会有所差异，但是最终对社会产生的影响却是一样的。

第三节　物流外包

随着全球经济一体化进程的加快，信息技术在物流领域的应用和发展，物流市场对一体化多渠道市场需求的增长和物流服务供应商服务能力的扩充和完善，物流外包服务将逐步被社会认识、了解、认可和进一步采用。物流外包作为一个提高物资流通速度、节省物流费用和减少在途资金积压的有效手段，能够给供需双方带来较多的收益。然而尽管供需双方均有信心和诚意，但在实践的过程中，物流外包又举步维艰，常常出现中断，甚至失败。阻碍物流外包发展的因素既有体制的制约、人为的失误，也有观念的陈旧和技术的缺陷，这些因素既存在于物流供应商方面，也存在于物流需求商方面。

一、物流外包的概念

所谓物流外包（logistics outsourcing）是指"企业将其部分或全部物流的业务交由合作企业完成的物流运作模式（GB/T 18354—2021 7.13）"。制造企业或流通企业等为集中资源、节省管理费用，增强核心竞争能力，将其物流业务以合同的方式委托给专业的物流公司运作。物流外包是一种长期的、战略的、相互渗透的、互利互惠的业务委托和合约执行方式。

物流外包是企业业务外包的一种主要形式，也是供应链管理环境下企业物流资源配置的一种新形式，完全不同于传统意义上的外委、外协，其目的是通过合理的资源配置，发展供应链，打造企业的核心竞争力。本书主要分析当前影响企业开展物流外包的潜在风险及如何实施物流外包。

二、企业开展物流外包的原因

企业物流外包所推崇的理念是：如果我们在产业价值链的某一环节上不是世界上最好的，而且这又不是我们的核心竞争优势，这种活动不至于把我们同客户分开，那我们应当把它外包给世界上的专业企业去做。即首先确定企业的核心竞争优势，并把企业内部的技能和资源集中在那些具有核心竞争优势的活动上，然后将剩余的其他企业活动外包给专业的企业。从这样的理念可知，企业物流外包的目的就是以供应链为腹地，跨越企业边界合理配置资源，提高企业核心竞争力。其推动力来自市场竞争和供应链的发展，因为21世纪的竞争不是企业与企业之间的竞争，而是供应链与供应链之间的竞争，这就是企业物流外包的基本推动力。

企业物流外包不单是业务形式的变化，还有更深层的原因。从发展核心竞争力的角度看，企业物流外包是一个相当紧迫的问题。物流外包有利于企业集中精力发展核心业务，分担风险，加速企业重组，实现规模效益。因此，物流外包相对于自营物流具有明显的比较优势。具体来说，将物流业务外包能够带来以下的优势。

1．降低运营成本，提高服务质量

当企业的核心业务迅猛发展时，也需要企业的物流系统跟上核心业务发展的步伐，但这时企业原来的自营物流系统往往因为技术和信息系统的局限而相对滞后。与企业自营物流相比，3PL可以集成小批量送货的要求来获得规模经济效应，在组织企业的物流活动方面更有经验、更专业化，从而降低企业的运营成本，改进服务，提高企业运作的灵活性。

对于委托企业而言，它不可能获得所需要的各方面人才。通过将物流外包给3PL企业，委托企业不但可以引入资金、技术，同时也可以根据自己的需要引入"外脑"。物流方面的专家或是专门人才不一定属于该委托企业，却可以成为企业所使用的部分有效的外部资源。特别是对于那些财力、物力有限的小企业而言，通过将物流外包，更容易获得企业所需要的智力资本。

2．引进资源，专注于核心业务

企业的主要资源，包括资金、技术、人力资本、生产设备、销售网络、配套设施等要素。资源的有限性往往是制约企业发展的主要"瓶颈"，特别是在当今时代，技术和需求的变化十分复杂，一个企业的资源配置不可能局限于本组织的范围之内。即使对于一个实力非常强大、有着多年经验积累的跨国企业集团来说，仅仅依靠自身的力量，也是不经济的。物流外包策略对于企业有限资源的合理利用非常重要，国内外的许多企业正是通过利用物流外包，突破原有的资源"瓶颈"，获得了难以想象的增长速度。

利用物流外包策略，委托企业可以集中资源，建立自己的核心能力，并使其不断提升，从而确保委托企业能够长期获得高额利润，并引导行业朝着有利于企业自身的方向发展。应该认识到，无论企业是处于扩张期还是压缩期，大多数企业用于投资的资金总是有限的，通过第三方物流可以节约资金和资本投入，使公司资本集中在主要的、能产生高效益并取得主要竞争力的业务上。通过第三方物流不仅可以减少物流基础设施的新投资，而且可以腾出自有仓库与车队所占用的资金，把资金用在更有效率的地方。

3．可以提高企业的运作柔性

委托企业选择物流外包策略的重要原因之一是提高运作柔性的需要。实行物流外包的企业业务得到精简，可以更好地控制其经营活动，并在经营活动和物流活动中找到一种平衡，保持两者之间的连续性，从而获得更大的应变空间，即提高企业的运作柔性。

由于大量的非特长业务都由合作伙伴来完成，物流外包企业可以精简机构，中层经理传统上的监督和协调功能被计算机网络所取代，金字塔状的总公司、子公司的组织结构，让位于更加灵活的对信息流有高度应变性的扁平式结构，这种组织结构将随着知识经济的发展而越来越具有生命力。

4．减少管理成本，提高效率

委托企业可以利用物流外包策略缩小企业的规模，精简企业的组织，从而减轻由于规模扩张而造成的组织反应迟钝、创新精神缺乏的问题。规模偏小的企业，管理事务比较简单，更易于企业专注于自己核心能力的培养。企业要想在激烈竞争的环境里成长，就必须尽量控制公司的规模，以确保企业的灵活反应能力，物流外包策略在这方面具有非常重要的意义。

5．降低风险

首先，在迅速变化的市场和技术环境下，通过物流业务外包，委托公司可以与合作公司建立起战略联盟，利用其战略伙伴们的优势资源，缩短产品从开发、设计、生产到销售的时间，减轻由于技术和市场需求的变化造成的产品风险。其次，由于战略联盟的各方都发挥了各自的优势，这有利于提高新产品和服务的质量，提高新产品开拓市场的成功概率。最后，采用物流外包策略的委托公司在与其战略伙伴共同开发新产品时，风险共担，从而降低了由于新产品开发失败给公司造成巨大损失的可能性。

在我国企业逐渐壮大、市场竞争越来越激烈的环境下，物流业务外包的传统理由更加具有现实意义，即公司可以通过将物流外包获得3PL的创新能力和专业技能，以实现自身难以完成的新产品开发和市场开拓等问题。尤其是在中国特色社会主义市场经济环境越来越成熟的情况下，将物流业务外包，减少物流费用支出，提高企业的竞争力已经迫在眉睫。

三、企业开展物流外包的潜在风险

物流外包已为众多企业所采用，发展迅速，但物流外包在实际运作中还存在一些问题。因此，企业在实施物流外包这种物流形式之前，需要对物流外包的潜在风险做详细分析，以制定应对策略，有效地控制风险。企业物流外包的潜在风险主要有以下几个方面。

1．物流服务商不能履约

在双方洽商物流外包合作协议时，物流服务企业为了获得物流业务、迎合购买方的物流需求，往往会夸大物流能力。如果外包企业缺乏有效的外包评价机制，很可能导致物流企业选择不当。一旦物流企业不能履行承诺，一则物流服务水平下降，委托企业形象和市场份额必将很快受损；二则合作双方难以建立和维护信任机制，从而危及双方合作关系。

2．外包控制不足，增大外包依赖风险

在自营物流业务处理过程中，制造企业往往需与客户直接打交道，并进行有效的沟通。如果物流外包，企业将失去与客户直接见面的机会，往往会在客户交往和其他方面过度依赖第三方物流公司，从而可能导致物流渠道失控，影响整个业务的发展。

此外，长期依赖某一个第三方物流企业对企业的资本投资、效率提高具有潜在的好处，但同时又会使第三方物流企业滋生自满情绪而让企业难以控制。

3．企业机密外泄

外购物流后，企业的很多信息势必要让第三方物流企业知晓，同时，企业的很多信息也是第三方物流企业提供的。随着企业信息传递范围的扩大，可能会由于第三方物流企业的"不忠"而导致企业信息资源损失、核心技术及商业机密泄露。

4．转置管理成本上升

转置管理成本是拥有部分物流能力的企业由自营转向外包时将会增加的管理成本。转置管理成本主要包括监察成本、协调成本、集成成本等。

5. 内部员工抵制

企业物流外包往往会影响企业的内部业务流程，需要企业的内部业务流程重组，这个过程很可能对所有员工都产生影响，一旦受到企业内部员工的抵制，就会对企业正常的生产经营产生负面影响。

6. 降低用户满意度

企业过于依赖第三方物流企业，又无法控制或影响他们，使企业不能取得所需的用户需要信息，从而影响企业的产品改进。从长期来看，由于对物流活动的失控可能阻碍核心业务与物流活动之间的联系而降低用户满意度。

7. 企业利益受损

物流活动的长期外包，会使第三方物流企业认为企业缺乏专家技术，因此抬高物流服务的价格或提供较差的物流服务，从而使企业蒙受损失。

综上所述，物流外包虽然具有成本节约等方面的优势，但同时隐藏着潜在的风险。这也是有些企业放弃物流外包而选择物流自营的原因之一。因此，企业需要进行物流决策：物流活动是完全依赖第三方物流企业但会承担一些风险，还是自身培养一些技术专家来防范相关的风险。

四、企业物流外包的实施策略

物流外包的主要业务形式有物流业务部分外包、物流业务完全外包、物流系统接管、战略联盟、物流系统剥离、物流业务管理外包等几种。这是物流外包从低级向高级发展的过程，也是供应链成熟的过程。企业在开展物流外包时，要认真分析自身条件，选择适合自己的物流外包形式，不可一刀切。企业物流外包应首先从企业实际情况出发，进行系统的宣传、培训，制订出切合实际的企业物流外包计划和外包的时间表，先从市场供需较好、较易实现的业务开始，然后在试点基础上由浅入深地展开。其次要选择合适的区域物流平台和物流商承担物流外包业务，要对承担物流外包的物流商进行科学评估，在评估后要进行谈判、签约，以合同方式固定下来，实现基于合同物流的物流外包。所谓合同物流（contract logistics）是指物流经营者通过整合、管控资源，按照合同约定的时间、地点、价格等内容为物流需求方提供的物流服务模式。合同物流具体应做到以下几点。

1. 根据企业物流的内容和特点来选择外包业务

生产物流与内部运作关系密不可分，而供应物流和销售物流则相对独立，因此，在考虑物流业务外包时，可以选择将供应物流和销售物流外包，同时考虑到销售物流运作的是成品，是集中到分散的过程，其运作的好坏对企业经营影响较供应物流来说更大，因此销售物流应先于供应物流外包。

企业可根据自身特点，按顺序选择物流外包业务，首先将供应物流和销售物流中的进出货运输业务外包，然后将分拨中心和配送中心的管理业务外包，最后考虑将供应物流和销售物流总体外包。

2．根据物流对企业成功的影响度和企业对物流的管理能力来选择外包业务

物流对企业成功的重要程度较高，企业处理物流的能力相对较低，则采用外包；物流对企业成功的重要程度较低，同时企业处理物流的能力也低，也应采用外包。

3．根据企业对物流运作水平的要求来选择外包业务

越是竞争激烈的产业，企业越是要强化对供应和分销渠道的控制，对物流运作水平的要求越高。如果企业自身物流运作水平不佳，将极大影响企业的生产经营活动，物流业务外包是其必然选择。目前我国家电企业纷纷采用物流业务外包就是最好的证明。

4．根据企业产品自身的物流特点来选择外包业务

对于大宗工业品原料和产成品的运输和配送，应利用相对固定的专业物流企业和短渠道物流；对于全国和全球市场分销的产品，由于市场竞争激烈，物流运作水平较高，应将物流业务外包给第三方物流企业。对于技术性较强的物流服务如口岸物流服务，企业应采用委托代理的方式。

5．根据物流业务运作的成本来选择外包业务

企业可将其面临的各种物流业务（运输、配送、仓储、流通加工、报关……）的运作成本进行核算并加以比较，若外包后的成本低于自营成本，且运作效率和服务水平能得到保障，则应将此物流业务外包出去。一般来说，干线运输和市内配送是最适宜外包的业务。

6．根据物品的ABC分类管理原则来选择外包业务

随着现代物流和供应链管理的发展，第三方物流管理"AB类原材料"的水平远远高过制造企业。因此，企业应转变思维，将AB类物品的物流业务外包给第三方物流企业，通过JIT等先进物流管理模式降低库存、减少周转资金、节省物流费用达到保证供应、降低成本、提高经济效益的目的。相反，由于"C类物品"品种多、金额小、数量少、物流运作复杂，从盈利角度考虑，一般物流公司都不愿意接受企业外包，因此，企业应考虑自营。

本章小结

本章介绍了第三方物流和第四方物流的相关知识，分为三节内容。第一节主要介绍了第三方物流的概念、第三方物流产生的原因、第三方物流企业的类型和服务内容、第三方物流的主要特征、第三方物流的优势；第二节主要介绍了第四方物流的概念、第四方物流的出现、第四方物流的功能和特点、第四方物流的运作模式、第四方物流与第三方物流的关系；第三节主要介绍了物流外包的概念、企业开展物流外包的原因、企业开展物流外包的潜在风险、企业物流外包的实施策略。

思考与练习

一、单项选择题

1. 第三方物流是哪种业务模式？（　　）
   A．供应方与需求方之间的物流业务
   B．供应方与需求方以外的物流企业提供物流服务的业务模式
   C．第四方物流的一种形式
   D．物流业务的内部管理
2. 第三方物流与传统物流委托相比，（　　）特点更显著？
   A．供应链无动态联盟特征　　B．增值服务少
   C．运营成本高　　D．个性化服务功能强
3. 第三方物流成功的关键在于为顾客提供最佳的（　　）服务？
   A．仓储　　B．运输
   C．增值　　D．专业
4. 第四方物流是以下（　　）的集成商？
   A．物流信息　　B．物流园区
   C．供应链　　D．区块链
5. 当前，企业选择物流外包的主要原因是（　　）。
   A．增加物流成本　　B．扩大物流设施
   C．专注于核心业务　　D．提高物流风险

二、填空题

1. 第四方物流是一个_____，调配与管理组织本身与其他互补性服务所有的资源、能力和技术来提供综合的供应链解决方案。
2. 第三方物流的服务内容一般包括_____、_____、_____等。
3. 第四方物流的功能有_____、_____、_____。
4. 物流外包的外部约束条件主要有_____、_____、_____。
5. 第四方物流的运作模式有_____、_____、_____。

三、简答题

1. 简述第三方物流的类型。
2. 第三方物流的主要特征是什么？
3. 第四方物流的特点是什么？
4. 第四方物流可以提供哪些物流服务？
5. 企业物流外包的实施策略是什么？

四、能力训练题

1. 你接触过第三方物流吗？结合实际，分析一下第三方物流的优势。
2. 查阅关于第四方物流的资料，谈谈第三方物流与第四方物流的关系。

第七章 国际物流

学习目标

通过本章学习，首先要掌握国际物流的概念、国际物流的特点、国际物流和国际贸易的关系，了解国际物流的类型；然后掌握国际物流的业务、国际货运代理的概念及作用，了解国际物流货运代理的业务；最后掌握国际物流运输方式，了解国际物流运输的基本功能。

关键概念

国际物流	报检
国际货运代理	报关

教学引入

海尔的全球观念

从1984年12月到现在，海尔经历了三个发展战略阶段。第一阶段是品牌战略，第二阶段是多元化战略，第三阶段是国际化战略。在第三阶段，其战略创新的核心是从海尔的国际化到国际化的海尔，建立全球供应链网络，支撑这个网络体系的是海尔的现代物流体系。

海尔在进行流程再造时，围绕建立强有力的全球供应链网络体系，采取了一系列重大举措。一是优化供应商网络。将供应商由原有的2336家优化到978家，减少了1358家。二是扩大国际供应商的比重。世界500强企业中已有44家成为海尔的供应商。三是就近发展供应商。海尔与已经进入和准备进入青岛海尔开发区工业园的19家国际供应商建立了供应链关系。四是请大型国际供应商以其高技术和新技术参与海尔产品的前端设计。

海尔认为，21世纪的竞争将不是单个企业之间的竞争，而是供应链与供应链之间的竞争。谁所在的供应链总成本低、对市场响应速度快，谁就能赢得市场。一只手抓住用户的需求，一只手抓住可以满足用户需求的全球供应链，这就是海尔国际物流创造的核心竞争力。

资料改编来源：百度百科。

海尔如何通过国际物流实现"一只手抓住用户需求，另一只手抓住全球供应链"？

第一节　概述

一、国际物流的概念

当前,在全球经济一体化的背景下,各国之间的贸易往来越来越频繁,贸易量也在不断地增长。以我国为例,2023年我国货物贸易进出口总值41.76万亿元人民币,比2021年增长0.2%。其中,出口23.77万亿元,增长0.6%;进口17.99万亿元,同比下降0.3%。出口不仅在高基数上再创新高,增长动能也得到质的提升。国际贸易量的增长使得国际物流越来越重要。

国家标准《物流术语》(GB/T 18354—2021 3.31)对国际物流(international logistics)的定义是:"跨越不同国家(地区)之间的物流。"

国际物流有广义和狭义之分。广义的国际物流研究的范围包括国际贸易物流、非贸易(捐赠、巡展等)物流、国际物流投资、国际物流合作、国际物流交流等领域。狭义的国际物流主要是指当生产消费分别在两个或在两个以上的国家(或地区)独立进行时,为了克服生产和消费之间的空间间隔和时间距离,对货物(商品)进行物流性移动的一项国际商品或交流活动,从而完成国际商品交易的最终目的,即实现卖方交付单证、货物和收取货物。本书所讲述的主要是狭义的国际物流。

国际物流的实质是根据国际分工的原则,依照国际惯例,利用国际化的物流网络、物流设施和物流技术,实现货物在国际的流动与交换,以促进区域经济的发展与世界资源的优化配置。国际物流的总目标是为国际贸易和跨国经营服务,即选择最佳的方式与路径,以最低的费用和最小的风险,保质、保量、适时地将货物从某国的供应方运到另一国的需求方。加快发展国际物流,建设高效顺畅的流通体系,对于降低物流成本,打造具有国际竞争力的数字产业集群至关重要。

> **延伸阅读**
>
> **2023广州国际物流展聚焦智慧物流**
>
> 2023年5月,第14届中国(广州)国际物流装备与技术展览会(简称2023广州国际物流展)在广州广交会展馆D区开幕。本届展会以"数智工厂·智慧物流"为主题,"解码"数智工厂的智慧物流仓储升级方案。展会聚焦产线物流自动化、仓储物流智能化、供应链物流、数智工厂与智能制造等领域,50000平方米的展览面积汇集超过500家智能制造·智慧物流参展商,演绎物流产业最新科技成果。

二、国际物流的类型

根据划分标准的不同，国际物流主要可以划分为以下几种类型。

（1）根据货物在国与国间的流向不同，将国际物流分为进口物流与出口物流。由于各国在物流进出口政策，特别是海关管理制度上的差异，进口物流与出口物流相比，既有交叉的业务环节，也有不同的业务环节，需要区别对待。

（2）根据货物流动所经过的关税区域不同，将国际物流分为不同国家间的物流和不同经济区域间的物流。区域经济的发展是当今世界经济发展的一大特征。比如欧盟国家属于同一关税区，其成员国之间物流运作在方式上和环节上没有很大的差异。

（3）根据跨国运送货物的特征不同，将国际物流分为国际军火物流、国际商品物流、国际邮品物流、捐助或求助物资物流、国际展品物流和国际逆向物流等，其中国际逆向物流是指对国际贸易中回流的商品进行改造和重修的活动，包括循环利用容器和包装材料、退货、调货等，是目前国际物流领域中的热点。

三、国际物流的特点

1．国际物流的复杂性

各国物流环境的差异，尤其是社会环境环境的差异，决定了国际物流的复杂程度。不同国家有不同的物流适用法律，这使国际物流的复杂性远高于一国的国内物流，甚至会阻断国际物流。不同国家拥有不同经济和科技发展水平，会造成国际物流处于不同科技条件的支撑下，有些地区根本无法应用某些技术，而迫使国际物流全系统水平下降；不同国家不同的物流标准，也造成国家间"接轨"的困难，因而使国际物流系统难以建立；不同国家的风俗人文也使国际物流受到很大局限。由于物流环境的差异迫使一个国际物流系统需要在几个不同法律、人文、习俗、语言、科技、设施的环境下运行，这必然会大大增加物流的难度和系统的复杂性。

2．国际物流涉及范围广

物流本身的功能要素、系统与外界的沟通就已经很复杂了，国际物流再在这个复杂系统上增加不同国家的要素，使涉及的内外因素更多，所需的时间更长。它带来的直接后果是难度和复杂性增加，风险增大。当然，也正是因为如此，国际物流一旦融入现代化系统技术之后，其效果才比以前更显著。例如开通某个"大陆桥"之后，国际物流速度会成倍提高、效益显著增加。

3．国际物流信息化程度高

国际化信息系统是国际物流，尤其是国际联运非常重要的支持手段。国际信息系统建立的难度在于：一是管理困难，二是投资巨大，三是国情差异大。当前国际物流信息系统一个较好的建立办法是和各国海关的公共信息系统联机，以及时掌握有关港口、机场和联运线路、站场的实际状况，为供应或销售物流决策提供支持。国际物流是最早发展电子数据交换（EDI）技术的领域，以EDI技术为基础的国际物流将会对物流的国际化产生重大影响。

4．国际物流的标准化程度要求较高

统一标准是使国际间物流畅通起来的关键要素。目前，美国、欧洲基本实现了物流工具、设施的统一标准，如托盘的几种固定规格，集装箱的几种统一规格及条码技术等，这样大大降低了物流费用及转运的难度。在物流信息传递技术方面，欧洲各国不仅实现企业内部的标准化，而且实现了企业之间及欧洲统一市场的标准化，这就使欧洲各国之间的交流比其与亚洲、非洲等国家的交流更简单、更有效。

5．国际物流的运输以远洋运输为主，多种运输方式联合

国际物流的复杂性使得在国际物流运作中通常需要采用多种运输方式的联合。由于海运一直占据着国际贸易中的主要地位，因此国际物流多以海运为主，其他一些运输方式如公路运输、铁路运输、内河运输为辅，开展多式联运。在实际中，运输联合的方式取决于贸易运输线、转运地、被运商品的性质及不同经济性和安全性的运输方式的可用性。

6．国际物流政策性强

政策相对于稳定的法律和制度，带有明显的行政性、临时性及指导性。国际物流很容易受到政府出台政策的影响，具有明显的政府导向性。政策出现短暂但是剧烈的变动，会给国际物流的运营管理带来不利影响。

四、国际物流与国际贸易

国际贸易是指世界各国之间的商品或劳务的交换活动。为了明确交易双方各自承担的义务、责任，当事人在洽商与订立合同时，必须在很多方面明确、达成协议，这其中必须解决的问题有：①卖方在什么地方、以什么方式交货？②买方货款如何支付？③货物发生损失或灭失的风险何时由卖方转移给买方？④由谁负责货物的运输、保险及通关过境的手续？⑤由谁负担上述事项所需的各项费用？⑥买卖双方需要交接哪些有关单据？

这些问题的解决离不开国际物流，同时也是国际物流业务服务的重要内容。国际物流是为国际贸易和跨国经营服务的，即选择最佳的方式和路径，以最低的费用和最小的风险，保质、保量、适时地将货物从某国的供应方运到另一国的需求方。国际贸易与国际物流是相互依存、相互促进和相互制约的关系。

1．国际物流对国际贸易有促进或限制作用

国际物流是国际贸易的必要条件，对国际贸易有促进或限制作用。只有物流工作做好了，才能将国外客户需要的商品适时、适地、按质、按量、低成本地送到，从而提高本国商品在国际上的竞争能力，扩大贸易。

2．国际贸易促进物流国际化

跨国经营与国际贸易的发展，促进了业务和信息在世界范围内的大量流动和广泛交换，物流国际化成为国际贸易和世界经济发展的必然趋势。

3．国际贸易对物流提出了新要求

随着世界经济的飞速发展和政治格局的风云变幻，国际贸易表现出一些新的趋势和特点，对物流在质量、效率、安全和经济方面提出了新的要求。

第二节　国际物流的业务

一、国际物流的业务

(一) 进出口货物报检

1. 报检的概念

报检是指有关当事人根据法律，行政法规的规定，对外贸易合同的约定或证明履约的需要，向出入境检验机构申请办理进出口货物的检验检疫业务的行为。报检单位一般是专门的报检公司或货运代理公司。

2. 报检的基本程序

目前，我国进出口货物的检验程序主要包括报检、抽样、检验和领取证书四个环节，如图7-1所示。

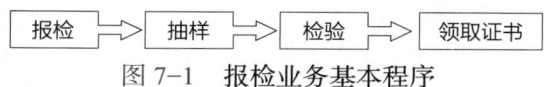

图 7-1　报检业务基本程序

3. 报检的有关单证

报检需要的主要单证有以下几种。

（1）出口报验申请单。

（2）合同、信用证副本及其他要求的相关凭证。

（3）更改申请单。

（4）检验证书。

> **延伸阅读**
>
> **无纸化报检**
>
> 目前我国正在大力推广无纸化报检。无纸化报检是指根据企业信用状况和货物风险分析，企业可通过简化纸质报检随附单证、通过检验检疫电子业务平台（EDI系统）提交报检单及随附单证电子数据等进行报检。实施无纸化报检后，企业报检单证将得以简化，合同、发票、提单、装箱单等贸易单证由企业自行建档保存，报检时提交电子数据，免于提交纸质单证。实施无纸化报检后，检务部门的证书批量归档工作时间也从原来的每天几小时缩短至十几分钟，通关放行速度进一步提高，企业报检手续得到简化，企业的人力、文印、交通等运行成本相应降低，可以说是达到了"检企双赢"的效果。

（二）进出口货物报关

1．报关的概念

报关是指进出境运输工具的负责人、进出境货物的所有人、进出口货物的收发货人或其代理人向海关办理运输工具、货物、物品进出境手续的全过程。根据我国《海关法》规定，凡是进出国境的货物，必须经由设有海关的港口、车站、国际航空站进出，并由货物的所有人向海关申报，经过海关查验放行后，货物方可提取或装运出口。目前，我国的出口企业在办理报关时，可以自行办理报关手续，也可以通过专业的报关经纪行或国际货运代理公司来办理。

2．报关的基本程序

国际物流货物报关业务的基本程序如图7-2所示。

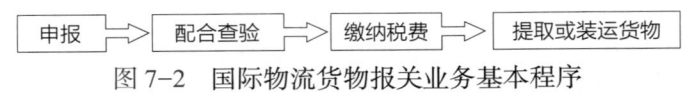

图7-2　国际物流货物报关业务基本程序

3．报关的有关单证

（1）进出口货物报关单。

（2）出口合同副本、发票。

（3）装箱单。

（4）重量单。

（5）商品检验证书。

（6）出口许可证。

（7）其他所需有关证件。

（三）国际货运保险

1．国际货运保险的概念

国际货运保险是通过订立保险合同来实现的，保险单是保险合同存在的证明。保险合同一经订立，订约双方均应按照合同条件，即按照保险单中各项保险条款的规定来履行义务、享受权利。

2．国际货运保险的基本程序

在国际货物保险业务中，投保人在办理投保时，主要涉及险别的选择、保险金额的确定和保险费的计算等工作，基本程序如图7-3所示。

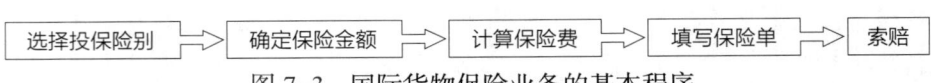

图7-3　国际货物保险业务的基本程序

3．国际货运保险的主要险别

国际货运保险的主要险别有以下几种。

（1）平安险。

（2）附加险。

（3）特别附加险。

（四）国际货物仓储业务

1．国际货物仓储的概念

国际货物仓储是由于国际商品交换的产生和发展而发展起来的，加强仓储管理是缩短商品流通时间、节约流通费用的重要手段。目前国际货物仓储普遍通过先进的物流管理拓展延伸服务业务，如开展集装箱的拆、装作业、流通加工等，发挥着国际物流网络中的节点作用。

2．国际货物仓储的基本程序

国际货物仓储业务运作的基本程序有进口、入库、储存保管和出库，如图7-4所示。

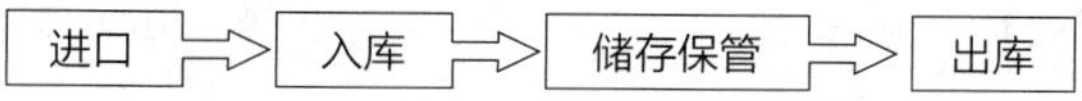

进口 ⇒ 入库 ⇒ 储存保管 ⇒ 出库

图 7-4　国际仓储业务基本程序

3．国际货物仓库

国际货物仓库是开展国际货物仓储业务必不可少的基础。按照仓库管理体制分类，有自用仓库、公用仓库、保税仓库。特别是保税仓库，在国际货物仓储中发挥着重要作用。根据国际上通行的保税制度要求，进境存入保税仓库的货物可暂时免纳进口税款，免领进口许可证或其他进口批件，在海关规定的存储期内复运出境或办理正式进口手续。但对于某些在国家实行加工贸易项下应事先申领配额许可证的商品，在存入保税仓库时，应事先申领进口许可证。

（五）国际货物多式联运

1．国际货物多式联运的概念

国际货物运输通常要经过两种或两种以上的运输方式才能将货物从起运地运到目的地。为了简化货运手续，加强参加承运的各方间的配合，提高运输效率，企业一般采取多式联运的方式来完成国际货物的运输任务。国际货物多式联运是指联运经营者受托运人、收货人或旅客的委托，为委托人实现两种以上运输方式（含两种）或两程以上（含两程）运输的衔接，以及提供相关运输物流辅助服务的活动。

2．国际货物多式联运的基本程序

国际货物多式联运的基本程序见图7-5。

3．国际货物多式联运的特点

（1）责任统一。

（2）中间环节少。

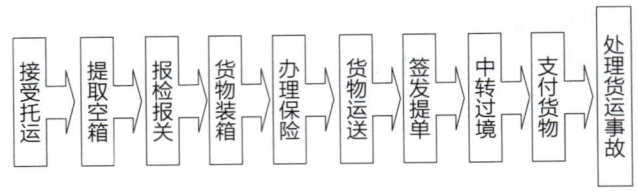

图 7-5　国际货物多式联运运作基本程序

(3) 提高运输组织水平、实现合理运输。
(4) 降低运输成本、节省运杂费用。

二、国际货运代理

（一）国际货运代理的概念

国际货物的相关业务通常由国际货运代理来完成，是从国际商务和国际运输这两个关系密切的行业里共同分离出来而独立存在的一种业务类型。所谓国际货运代理，是指接受进出口货物收发货人的委托，以委托人或自己的名义办理国际货物运输及相关业务，并收取服务报酬的经济组织。

（二）国际货运代理的性质

从基本性质来看，国际货运代理本质就是"货物中间人"，他既代表货方，保护货方的利益，又协调承运人进行承运工作，在发货人和承运人两者之间行事。从另一个角度看，国际货运代理属于社会产业结构中的第三产业者。在社会信息高度发达的趋势下，只要掌握信息，就能为委托人提供服务。现在则有更多的货运代理建立自己的运输组织，签发自己的运输单证，并以承运人的身份承担运输责任，以拓展业务范围。

（三）国际货运代理的地位与作用

国际货运代理人熟悉各种运输方式、运输工具、运输路线、运输手续和各种不同的社会经济制度、法律规定、习惯做法等，精通国际货物运输中各个环节的各种业务，与国内外各有关利益相关者如海关、银行、保险、仓储、包装、各种承运人以及各种代理人等有广泛的联系和密切的关系，并在世界各地建有客户网和自己的分支机构。国际货运代理人具有的这些优势使得他们在国际货物运输中起着其他人也取代不了的作用。

国际货运代理在国际物流中的作用可归纳为以下几点。

(1) 可沟通货主与承运人的关系，对国际物流系统、资源的优化起到促进作用。
(2) 能够为委托人办理国际货物运输中每一个环节的业务或全程各个环节的业务，提供一站式服务。
(3) 能够根据委托人托运货物的具体情况，综合考虑运输中的安全、时耗、运价等各种因素，使用最适合的运输工具和运输方式，选择最佳的运输路线和最优的运输方案。
(4) 能够把小批量的货物集中为成组货物进行运输。

（5）不仅能够组织和协调运输，而且能够创造开发新运输方式、新运输路线以及制定新的费率。

（6）能够掌握货物的全过程运输信息，使用最现代化的通信设备随时向委托人报告货物在运输途中的状况。

（7）能够就运费、包装、单证、结关、领事要求、金融等方面为工农贸企业提供咨询，并对国外市场和在国外市场销售的可能性提出建议。

（8）在供应链管理条件下，可为货主提供全方位供应链管理。

（四）国际货运代理的业务

国际货运代理人具备第三方物流经营人的条件，其作为第三方物流经营人，常见的代理内容有以下几点。

（1）物流咨询、物流信息服务。

（2）代理货主租船订舱。

（3）代理货主报关。

（4）代理转运及理货。

（5）代理储存。包括货物保管、整理、包装以及保险等业务。

（6）代理集装箱业务。包括装箱、拆箱、转运、分拨以及集装箱租赁和维修等业务。

（7）代理多式联运业务。

（8）代理海关通关。

（9）代理承运人揽货。

延伸阅读

货运代理协会

国际货运代理协会联合会（法文缩写FIATA——"菲亚塔"），是一个非营利性的国际货运代理行业组织，于1926年5月31日在奥地利维也纳成立，总部设在瑞士苏黎世。FIATA目的是保障和提高国际货运代理在全球的利益，其成员包括世界各国的国际货运代理行业。

中国国际货运代理协会英文名称为"China International Freight Forwarders Association"，简称"CIFA"，由经国家主管部门批准从事国际货运代理业务，在中华人民共和国境内注册的国际货运代理企业自愿组成，是经国务院批准，在民政部登记的全国性行业协会，属于非营利性的社团法人，受对外贸易经济合作部和民政部的指导和监督。CIFA的宗旨是维护我国国际货运代理行业利益，保护会员企业正当权益；促进我国国际货运代理行业健康发展，更好地为我国对外经济贸易事业服务。

资料改编来源：百度百科。

第三节 国际物流运输方式

国际物流运输即国际货物运输，是指在国家与国家、国家与地区之间的货物运输。国际货物运输分为贸易与非贸易（指展览品、援外品、个人行李、办公用品等）。非贸易物品的运输只是附带业务，所以国际物流运输有时也简称国际贸易运输。

一、国际物流运输基本功能

在国际物流运输作业中，主要完成的工作是将货物由供应地移动至需求地。运输活动使空间上的距离缩短，时间上的差异减少，这样就产生了物品的流动，而这种流动是通过运输达成的。运输活动在时间上的持续，又表现出存储的功能，因此储存货物无形之中也就成为国际物流运输的另一项基本功能。

二、国际物流运输方式

国际物流运输方式逐渐成为连接世界各国的纽带。国际物流基本运输方式包括国际航空货物运输、国际铁路联运、海洋运输和卡车运输。其中，海洋运输和航空货物运输是主要的国际物流运输方式，下面逐一深入解析。

（一）国际物流基本运输方式

1. 国际航空货物运输

国际航空货物运输是指货物的出发地、约定的经停地和目的地之一不在同一国境内的航空运输，简称空运。空运是国际物流中较快捷的运输方式之一。它可以非常快速地把商品从国内送到国外目的地，通常只需要几天时间。对于货值高的商品，通常会选择空运，因为它速度快、可靠性高、货损率低、保证安全。

但是，空运费用很高，需要支付较高的空运费。而且，空运通常只适用于小体积货物，比如文具、服装等，如果是大体积货物或者是量多的货物，海洋运输会划算得多。

2. 国际铁路联运

国际铁路联运是指使用一份统一的国际铁路联运票据，由跨国铁路承运人办理两国或两国以上铁路的全程运输，并承担运输责任的一种连贯运输方式。铁路运输适用于跨越国家和地域较大的货物。铁路运输速度较快，订单点对点的效率较高，铁路线路稳定性较高，而且可以同时运输大量货物，具有一定的节约成本的作用。

但是，铁路运输的缺点是可控性不强，一旦出现意外情况，很难及时解决。此外，货运列车数量和时间周期有限，因此需要提前做好运输计划。

> **视野拓展**
>
> **中欧班列**
>
> 中欧班列（CHINA RAILWAY Express，简称CR Express）是由中国铁路总公司组织，"按照固定车次、线路、班期和全程运行时刻开行，运行于中国与欧洲以及'一带一路'沿线国家间的集装箱等铁路国际联运列车（GB/T 18354—2021 8.5）"。中欧班列是深化国家与沿线国家经贸合作的重要载体和推进"一带一路"建设的重要抓手。
>
> 2023年9月15日，国家发展和改革委员会发布的数据显示，10多年来，中欧班列已累计开行7.7万列，运送货物731万标箱，货值超3400亿美元，通达欧洲25个国家的217个城市，成为国际经贸合作的重要桥梁。
>
> 资料改编来源：百度百科。

3．海洋运输

海洋运输（以下简称"海运"）是国际物流中常用的一种运输方式，适用于大部分商品。海洋运输可以运输大量货物，承载力也很强。它的运输费用比较低，因此，对于商家来说，海运是一种非常经济实惠的运输方式。另外，由于海运调度比较复杂，海运时间也比较长，这样可能影响商家的业务计划，所以海运提前两三个月备货比较好。

在海洋运输中常见的组织形式有班轮运输和租船运输两种。班轮运输（liner transport）是指"在固定的航线上，以既定的港口顺序，按照事先公布的船期表航行的水上运输经营方式（GB/T 18354—2021 8.6）"。租船运输（shipping by chartering）是指"船舶出租人把船舶租给承租人，根据租船合同的规定或承租人的安排来运输货物的运输方式（GB/T 18354—2021 8.7）"。

4．卡车运输

卡车运输是国际物流的另一种重要运输方式，尤其对于邻近国家的跨境运输而言，卡车运输是非常重要的。相比其他运输方式，卡车运输收费比较低，可以将货物直接运输到终端目的地，提高了商品的运输效率。但是，由于道路交通状况多变，可能出现很多问题，如交通堵塞、天气恶劣等，这些问题可能会产生费用、延误订单。

总而言之，不同的运输方式各有优缺点，商家应该选择最适合自己的运输方式。在具体操作中，商家需要考虑两个方面：第一是商家的货物质量、体积、价值、计划要求等因素；第二是商家的运输需求和实际情况。只有把这些问题考虑清楚，才能选择最适合自己的运输方式。

（二）国际多式联运

国际多式联运（international multimodal transportation；international intermodal transportation）是指"按照多式联运合同，以至少两种不同的运输方式，由多式联运经营人将货物从一国境内的接管地点运至另一国境内指定交付地点的货物运输方式（GB/T 18354—2021

8.2)"。国际多式联运适用于水路、公路、铁路和航空多种运输方式。在国际贸易中，由于85%~90%的货物是通过海运完成的，故海运在国际多式联运中占据主导地位。

1．国际多式联运的优点

（1）责任统一，手续简便。

（2）节省费用，降低运输成本。

（3）减少中间环节，时间缩短，运输质量提高。

（4）运输组织水平提高，运输更加合理化。

（5）实现门对门运输。

另外，从政府角度来看，发展国际多式联运具有以下重要意义：利于加强政府对整个货物运输链的监督与管理；保证本国在整个货物运输过程中拥有较大的运费收入比例；有助于引进新的先进运输技术；减少外汇支出；改善本国基础设施的利用状态；通过国家的宏观调控与指导职能，保证使用对环境破坏最小的运输方式来达到保护本国生态环境的目的。

2．进行国际多式联运应具备的条件

（1）多式联运经营人与托运人之间必须签订多式联运合同，以明确承、托双方的权利、义务和豁免关系。多式联运合同是确定多式联运性质的根本依据，也是区别多式联运与一般联运的主要依据。

（2）必须使用全程多式联运单据（multimodal transport documents，M.T.D.，我国现使用的是C.T.B/L）。该单据既是物权凭证，也是有价证券。

（3）必须是全程单一运价。这个运价一次收取，包括运输成本（各段运杂费的总和）、经营管理费和合理利润。

（4）必须由一个多式联运经营人对全程运输负总责。他是与托运人签订多式联运合同的当事人，也是签发多式联运单据或多式联运提单者，多式联运经营人承担自接受货物起至交付货物止的全程运输责任。

（5）必须是两种或两种以上不同运输方式的连贯运输。如为海/海、铁/铁、空/空联运，虽为两程运输，但仍不属于多式联运，这是一般联运与多式联运的一个重要区别。同时，在单一运输方式下的短途汽车接送也不属于多式联运。

（6）必须是跨越国境的国际间的货物运输。这是区别国内运输和国际运输的限制条件。

（三）大陆桥运输

大陆桥运输（land bridge transport）是指"用横贯大陆的铁路或公路作为中间桥梁，将大陆两端的海洋运输连接起来的连贯运输方式（GB/T 18354—2021 8.8）"。简单地说，就是两边是海运，中间是陆运，大陆把海洋连接起来，形成海—陆联运，大陆起到了"桥"的作用，所以称之为"陆桥"，而海—陆联运中的大陆运输部分就称为"大陆桥运输"。

1．大陆桥运输的优势

（1）缩短运输路程。

（2）减少运输时间。

（3）整个大桥在高寒地区处于优越的地理位置并拥有良好的气候条件。因为东部处在良好的地理位置，拥有温和的气候，所以港口无封冻期，可以不间断地全年运行并保持一定的吞吐量。

（4）便捷的操作模式以至于无须再从他国进行海铁联运。

2. 主要的大陆桥运输线路

（1）北美大陆桥。北美大陆桥指从日本东向，利用海路运输到北美西海岸，经由横贯北美大陆的铁路线，陆运到北美东海岸，再经海路运输到欧洲的"海—陆—海"运输结构。北美大陆桥是世界上历史最悠久、影响最大、服务范围最广的陆桥运输线。

北美大陆桥包括美国大陆桥运输和加拿大大陆桥运输。美国大陆桥有两条运输线路：一条是从西部太平洋沿岸至东部大西洋沿岸的铁路和公路运输线；另一条是从西部太平洋沿岸至东南部墨西哥湾沿岸的铁路和公路运输线。

（2）西伯利亚大陆桥。西伯利亚大陆桥（或称亚欧第一大陆桥）全长1.3万公里，东起俄罗斯东方港，西至俄芬（芬兰）、俄白（白俄罗斯）、俄乌（乌克兰）和俄哈（哈萨克斯坦）边界，过境欧洲和中亚等国家。

我国通过西伯利亚铁路可进行陆桥运输的路线有三条：铁—铁路线；铁—海路线；铁—公路线。

（3）新亚欧大陆桥。亚欧第二大陆桥，也称新亚欧大陆桥。该大陆桥东起中国的连云港，西至荷兰的鹿特丹港，全长10900公里。途经中国、哈萨克斯坦、俄罗斯、白俄罗斯、波兰、德国和荷兰7个国家，可辐射到30多个国家和地区。

新亚欧大陆桥国内部分为陇海兰新线，途经山东、江苏、安徽、河南、陕西、甘肃、青海、新疆8个省、区，亚欧大陆桥陇海兰新城市带主要城市有青岛、日照、连云港、徐州、商丘、开封、郑州、洛阳、三门峡、渭南、西安、宝鸡、天水、兰州、乌鲁木齐等65个地、市、州的430多个县、市，到中哈边界的阿拉山口出国境。出国境后可经3条线路抵达荷兰的鹿特丹港。

（4）其他运输形式。北美地区的陆桥运输不仅包括上述大陆桥运输，而且还包括小陆桥运输（mini-bridge）和微桥运输（micro-bridge）等运输组织形式。小陆桥运输从运输组织方式上看与大陆桥运输并无大的区别，只是其运送的货物的目的地为沿海港口。微桥运输与小陆桥运输基本相似，只是其交货地点在内陆地区。

本章小结

本章主要介绍了国际物流的相关知识。第一节主要介绍了国际物流的概念、国际物流的类型、国际物流的特点、国际物流与国际贸易；第二节主要介绍了国际物流的业务、国际货运代理；第三节主要介绍了国际物流运输基本功能、国际物流运输方式。

思考与练习

一、单项选择题

1. 国际物流是（　　）之间的物流。
   A．不同地区　　　　　　　　B．不同国家
   C．国际贸易　　　　　　　　D．贸易与非贸易

2. 国际物流的特点是：复杂性强，风险大，信息化程度高，以远洋运输为主，标准化程度高及（　　）。
   A．路途远　　　　　　　　　B．变化多
   C．成本高　　　　　　　　　D．政策性强

3. 国际运输中可以做到直达的有（　　）。
   A．空运　　　　　　　　　　B．海运
   C．铁路运输　　　　　　　　D．公路运输

4. 商品检验工作由（　　）承担。
   A．海关　　　　　　　　　　B．出入境检验机构
   C．税务局　　　　　　　　　D．公证部门

5. 下列关于国际多式联运的说法中，不正确的是（　　）。
   A．必须订立一份多式联运合同
   B．必须是两种或以上不同运输方式的连贯运输
   C．必须是不同国家或地区的货物运输
   D．必须实行全程不同的运输费率

二、填空题

1. 国际物流的定义是指不同_____之间的物流。

2. 报关是指进出境运输工具的负责人、进出境货物的所有人、进出口货物的收发货人或其代理人向_____办理_____、_____、_____进出境手续的全过程。

3. 多式联运是指联运经营者受托运人、收货人或旅客的委托，为委托人实现两种以上_____（含两种）或两程以上（含两程）运输的衔接，以及提供相关运输物流辅助服务的活动。

4. 所谓国际货运代理，是指接受_____的委托，以委托人或自己的名义办理_____，并收取服务报酬的经济组织。

5. 报检是指有关当事人根据_____的规定，对外贸易合同的约定或证明履约的需要，向_____申请办理进出口货物的检验检疫业务的行为。

三、简答题

1. 国际物流的运输方式有哪些？
2. 进行国际多式联运应具备的条件有哪些？
3. 海关允许存放于保税仓库的货物有哪些？

4．国际多式联运的优点是什么？

5．国际货运代理有什么地位与作用？

四、能力训练题

1．你熟悉国际货运代理吗？查阅某国际货运代理企业案例，分析其与第四方物流企业的区别与联系。

2．查阅资料分析我国国际物流运输方式主要有哪些，它们有哪些优缺点。

第八章 供应链管理

学习目标

了解供应链产生的背景、供应链管理与物流管理的关系；理解供应链的概念、供应链的特征、供应链管理的概念、供应链管理的目标；掌握供应链的结构、供应链的类型、供应链管理的内容、供应链管理的运营机制和供应链管理的核心理念。

关键概念

| 供应链 | 供应链管理 |

教学引入

菜鸟为合作伙伴提供多方位的供应链服务

菜鸟网络科技有限公司（下称"菜鸟"）成立于2013年5月，是一家客户价值驱动的全球化产业互联网公司。菜鸟通过产业互联网实践，聚焦产业化、全球化和数智化，在数字供应链方面成为众多海内外商家的选择。

菜鸟为国货出海保驾护航，提供出口货运全链路服务。毕业于浙江大学微生物学的硕士颜邦干2009年专注户外花园家具设计与销售，从B2B到工厂OEM贴牌再到做自己的品牌，颜邦干不断探索品牌出海之路。2018年，颜邦干设计并生产的一款户外家具，在亚马逊上成为爆款，2021年成立杭歌国际贸易有限公司，由于出口涉及国内拖车、海运、港到仓和海外仓等，品牌出海物流链条非常长，如何把货物从中国工厂送到欧美消费者手中，对卖家来说是很有挑战的。在颜邦干看来，从中国工厂到海外消费者的所有物流环节都可以交给菜鸟，帮商家节省下来的时间和精力可以投入产品的研发和设计，去更好地打磨中国产品和品牌。

菜鸟送装一体服务。广东湛江人康华章2008年从大学毕业后进入电商行业，2015年开始，他和大学同学在佛山创业做家具电商。2020年，在天猫家装的介绍下，佛山千恋家具开始选择和菜鸟合作。康华章说："以前我们用专线物流发货，时效是7～10天，菜鸟提升了3天的时效。现在把物流全部交给菜鸟去做，我们自己专心卖货就可以了。"近两年，千恋家具销售额增长在20%左右，其中就有菜鸟供应链的助力。目前，菜鸟在佛山家具产业带合作商家渗透率超过一半，合作客户超过400家。

菜鸟科技出海。2021年4月，泰国闪电达选择与菜鸟物流科技匠队合作，建成了亚洲最大的自动化仓储系统。作为泰国当地单量最大的快递公司，闪电达在本土拥有超过2000个网点，每天派送的单量超过200万，主要业务覆盖了东南亚大多数国家。闪电达联合创始人兼首席运营官狄玮杰说，菜鸟在仓库规划和设计中，应用了柔性自动化技术，让仓库的产能可以根据实际单量进行调整，以应对未来业务发展和扩张的需要。目前该仓库的日均能保持6000单的产出，大促时，日处理能力可以快速提升到20000单。

资料改编来源：新浪博主物流指闻微博。

1. 菜鸟为合作伙伴提供了哪些供应链服务？
2. 菜鸟在供应链管理方面的优势是什么？

第一节　供应链的基本理论

一、供应链产生的背景

20世纪60年代以前，大多数企业通过确定经济生产批量、安全库存、订货点来保证生产的稳定性，但对于相关需求的物料来说，采用上述管理方法并未取得期望的效果。20世纪60年代中期，企业采用了物料需求计划，较好地解决了具有相关需求的物料和零部件的管理问题。20世纪70年代，新加坡、韩国、中国的台湾、中国的香港经济发展迅速，在制造业中不断加大投资力度，使制造技术不断翻新，新思想层出不穷，在此背景下物料需求计划、制造资源计划、准时生产制及精细生产等新的生产方式被企业采用，在当时对提高企业竞争力做出了不可低估的贡献。随着经济的发展和科学技术的进步，20世纪90年代以来，企业竞争环境发生了改变，顾客的消费水平不断提高，企业之间的竞争不断加剧，政治、经济、社会环境也不断发生变化，市场需求的不确定性大大增加，企业面对的是一个变化迅速且无法预测的买方市场，面临着缩短交货期、提高产品质量、降低成本和改善服务的压力。不但消费需求出现了前所未有的变化，经济活动也出现了前所未有的全球一体化特征。在这种背景下，企业原有的管理思想和管理模式无法满足新的竞争环境的要求。

（一）传统的生产管理模式的缺点

1. 在传统的生产方式中，企业对个性化的客户需求反应迟缓

例如，某商品需求突然增大，出现脱销的情况，补货订单到达零售商的配送中心后，

配送中心是在此商品量降到最低库存水平才向制造商发出订单，而制造商在其原材料配送中心的库存降到订货点时采购原材料，生产部门开始计划新的生产。由此一来，整个生产和供应系统无法抓住此次销售机会。

2．在传统的生产方式中，管理者对所有产品品类没有实行差异化管理

库存管理者对需求变化的与需求稳定的品类保持同样的库存水平，对销量大的和销量小的品类采取同样的库存管理方法。这样一来，不利于库存周转，也不能降低仓储成本。

3．在传统生产方式中，企业采取"纵向一体化"管理模式

20世纪80年代以前，企业出于对制造资源的占有和对生产过程直接控制的需要，采取纵向一体化管理模式，企业自身投资建厂或参股供应商企业，一个产品所需要的各种零部件基本上都是在自己企业内由各个工厂加工出来的，企业直接控制着各个零部件的生产过程。例如，在当时，许多制造商拥有从铸造、毛坯准备、零件加工、部件装配、总装、包装到运输等一整套设备设施及组织机构，企业的加工体系庞大，但企业的产品开发能力和市场营销能力都非常弱。

"纵向一体化"管理模式是"大而全、小而全"的管理模式。采用这种模式的企业把产品设计、计划、财务、会计、生产、人事、管理信息、设备维修、物流配送等工作看成本企业必不可少的业务，许多管理人员花费过多的时间、精力和资源去从事辅助性的管理工作，由于精力分散，管理者无法做好关键性业务活动的管理工作，结果，不但辅助性的管理工作没有抓起来，关键性业务也无法发挥出核心作用，使企业失去了竞争特色，增加了产品成本。采用"纵向一体化"管理模式的企业在产品开发、加工、市场营销这三个基本环节呈现出中间大、两头小的"腰鼓形"，这类企业适合于以卖方市场为主导的市场环境，而在买方主导的市场竞争环境下，这类企业无法快速响应客户需求。

（二）横向一体化管理思想的产生

20世纪70年代以前成本是企业的竞争优势，20世纪80年代质量是企业的竞争优势，20世纪90年代时间是企业的竞争优势，21世纪初敏捷制造成为企业的竞争优势。新的竞争环境体现了企业竞争优势要素的改变，导致企业管理模式也要随之转变。在当前环境下，企业的竞争优势表现在敏捷制造上，即如何快速响应市场要求，满足不断变化的多样性需求。传统的"纵向一体化"管理模式很难快速组织生产资源，把产品快速送到用户手中。20世纪80年代后期，一些企业率先摆脱"纵向一体化"的管理模式，将资源延伸到企业以外的地方，借助其他企业的资源达到快速响应市场的目的，于是出现了"横向一体化"的管理模式。全球制造链及由此产生的供应链管理是"横向一体化"管理模式的典型代表。

在新的市场竞争环境下，随着"横向一体化"管理模式的提出，越来越多的企业认识到，任何一个企业都不可能在所有业务上获得竞争优势，只有把精力集中到核心业务上，与其他企业优势互补才能共同增强竞争实力。例如，中国海尔集团在全球范围内与供应商和销售商建立最佳合作伙伴关系，形成一种长期的战略联盟，在供应链实践中取得了不小成就。

（三）供应链管理思想的产生

20世纪90年代以来，功能更强的通信技术开始走向商业化，随着经济快速发展以及信息技术和自动化技术的应用，企业的生产效率大幅提升，为了提升快速满足客户个性化需求的潜力，企业采取"横向一体化"的管理模式。"横向一体化"形成了一条从供应商到制造商、分销商、零售商的"链条"，链条上相邻节点企业之间表现出了需求与供应的关系，形成了一条供应链。在新的竞争环境下，企业选择采取零库存、快速响应（quick response，QR）、连续补货（continuous replenishment，CR）和自动补货（automatic replenishment，AR）策略，这为供应链管理战略提供了基础。全球经济一体化潮流成为供应链管理产生的动力因素。世界贸易组织推行的贸易自由化形成了生产要素的自由流动，使资源不断优化配置，大型企业进行企业战略联盟，从供应链的角度对企业的原材料和零部件的供应、产成品的储存和销售进行总体规划，并进行业务流程重组，加快物料的流动，减少库存，使信息在供应链上各节点之间快速传递，及时了解并有效地满足顾客需求，从而大大减少产品成本，提高了企业效益。

进入21世纪，物联网、大数据、云计算、5G等信息技术发展迅速，在今天的消费市场中，顾客需求更加多样化和个性化，企业要想在市场中立足与发展，就需要对不断变化的消费需求做出及时快速的反应。经济全球化、合作伙伴关系、信息技术进步以及管理思想的创新，使得企业的竞争模式发生变化，从企业与企业之间的竞争转向供应链和供应链之间的竞争，因此，企业必须转变管理模式才能赢得竞争优势。

二、供应链的概念

"供应链"一词是由"supply chain"翻译而来，许多学者从不同的角度给出了不同的定义。

（一）传统的供应链概念

传统的供应链是指把从企业外部采购的原材料和零部件，通过生产转换和销售等活动，传递到零售商和用户的一个过程。传统的供应链局限于企业自身资源的利用，忽略了与外部供应链成员企业的联系，往往造成企业间的目标相互冲突。

（二）现代的供应链概念

当前，供应链的概念更加注重围绕核心企业的网链关系，如核心企业与供应商、供应商的供应商乃至一切前向的关系，核心企业与用户、用户的用户及一切后向的关系。有学者将供应链定义为："供应链是执行采购原材料，将它们转换为中间产品和成品，并将成品销售给用户的功能网链。"

国务院办公厅发布的《关于积极推进供应链创新与应用的指导意见》（国办发〔2017〕84号）中对供应链的定义是："供应链是以客户需求为导向，以提高质量和效率为目标，以整合资源为手段，实现产品设计、采购、生产、销售、服务等全过程高效协同的组织形态。"这个定义将供应链的形成看成一种自觉的行为，通过有组织的活动，把各类资源有效地整合在一起，通过相互之间的协同运作，实现最终目标。

马士华在《供应链管理（第6版）》一书中对供应链的定义是："供应链是围绕核心企业，通过对信息流、物流、资金流的控制，从采购原材料开始，制成中间产品（零部件）以及最终产品，最后通过销售网络把产品送到消费者手中的，将供应商、制造商、分销商、零售商直到最终用户连成一个整体的功能网链结构。"它是一个扩展了的企业结构模式，包含所有加盟的节点企业，从原材料供应开始，经过链中不同企业的制造加工、组装、分销等过程直到最终用户。它不仅是一条连接供应商到用户的物流链、信息链、资金链，而且是一条增值链，物料在供应链上因加工、包装、运输等过程而增加了其价值，并给相关企业带来了收益。

（三）国家标准中供应链的概念

国家标准《物流术语》（GB/T 18354—2021 3.8）对供应链（supply chain）的定义是："生产及流通过程中，围绕核心企业的核心产品或服务，由所涉及的原材料供应商、制造商、分销商、零售商直到最终用户等形成的网链结构。"

一条完整的供应链始于原材料的供应商止于最终用户，是由原材料供应商、制造商、仓库、分销商、零售商和最终用户构成。供应链强调企业间的战略合作关系，核心企业从事自己最擅长的核心业务，其他不擅长的业务外包给战略合作伙伴，供应链上各节点企业之间要信息共享，围绕核心企业，通过对物流、信息流、资金流的控制，将供应商、制造商、分销商、零售商、最终用户连成一个价值增值的网链状结构。供应链管理则是把供应链上的各个节点企业作为一个不可分割的整体，使链条上的各个节点企业分担的采购、生产、分销和销售的职能协调起来，并且近年来还将废弃物回收、退货等逆向物流包含进供应链当中。

三、供应链的结构

21世纪的竞争不单是企业和企业之间的竞争，而是供应链与供应链之间的竞争。

（一）供应链的层级

根据供应链上各节点企业之间供需关系的复杂性，供应链可分为：简单的供应链、扩展的供应链和完整的供应链。

1. 简单的供应链

简单的供应链一般由一个制造商、一个供应商和一个客户组成，供应链中涉及从上游到下游的物流、商流、资金流和信息流。

2. 扩展的供应链

扩展的供应链：在简单供应链的基础上在上游增加了供应商的供应商，下游增加了客户的客户。整个链条一般由供应商的供应商、供应商、制造商、分销商、零售商、客户、客户的客户组成，供应链中涉及从上游到下游的物流、商流、资金流和信息流。

3．完整的供应链

完整的供应链在扩展供应链的基础上增加了第三方物流企业、第三方资金提供商和市场调查公司等，完整供应链的功能更强大。在循环经济背景下，我们强调资源的高效利用和废弃物的回收再利用，因此完整供应链中的四流可视为双向流动。图8-1给出了完整供应链的描述。

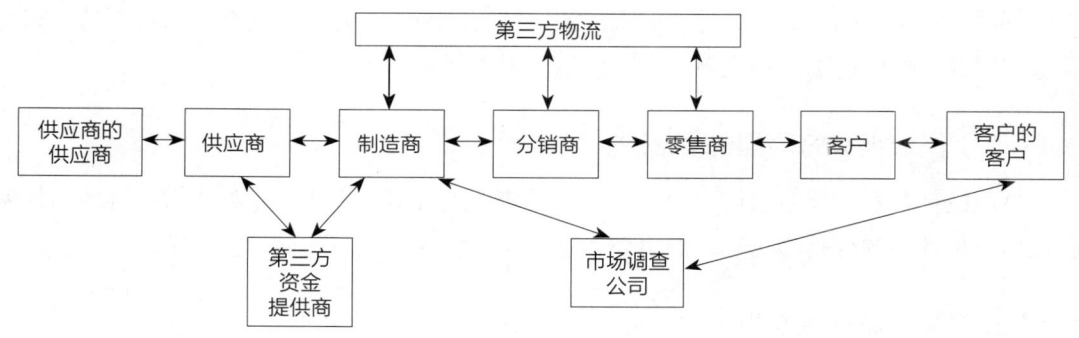

图 8-1　完整的供应链

（二）供应链的结构模型

现代供应链将企业管理的视角扩展到供应链上下游的各个节点企业。在一个供应链系统中，一般生产企业处于核心地位，核心企业起着对供应链上的信息流、物流和资金流进行调度和协调的作用。供应链的结构模型见图8-2。

从图8-2可以看出，供应链是一个网链结构，由围绕核心企业的供应商、批发商等组成。一个企业是供应链上的一个节点，节点企业之间是一种供需关系。供应链是一条高度一体化的网链，供应链上的节点企业是从全局和整体的角度考虑产品的竞争力，以信息流、物流、资金流为媒介实现整个供应链的增值功能。

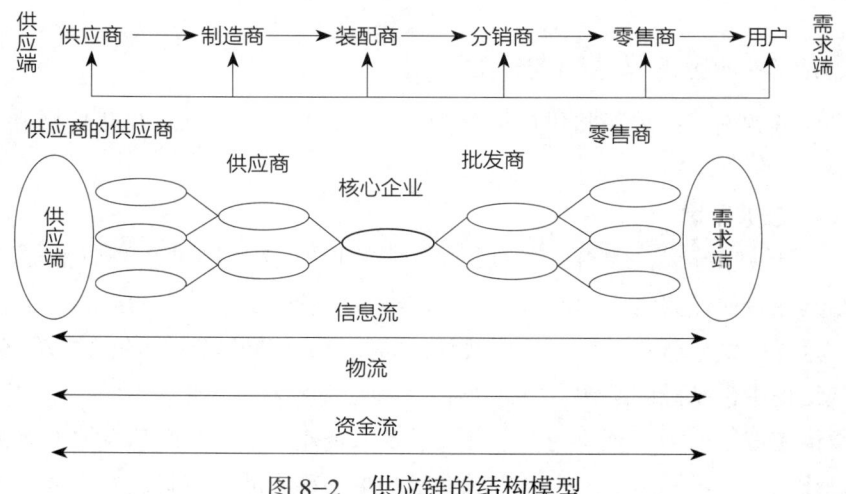

图 8-2　供应链的结构模型

四、供应链的特征

供应链是一个网链结构,是一个顾客需求拉动的链条,是围绕核心企业构成的一个上下游高度一体化的增值链条。供应链具有以下主要特征。

(一)供应链的结构复杂性

供应链是由各个节点企业组成的,由于各节点企业的层次或跨度不同,各节点企业有生产型的、加工型的、服务型的,有上游的、核心层的、下游的,甚至是来自不同国家的企业,因此,供应链的结构比单个企业的结构更为复杂。

(二)供应链具有明显的动态性

供应链需要对市场需求做出快速反应,供应链上各节点企业甚至整个供应链结构都需要根据市场环境的变化做出动态的更新,这就使得供应链具有明显的动态性。

(三)供应链具有交叉性

供应链是一个网链结构,一条供应链上的节点企业有可能也是另一条供应链上的节点企业,众多供应链会形成交叉结构,因此,多条供应链协调管理的难度比单条供应链协调管理的难度大。

(四)供应链是面向用户的供应链

供应链的形成、存在、重构都是基于最终用户需求,并且在供应链的运作过程中,用户的需求是供应链拉动信息流、物流、资金流运作的驱动源。

五、供应链的类型

从不同的角度划分,供应链可以分为不同的类型。

(一)按照供应链的网状结构分类

根据供应链的网状结构可将供应链分为"V"型供应链、"A"型供应链和"T"型供应链。

1. "V"型供应链

在"V"型供应链中,物料以大批量的方式存在,必须经过企业加工转换为中间产品,提供给其他企业作为它们的原材料,在这类供应链中,生产中间产品的企业的客户比供应商多,这样的供应链自上而下呈发散状,因此称为"V"型供应链。"V"型供应链是供应链网状结构中最基础的结构,"V"型供应链表现为发散网状。

在这类供应链结构中,企业的上下游关系是由企业所生产的产品在加工流程中的位置所决定的。在这些发散网络上,企业生产大量的多品种产品,使其业务非常复杂,为了保证满足客户的多样化需求，需要设置安全库存作为缓冲，这种缓冲是用来确保中间生产企业能够满足不确定需求和确保生产企业有能力生产而设定的，因此会占用大量的资金，由订单和物料驱动的控制系统不适合这样的企业。

"V"型供应链常常出现在本地业务的拓展中。对这类型供应链结构的成功计划和调度主要依赖于对关键性内部能力或瓶颈的合理安排，它需要供应链成员制订统一、详细的计划。

2．"A"型供应链

与"V"型供应链相比，"A"型供应链突出的特点是供应链上的核心企业拥有大量的供应商，而面向的最终客户数量较少，整个链条自上而下呈现出不断收缩的聚集状态。供应链上的生产企业在制造、组装和总装时，为了满足相对少数的客户需求和客户订单，生产企业需要从大量的供应商手中采购大量的物料，形成原材料的汇聚，供应链呈"A"字形状。这类供应链要求生产企业寻求更先进的计划系统来解决物料同步问题，要求企业根据由需求量预测决定的通用件库存，在接受订单时要考虑供应提前期并且能保证生产按期完成。这种结构供应链有效运转的关键之处在于供需信息的共享，生产企业必须精确地计划和分配满足订单生产所需的物料，注重考虑工厂真实可用的资源和能力，并考虑所有未分配的零部件、半成品、原材料和库中短缺的关键性物料以及供应的时间。

3．"T"型供应链

"T"型供应链介于"A"型和"V"型之间，这种供应链在接近最终用户的行业中普遍存在，如医药保健品、食品等行业。这种"T"型供应链中的生产企业根据现存的订单确定通用件，并通过对通用件的制造标准化来降低生产的复杂程度，并及时掌握市场需求信息，快速做出反应，合理安排生产和供应。"T"型供应链是供应链管理中最复杂的，供应链上的企业往往投入大量的资金用于研究供应链的解决方案，需尽可能限制提前期来稳定生产而无须保有大量库存。

（二）按照产品类别进行分类

根据产品的生命周期、需求稳定程度及可预测程度等可将产品分为功能型产品和创新型产品。

1．功能型供应链

功能型供应链上的产品是功能型产品，功能型产品一般用于满足用户的基本需求，需求比较稳定且可以预测，产品寿命周期较长，但它们的边际利润较低，如日用百货等。

对于功能型产品，市场需求比较稳定，比较容易实现供求平衡。对供应链上的各节点企业来说，最重要的是如何利用供应链上的信息协调各节点企业之间的活动，以最低的成本将原材料转化成产品并快速送到消费者手中。

2．创新型供应链

创新型供应链上的产品是创新型产品。创新型产品一般用于满足用户的个性化需求，需求具有不确定性且不可预测，产品更新换代快，产品寿命周期短，单件产品的边际利润较高，如时装等。

对创新型产品而言，其面临的市场具有不确定性。针对客户的个性化需求，创新型供应链上各节点企业要充分利用供应链中上下游节点之间的信息，结合市场信息做出快速反应。在这种供应链上，管理者应将其注意力集中在市场调查及其费用上，并充分了解客户需求。只有响应速度快、柔性程度高的供应链才能适应多变的市场需求。

（三）按照分布范围进行分类

根据分布范围可将供应链分为公司内部供应链、集团供应链、扩展的供应链和全球网络供应链。

1．公司内部供应链

在生产企业里，采购部门是原材料或零部件的来源部门，制造部门通过生产直接增加产品价值，配送部门负责管理客户订单和配送，工程设计部门负责一般产品的设计和个性化产品的设计，这些部门被视作供应链中业务流程中的内部顾客和供应商。公司内部供应链管理主要是控制和协调物流中各部门之间的业务流程和活动。

2．集团供应链

一个集团由于在不同的地点进行生产，其业务活动会涉及许多企业或部门，成为一种形式上的集团供应链。在这种类型的供应链中每个公司都有自己的位置，从上游到下游形成供需链条，大量的信息需要快速地传递，供应链上的业务流程也必须集成。在这种供应链上，企业要想更有效地运作和保持竞争力，就必须有效地管理集团内各分公司及其供应商和客户，并增强链条上企业与供应商和客户之间的沟通能力。

3．扩展的供应链

扩展的供应链中包含着几层供应商节点，这些供应商在供应链中从事着增值活动，同样地，分销商网络能够把产品带到更远的消费者手中。随着供应链的延伸，供应商和最终用户之间的距离在拉大，产品和制造的个性化以及供应商与客户关系却更加紧密。扩展的供应链是在个性化生产、提前期的缩短和业务量的增加等因素的影响下，迫使公司实现物流同步，成为一个连接着供应商和分销商的复杂供应链。有时人们把集团供应链和扩展供应链又称作产业供应链。

4．全球网络供应链

互联网的应用以及电子商务的出现，彻底改变了商业方式，也改变了现有供应链结构，企业的形态和边界产生根本性的改变，供应商和客户之间的信息交流是一种交互式的协同工作。全球网络供应链的成员遍布全球，生产资料的获得、产品生产的组织、货物的流动和销售、信息的获取都是在全球范围内进行和实现。

全球网络供应链要求以全球化的视野整合全球的资源，在全面、迅速地了解世界各地消费者需求的同时，对其进行计划、协调、操作、控制和优化，依靠现代网络信息技术支撑，实现供应链的一体化和快速反应，以满足全球消费者需求。

（四）根据驱动力进行分类

根据驱动力可将供应链分为推动式供应链和拉动式供应链。

（1）推动式供应链的运作是根据预测安排生产或安排进货，形成自己的库存，有计划地将商品推销给客户。推动式供应链是一种传统的供应链模式。

（2）拉动式供应链的运作是基于客户的实际需求安排生产或安排进货，面向订单组装、制造和采购。目前更多的供应链属于拉动式供应链。如戴尔公司所在的供应链。

（五）根据供应链容量与用户需求的关系进行分类

根据供应链容量与用户需求的关系，可将供应链分为平衡的供应链和倾斜的供应链。

（1）当供应链的容量恰好能满足用户需求时，供应链处于平衡状态，即供需平衡，这时的供应链为平衡的供应链，企业是在最优状态下运作。平衡的供应链可以实现低成本、满足市场需求的目标，供应链整体效益达到最佳。

（2）当市场变化加剧，造成供应链库存和成本增加时，供需失衡，企业不是在最优状态下运作，此时的供应链处于倾斜状态。供应链会出现一系列的问题，如库存积压严重，供应链负担加重，供应链整体效益不佳等。

（六）根据供应链存在的稳定性进行分类

根据供应链存在的稳定性，可将供应链分为稳定的供应链和动态的供应链。

（1）基于相对稳定、单一的市场需求而组成的供应链稳定性较强，即稳定的供应链。对于一些常规需求的产品所在的供应链，如普通服装、日常食品等，往往是稳定的供应链。

（2）基于变化相对频繁、需求较复杂的产品所在的供应链动态性较高，供应链各环节的节点企业变化频率高，相应的供应链为动态的供应链。如时髦装饰品、新潮家电所在的供应链。

（七）根据供应链的功能模式进行分类

根据供应链的功能模式，可以把供应链分为有效性供应链和反应性供应链。

（1）有效性供应链主要实现供应链的物理功能，即以最低的成本将原材料转化为零部件、半成品及产成品，其首要的关注点为成本的降低。

（2）反应性供应链主要实现供应链的市场调节功能，即把产品送到满足用户需求的市场，对未来的需求做出准确的预测并快速地响应，其首要的关注点为反应速度的提升。

第二节　供应链管理

一、供应链管理的概念

国家标准《物流术语》（GB/T 18354—2021 3.9）对供应链管理（supply chain management）的定义是："从供应链整体目标出发，对供应链中采购、生产、销售各环节的商流、物流、信息流及资金流进行统一计划、组织、协调、控制的活动和过程。"

马士华在《供应链管理（第6版）》一书中对供应链管理的定义是：供应链管理就是使以核心企业为中心的供应链运作达到最优化，以最低的成本，令供应链从采购开始到满足最终顾客的所有过程，包括工作流、实物流、资金流和信息流等均高效率地运作，把合适的产品以合理的价格及时准确地送到消费者手上。

通过对上述观点的分析，本书给出的供应链管理的概念如下：以同步化、集成化生产计划为指导，以互联网为依托，以各种信息技术为支持，在满足客户需要的同时，通过对整个供应链系统进行计划、组织、协调、控制和优化，最大限度地减少供应链总成本，实现供应链整体效率最优化而进行的，从源头供应商到最终用户的一种集成管理。

供应链管理强调对市场需求做出快速反应，包括战略性供应商和用户合作伙伴关系管理、基于供应链的市场营销整合、供应链产品需求预测和计划以及供应链的设计等。

二、供应链管理的内容

因为供应链管理与物流管理之间紧密的联系，早期供应链管理的内容侧重于物流方面，主要是管理库存和运输。现在的供应链管理的内容涉及供应链上的所有节点企业，从最开始的供应商到最终端的客户，管理的领域涉及了供应、生产、销售和物流四大领域。

具体来说，供应链管理的内容又可以细分为很多部分，如图8-3所示。

图8-3　供应链管理的内容

三、供应链管理的目标

概括地说，供应链管理的目标在于提高用户服务水平和降低总的成本，用户服务水平的提高往往伴随着成本的提升，供应链管理的目标在于寻求这两个目标的平衡点。

换句话说，供应链管理的目标是在不会对环境带来危害的前提下，力求以最低的成本快速地为用户提供最好的服务。具体来说，分为以下几点。

（1）降低供应链的总成本，提高供应链整体的运作效率，增加供应链整体的竞争力。

（2）伴随市场的扩大，提供完整的产品组合服务。

（3）针对市场需求的差异化特征，最大限度地满足客户的多样化需求。

（4）在满足客户的多样化需求的同时，应追求时间上的优势，即能够对客户的多样化需求实现快速反应。

（5）注重绿色采购、绿色生产、绿色销售与绿色物流，实现供应链整体与自然环境的和谐。

四、供应链管理的运营机制

运营机制即运行的原理和方法，供应链作为竞争的主体，要想达到供应链管理的目标，就需要有一套自己的运营原理和方法，即供应链管理的运营机制，具体包括以下几个方面。

1．决策机制

从前面的学习得知，供应链是一个网链结构，涉及多个节点企业，其决策信息的来源不再局限于一个企业，而是来源于多个企业，来源于开放的环境。因此，企业的决策模式发生了很大的变化，不再是集中式决策或独立式决策，而是分布式的群体决策模式，而且往往是在核心企业主导下的企业群体式决策。

2．合作机制

相对于传统企业间的敌对机制，供应链讲求的是节点企业间的友好合作，注重自身核心竞争力的塑造，而把非核心业务外包给合作伙伴是供应链管理中用到的基本策略，因此供应链中各节点企业是强强联合的企业，为了获得联合的最佳效果，企业间的合作显得尤为关键，在合作中快速地满足用户多样化的需求。

3．协调机制

供应链管理涉及所有的节点企业，不同企业之间的运行难免会出现冲突，即企业间关系的失调，这将影响供应链的整体利益的实现。因此，协调企业间的关系至关重要。

供应链管理的协调机制主要包括信息协调和非信息协调。信息协调主要通过上游企业到下游企业的供应信息及下游企业到上游企业的需求信息的协调来保证供应链的顺畅运转。非信息协调主要指对供应链运作的实物进行协调，即对原材料、中间产品及产成品的协调。

4．激励机制

随着经济的发展，企业与企业之间的竞争逐渐变为供应链与供应链之间的竞争，供应链的整体绩效的好坏直接决定了供应链上每个企业的竞争力的高低，采取合适的激励方式对提高供应链的整体绩效有着积极的作用。比如供应商对制造商采取价格折扣的激励方式，制造商对零售商采取销售奖金的激励方式及制造商对供应商采取的淘汰机制都对供应链的运转有着促进的作用。因此激励机制也是供应链管理的主要运行方法。

5．自律机制

自律机制要求供应链中的各成员企业向所属行业的标杆企业即领头企业看齐，供应链向行业中有着良好绩效的优秀供应链看齐，持续不断地对自身做出评价，以使每个企业和整条供应链不断提高自身的竞争力。

企业通过自律机制，可以更好地认识到自身在同行中所处的位置，更好地了解竞争对手，不断缩短自身与优秀对手之间的差距，达到降低成本和提高客户满意度的效果。

五、供应链管理的核心理念

为了使供应链达到降本增效、提升竞争力的目的，供应链管理要坚持四大核心理念。

（一）整合理念

整合理念强调从供应链整体最优目标出发寻求最佳市场资源整合的模式。企业集中精力发展自己的核心业务，对于不擅长的业务，通过协作的方式来整合外部资源以获得最佳的总体运营效益。因此，整合理念也就成了供应链管理的重要核心理念之一。

（二）合作理念

供应链管理是"横向一体化"管理模式的典型代表，在供应链管理的实践里强调合作伙伴之间的合作。只有实现了合作伙伴之间的战略性合作，才能实现供应链的整体利益最大化。

在供应链条上每个节点企业都有自己的核心业务和核心能力，如何把这些企业的能力整合在一起，是实现整个供应链目标的关键点。因此，供应链管理的核心企业要跟自己的合作方建立战略性的合作伙伴关系，要考虑合作伙伴的利益和诉求，这样才能调动合作伙伴的积极性。

（三）协调理念

供应链是一个复杂的、一体化的网链结构，链条上的各节点企业都有自己的业务活动，为了实现供应链管理的目标，需要相关的企业在运营活动里按照计划协调运作，不能各自为政。通过协调，让合作双方都能增加收益，同时达到供应链整体利益的最大化。

（四）分享理念

供应链不仅是一条连接从供应商直到最终用户的物流链、信息链、资金链，而且还是一条增值链，它能使所有参与者共同受益。供应链上的节点企业之所以愿意在一个供应链体系内共创价值，是因为它们看到这条供应链能创造更多的利益并且能共享。

因此，通过供应链资源整合，形成合作伙伴关系并协调运作，进行供应链的收益共享才能达到供应链整体利益最大化。

第三节　供应链管理与物流管理的关系

早期的供应链管理的内容主要集中在管理库存和运输，即物流管理的内容，后来，供应链管理有了更广泛的内容,视角有了很大的拓宽,从这里也可以看出供应链管理与物流管理的渊源。接下来,具体研究两者之间的关系。

一、供应链管理与物流管理的联系

供应链管理是一种集成化的管理模式,包含了从最源头的供应商,经过中间的制造商、各级销售商直到最终用户的整个流程,不仅有对于各种物资流动的管理和信息的管理,还包含资金流的管理。两者之间的联系主要体现在以下两个方面。

1. 物流管理是供应链管理的核心内容

供应链是物流、信息流与资金流的集成,物流贯穿于整条供应链,是供应链的表现形式。从最初的原材料到中间产品最后到最终产品,物流衔接了供应商、制造商与销售商的各个企业,是节点企业间相互衔接的纽带。从原材料到最终产品,经过了供应链的流通,价值也呈现逐渐增加的趋势。没有物流,供应链所生产产品的使用价值就无法得以实现,供应链也就失去了存在的价值,所以物流管理是供应链管理的核心内容。

供应链的整个过程可以分为采购、制造与分销三个环节,相应的供应链总价值分布可以分为采购价值、制造价值和分销价值三个部分。物流管理在供应链管理中的地位可以通过物流价值(采购价值与分销价值之和)在供应链总价值中占到的比重来体现,总结各行业的情况,物流价值占到了供应链总价值的一半以上,具体参考见表8-1。表8-1也很好地体现了物流管理是供应链管理的核心内容。

表8-1 供应链上的价值分布　　　　　　　　　　单位:%

行业	采购	制造	分销
易耗品(洗发水、香皂等日用品)	30~50	5~10	30~50
耐用消费品(家用电器、家用轿车等)	50~60	10~15	20~30
重工业(飞机、轮船等)	30~50	30~50	5~10

2. 物流管理是供应链管理的一个子集或子系统

物流管理承担了为满足客户需求而对原材料、中间产品及最终产品从起源地到消费地的流动和储存进行计划和控制的过程。物流管理不仅包含了各种物料在企业内部和企业外部的流动,还包含了物料的正向流动和物料回收的逆向物流等各种物流活动。

供应链管理的对象涵盖了各种物料从产地到消费地传递过程中的所有活动,不仅包括客户需求管理、物料采购、产品设计、生产制造与装配、仓储与库存管理、订单管理、分销管理、客户交付管理和客户关系管理,还包括了需求信息和供应信息的管理及资金流的管理等,供应链管理连接了供应链上的所有成员企业。

因此,物流管理是供应链管理的一种执行职能,也就是说对供应链上物品实体流动的计划、组织、协调与控制。或者就研究范畴来讲，物流管理是供应链管理的一个子集或子系统，供应链管理是包含物流管理活动及其他的各种活动的集成管理。

二、供应链管理与物流管理的区别

供应链管理与物流管理虽然存在一定的联系，但也有许多不同的地方，主要表现见表8-2的内容。

表8-2 供应链管理与物流管理的区别

比较项目		存在基础	管理模式	导向目标	管理层次	管理手段
比较对象	物流管理	实物的流动	主要以企业内部物流管理或企业间物流管理两种形式出现，属于职能化管理模式	以最低成本产出最优质的物流服务，实现企业内部物流和接口物流的同步优化	对运输、仓储、配送及流通加工等各种物流活动的管理，属于运作层次的管理	以现代信息技术为支撑，通过行政指令，运用战术决策实现对物流活动的计划、组织、协调与控制
	供应链管理	企业间的信任和承诺	对多个企业所构成的流程进行管理，属于流程化的价值链管理模式	以最低成本提升客户价值和客户满意度，获取供应链整体竞争优势	聚焦于关键流程的战略管理，属于战略层次的管理	以信任和承诺为基础，以合同或协议为手段，建立战略伙伴关系，运用现代信息技术，通过流程化管理，实现信息共享、风险共担和利益共享

三、与物流管理相比较，供应链管理的特点

（一）供应链管理具有互动性

物流管理是以物质实体作为管理对象的，供应链管理则是对物品流动中的业务过程进行管理，包括正向流动过程和逆向流动过程，它是对关系的管理，因此供应链管理具有互动性。

（二）供应链管理成为物流的高级形态

供应链管理是从物流管理的基础上发展起来的。物流管理是从企业运作的层次，从实物分配开始，经过了物资整合管理、信息整合管理和功能整合管理。供应链管理是从企业关系的层次出发，以制造商为核心，向批发商、分销商直到最终客户的前向整合，以及向供应商的逆向整合。供应链管理是从操作功能的整合到渠道关系的整合，使物流管理从战术层次提升到战略层次。因此，供应链管理是物流管理在逻辑上的延伸。

（三）供应链管理决策具有系统性

供应链管理决策和物流管理决策都是以成本、时间和绩效为基准点的，两者决策的综合目标，都是最大限度地提高客户的服务水平。物流管理决策包含运输决策、选址决策和库存决策等，供应链管理决策是在物流管理决策的基础上增加了关系决策和业务流程整合决策，成为更高形态的决策模式。从系统论的观点看，物流管理是供应链管理系统的子系统，物流管理的决策必须服从供应链管理的整体决策。

（四）供应链管理具有协商机制

物流管理采用计划机制，生产企业作为核心企业通过制订计划来控制产品和信息的流动，与供应商和客户的关系是利益冲突的买卖关系，因此导致存货或成本向上游企业转移。供应链管理采用协商机制，通过分享供应链条上的需求信息和当前存货水平的信息，协调供应链成员之间的关系，整合资源，利益共享。供应链管理遵循"共同管理库存"的理念，减少或消除供应链成员企业所持有的缓冲库存，降低库存管理成本。

（五）供应链管理强调组织外部一体化

物流管理更加关注组织内部的资源和功能整合。供应链管理是一个高度互动和复杂的系统工程，除了进行组织内部资源整合外，还关注组织外部资源的整合。例如，供应链管理需要在组织内部和组织之间，存货以什么样的形态放在什么样的地方，在什么时候执行什么样的计划；供应链的信息如何在节点企业之间共享，供应链的整体效益如何在战略伙伴之间进行分配等方面做决策。供应链管理是在自己的"核心业务"基础上，通过协作的方式来整合外部资源以获得最佳的总体运营效益。

（六）供应链管理需要信息系统的支持

随着供应链结构复杂性的增加，供应链管理须依赖信息系统的支持。物流管理首先要解决的是如何在正确的时间内，将正确的物品以正确的方式和价格送到正确的客户手中。供应链管理首先要解决的是供应链伙伴之间信息的可靠性共享问题，这需要信息化网络平台的支持来管理和分配这些信息，使供应链上的伙伴之间形成一种相互信任、相互依赖、互惠互利和共同发展的关系。

本章小结

本章主要介绍了供应链与供应链管理的相关知识。第一节主要介绍了供应链产生的背景、供应链的概念、供应链的结构、供应链的特征、供应链的类型；第二节主要介绍了供应链管理的概念、供应链管理的内容、供应链管理的目标、供应链管理的运营机制、供应链管理的核心理念；第三节主要介绍了供应链管理与物流管理的联系、供应链管理与物流管理的区别等。

思考与练习

一、单项选择题

1. 海尔作为制造商，同一时间内，它既可以参与到国美集团所在的供应链，又可以参与到苏宁集团所在的供应链，这体现了供应链的（　　）特征。
   A．复杂性　　　　　　　　　　　　B．面向用户需求
   C．交叉性　　　　　　　　　　　　D．动态性

2. 物流管理一般属于职能化管理模式，而供应链管理一般属于流程化的价值链管理模式，这是两者在（　　）方面的区别。
   A．管理模式　　　　　　　　　　　B．管理手段
   C．存在基础　　　　　　　　　　　D．导向目标

3. 下列（　　）不属于供应链管理的运营机制。
   A．合作机制　　　　　　　　　　　B．协调机制
   C．敌对机制　　　　　　　　　　　D．自律机制

4. 根据驱动力不同，可将供应链分为（　　）。
   A．推动式供应链和拉动式供应链　　B．稳定的供应链和动态的供应链
   C．有效性供应链和反应性供应链　　D．平衡的供应链和倾斜的供应链

5. 供应链是将供应商、制造商、分销商、零售商，直到（　　）连成一个整体的功能网络结构模式。
   A．中间商　　B．第三方物流　　C．批发商　　D．最终用户

二、填空题

1. 供应链不仅是一条物料链、_____、资金链，还是一条_____。

2. 供应链是围绕_____，通过对信息流、_____、资金流的控制，从采购原材料开始，制成_____以及最终产品，最后由销售网络把产品送到消费者手中的，将_____、制造商、_____、零售商，直到最终用户连成一个整体的功能网络结构模式。

3. 供应链管理的内容非常广泛，其管理的领域涉及_____、生产、_____和物流四大领域。

4. 供应链的结构模型分为_____和_____。

5. 供应链管理是在满足客户需要的同时，通过对整个供应链系统进行计划、_____、_____、控制和优化，最大限度地减少_____，实现供应链整体效率优化而进行的从源头供应商到最终用户的一种集成管理。

三、简答题

1. 简述供应链的分类。
2. 供应链管理的内容有哪些？
3. 供应链管理与物流管理有哪些联系和区别？
4. 简述供应链的特征。

5. 简述供应链管理的目标。

四、能力训练题

1. 查阅资料,分析某企业的供应链的结构和类型。

2. 查阅资料,分析某供应链管理案例,对其供应链管理的内容、目标、运营机制进行剖析点评,并提出发展的建议。

第九章 电子商务与快递

学习目标

通过本章学习，了解电子商务的概念和快递的概念；理解电子商务与物流的关系、快递与物流的关系以及电子商务与快递的关系；掌握电子商务环境下物流作业构成；熟练掌握电子商务环境下物流运作模式和快递运作模式。

关键概念

电子商务　　　　　快递　　　　　电子商务与物流

教学引入

据商务部电子商务司负责人介绍，2023年全年网上零售额15.42万亿元，增长11%，连续11年成为全球第一大网络零售市场；实物商品网零占社零比重增至27.6%，创历史新高。服务消费新热点更加多元。在线旅游、在线文娱和在线餐饮销售额合计对网零增长贡献率23.5%，拉动网零增长2.6个百分点，其中在线旅游销售额增长237.5%，哈尔滨冰雪季、贵州村超等旅游亮点频出；在线文娱销售额增长102.2%，其中演唱会在线销售额增长40.9倍；在线餐饮销售额增长29.1%，占餐饮消费总额比重进一步提高到22.2%。

2023年电子商务领域数实融合新模式更加丰富。产业电商平台交易功能进一步强化，商务部重点监测平台交易额增幅达到30%；国家电子商务示范基地作用更加凸显，整合培育形成30余个数字化产业带，助力行业企业降本增效；"数商兴农"成效显著，全年农村和农产品网络零售额分别达2.49万亿元和0.59万亿元，增速均快于网零总体。

2023年电子商务领域国际合作新空间更加广阔。"丝路电商"伙伴国增加到30个；上海"丝路电商"合作先行区34项任务已经启动，电子商务制度型开放新高地建设初见成效；与东盟共同发布加强电商合作倡议，为全球数字治理贡献中国智慧；举办国家级全球数字贸易博览会，打造贸易强国建设新平台；上海、广西、陕西、海南等举办"东盟好物网购节""中亚主题日"，开展使节直播，线上线下国际电商合作进一步深化；国内主要电商平台进口商品销售额达2903.4亿元，消费选择更加丰富多元。

资源改编来源：中华人民共和国商务部网站。

> 在电子商务领域数实融合的新模式下,物流行业该如何适应并促进电子商务产业的发展?

第一节 电子商务与物流

一、电子商务的起源与发展

从一般意义上看,自人类历史上出现电话、电报、传真等商业应用开始,电子商务活动就出现了。由于当时商务活动中信息传递水平太低,所以还不是真正意义上的电子商务。现在普遍的观点认为,现代意义上的电子商务分为两种:基于专用网的EDI电子商务和基于互联网的电子商务。

(一)基于专用网的EDI电子商务

20世纪40年代第一台大型计算机问世,公司间开始采用电子数据交换(EDI)技术传递商业单证,这是基于专用网的EDI电子商务。

(二)基于互联网的电子商务

20世纪90年代中期,国际互联网迅速发展,全世界被网络连接起来。相对于电话、电报等传播媒体,互联网的优势不仅体现为信息交流是双向性的,而且体现为信息提供者可以采用多种传递信息的方式,信息接收者可以通过方便、快捷的方式收集信息。互联网是全球性网络结构,可以轻松实现全球范围的连接。互联网服务商提供的服务越多,使用的费用越低。使用传统EDI的企业迅速介入,轻而易举地实现了全球性网上交易,直接推动了电子商务的发展。

二、电子商务概述

(一)电子商务的概念

电子商务(e-business)通常是指在全球各地广泛的商业贸易活动中,在互联网开放的网络环境下,基于客户端或服务端应用方式,买卖双方不谋面地进行各种商贸活动,实现消费者的网上购物、商户之间的网上交易和在线电子支付以及各种商务活动、交易活动、金融活动和相关的综合服务活动的一种新型的商业运营模式。

(二)电子商务的基本组成要素

电子商务的基本组成要素包括互联网、用户、认证中心、物流配送(配送中心)、银行等。

1. 互联网

互联网是电子商务的基础,是商务、业务信息传送的载体。

2. 用户

电子商务用户可以分为个人用户和企业用户。个人用户使用计算机、智能手机等接入互联网。企业用户通过企业内联网、外部网和企业管理信息系统对人、财、物、供、销、存进行科学管理。企业用户可以利用互联网网页站点发布产品供求信息、接受订单等。

3. 认证中心

认证中心是一个权威机构,负责发放和管理数字证书,使网上交易的各方能互相确认身份。数字证书是一个包含证书持有人个人信息、公开密钥、证书序号、有效期、发证单位的电子签名等内容的数字文件。

4. 物流配送(配送中心)

配送中心接受商家的送货要求,组织运送无法从网上直接传输的商品,跟踪运送途中商品的流动,将商品送到消费者手中。

5. 银行

银行可以在互联网上实现传统的业务,为用户提供24h实时服务;与信用卡公司合作,发放电子钱包,提供网上支付手段,为电子商务交易中的用户和商家服务。

从以上内容可以看出,物流配送是电子商务的基本组成要素之一,电子商务活动中大多数商品和服务需要经过物流配送才能到达客户,所以物流的发展可以进一步促进电子商务的健康发展。

(三)电子商务的业务模式

电子商务模式是指在网络环境中基于一定技术基础的商务运作方式和盈利模式。电子商务模式可以从多个角度建立不同的分类框架,最简单的分类是B2B、B2C、C2C和O2O。

1. B2B

企业对企业(business to business,B2B)电子商务模式是指企业与企业之间的电子商务。B2B方式是电子商务应用最多和最受企业重视的形式,企业可以使用互联网或其他网络对交易寻找最佳合作伙伴,完成从订购到结算的全部交易行为。

B2B是指以企业为主体,在企业之间进行的电子商务活动,B2B电子商务是电子商务的主流,也是企业应对激烈的市场竞争、改善竞争条件、建立竞争优势的主要方法。开展电子商务,将使企业拥有一个商机无限的发展空间,这也是企业谋生存、求发展的必由之路,它可以使企业在竞争中处于更加有利的地位。B2B电子商务将会为企业带来更低的价格、更高的生产率和更低的劳动成本以及更多的商业机会。

B2B主要是针对企业内部以及企业(B)与上下游协作厂商(B)之间的资讯整合,

并非在互联网上进行的企业与企业间交易。借助由企业内部网络建构资讯流通的基础及外部网络结合产业的上中下游厂商，达到供应链的整合。因此，通过B2B的商业模式，不仅可以简化企业内部资讯流通的成本，更可以使企业与企业之间的交易流程更快速、成本损耗更低。

2．B2C

企业对个人（business to customer，B2C）电子商务模式是指企业与消费者之间的电子商务。这是消费者利用互联网直接参与经济活动的形式，类似于商业电子化的零售商务。随着互联网的出现，网上销售迅速地发展起来。

B2C是企业通过网络销售产品或服务给个人消费者。企业厂商直接将产品或服务推上网络，并提供充足资讯与便利的接口吸引消费者选购，这也是目前最常见的作业方式，例如网络购物、证券公司网络下单作业、一般网站的资料查询作业等，都属于企业直接接触顾客的作业方式。

3．C2C

个人与个人（customer to customer，C2C）电子商务模式是指消费者与消费者之间的电子商务。C2C商务平台就是通过为买卖双方提供一个在线交易平台，使卖方可以主动提供商品到网上拍卖，而买方可以自行选择商品进行竞价。

C2C是指消费者与消费者之间的互动交易行为，这种交易方式是多变的。例如，消费者可以同在某一竞标网站或拍卖网站中，共同在线上出价，由价高者得标。或者消费者自行在微信上张贴布告以出售二手货品，甚至是新品，诸如此类因消费者间的互动而完成的交易就是C2C的交易。

4．O2O

线上线下一体化（online to offline，O2O）是指线上与线下相结合的电子商务。O2O方式是利用互联网使线下商品或服务与线上相结合，线上生成订单，线下完成商品或服务的交付，让消费者在享受线上优惠价格的同时，又可享受线下贴心的服务。

三、电子商务与物流的关系

有人将电子商务与物流的关系比喻成"皮与毛"的关系，物流是电子商务的基础，没有物流电子商务就不能顺利运转。反之，电子商务能带动物流的进一步发展。

（一）物流对电子商务的影响

1．物流是实现电子商务活动的保证

（1）物流是保障电子商务的根本。生产活动是电子商务的根本，没有生产活动电子商务将是"无米之炊"。生产活动的顺利进行需要物流活动的支持，需要供应物流实现原材料的供应，需要生产物流实现产品的加工、包装、储存、流通加工、运输、仓储和信息处理；另外，生产过程中的边角余料需要进行回收物流处理，生产产生的废弃物需要进行废弃物物流处理。现代化物流活动可以降低生产成本、提高生产效率，为电子商务活动提供

成本和质量合适的产品。

（2）物流服务于电子商务中的商流。在电子商务模式下，消费者通过网上购物，进行电子支付，完成了商品所有权的转移，即商流，但电子商务活动并未结束，只有商品和服务及时准确保质保量转移到消费者手中，电子商务活动才真正结束。因此，没有物流活动，电子商务中的商流就毫无意义。

2．物流是实现电子商务"以顾客为中心"理念的根本保证

电子商务的发展改变了人们的消费方式，人们大多喜欢网上购物，网上所购货物是否能安全及时准确地送到消费者手中，成为消费者网上购物最关心的问题，这就需要物流活动（包装、仓储、运输、流通加工、配送等）来完成网上所购货物的送达工作。离开物流活动电子商务给消费者带来的购物便捷等于零。

（二）电子商务对物流的影响

电子商务对物流的发展有一定促进作用。

1．电子商务可以降低物流作业成本

一般的物流企业要配送多品种、大批量的物品，需要建设大规模的仓库，而电子商务可以通过网络系统将分散在各地仓库中的物品通过网络连接起来，使之成为一个"虚拟仓库"，进行物品统一调配，提高了物流作业效率，降低了运输、仓储和配送等物流作业成本。

2．电子商务改变物流企业的组织管理模式

一般的物流企业是站在企业的角度进行物流活动的组织和管理，为客户提供优质服务；电子商务环境下的物流企业需要站在社会资源优化配置的角度组织物流活动，整合社会物流资源，形成协同竞争模式，以实现物流高效化和系统化。

3．电子商务促进物流的改善

电子商务可以促进物流设施、物流技术和物流管理的改善。电子商务以信息化和电子化为基础，因此，电子商务环境下的物流设施设备与操作系统应该得到升级。电子商务"以客户为中心"的理念要求顾客网上所购货物能够准时、保质保量地送到客户手中，这必将促进物流管理制度不断改善以适应电子商务对物流活动的要求。

（三）电子商务与物流相互制约与促进

1．物流对电子商务的制约与促进

没有一个完善的物流体系，电子商务特别是网上有形商品的交易就难以得到有效的发展。反过来，一个完善的物流体系是电子商务特别是网上有形商品交易发展的保障。

有形商品的网上交易活动作为电子商务的一个重要构成方面，在近几年也得到了迅速的发展。在这一发展过程中，人们发现，作为支持有形商品网上交易活动的物流，不仅成为有形商品网上交易活动顺利进行的一个障碍，还成为有形商品网上交易活动能否顺利进行和发展的一个关键因素。因为没有一个高效的、合理的、畅通的物流系统，电子商务所具有的优势就难以得到有效的发挥；没有一个与电子商务相适应的物流体系，电子商务就难以得到有效的发展。

2. 电子商务对物流的制约与促进

电子商务对物流的制约主要表现在：当网上有形商品的交易规模较小时，不可能形成一个专门为网上交易提供服务的物流体系，这不利于物流的专业化和社会化的发展。电子商务对物流的促进主要表现在两个方面：一是网上交易规模较大时，它会有利于物流专业化和社会化的发展；二是电子商务技术会促进物流的发展。

众所周知，在人类社会经济的发展过程中，物流的每一次变革及其发展的方向都是由于其活动的客观环境和条件发生变化所引起的，并由这些因素来决定其发展方向的。在人类已迈入21世纪的信息化、知识化社会深入发展之际，作为以信息化和知识化为代表的电子商务正是在适应这一趋势的环境下产生的，它具有商务活动所无法比拟的许多优势，代表了传统商务活动的发展方向和未来。

电子商务所具备的高效率特点，是人类社会经济发展所追求的目标之一。电子商务所具备的个性化特点，是人类社会发展的方向；电子商务费用低的特点，是人类社会进行经济活动的目标；电子商务所具备的全天候的特点，使人们解除了交易活动所受的时间束缚；电子商务所具备的全球性的特点，使人们解除了交易活动所受的地域束缚，大大地拓宽了市场主体的活动空间。

四、电子商务环境下的物流运作模式

1. 自营物流模式

自营物流模式是企业借助自身的资源条件，包括物流设备、设施、物流技术、物流组织等，自行组织各种物流服务活动的模式。也可以说，自营物流模式是企业自己建立属于自己的物流配送体系。

在电子商务刚刚萌芽的时期，电子商务企业规模不大，从事电子商务的企业多选用自营物流的方式。企业自营物流模式意味着电子商务企业自行组建物流配送系统，经营管理企业的整个物流运作过程。在这种方式下，企业也会向仓储企业购买仓储服务，向运输企业购买运输服务，但是这些服务都只限于一次或一系列分散的物流功能，而且是临时性的纯市场交易的服务，物流公司并不按照企业独特的业务流程提供独特的服务，即物流服务与企业价值链是松散的联系。如果企业有很高的顾客服务需求标准，物流成本占总成本的比重较大，而企业自身的物流管理能力较强时，企业一般不采用外购物流，而采用自营方式。由于中国物流公司大多是由传统的储运公司转变而来的，还不能满足电子商务的物流需求，因此，很多企业借助于他们开展电子商务的经验也开展物流业务，即电子商务企业自身经营物流。

2. 第三方物流模式

第三方物流模式是指独立于买卖之外的专业化物流公司，长期以合同或契约的形式承接供应链上相邻组织委托的部分或全部物流功能，因地制宜地为特定企业提供个性化的全方位物流解决方案，实现特定企业的产品或劳务快捷地向市场移动，在信息共享的基础上，实现优势互补，从而降低物流成本，提高经济效益。第三方物流的服务内容包括设计物流系统、EDI能力、报表管理、货物集运、选择承运人、货代人、海关代理、信息管理、仓储、咨询、运费支付和谈判等。

3. 物流联盟模式

物流联盟模式是指物流服务的当事人在物流服务方面选择少数稳定且有较多业务往来的物流公司，与他们建立契约形成长期互利、优势互补、互相信任、共担风险、共享收益的物流伙伴关系，是战略联盟的一种具体形式。

物流联盟是制造业、销售企业、物流企业基于正式的相互协议而建立的一种物流合作关系，参加联盟的企业汇集、交换或统一物流资源以谋取共同利益；同时，合作企业仍保持各自的独立性。物流联盟为了达到比单独从事物流活动取得更好的效果，在企业间形成了相互信任、共担风险、共享收益的物流伙伴关系。企业间不完全采取导致自身利益最大化的行为，也不完全采取导致共同利益最大化的行为，只是在物流方面通过契约形成优势互补、要素双向或多向流动的中间组织。联盟是动态的，只要合同结束，双方又变成追求自身利益最大化的单独个体。

4. 物流一体化模式

所谓"物流一体化"就是以物流系统为核心的始于生产企业，经由物流企业、销售企业直至消费者供应链的整体化和系统化模式。只有当物流业高度发达，物流系统日趋完善，物流业成为社会生产链条的领导者和协调者，才能够为社会提供全方位的物流服务。

物流一体化模式是在第三方物流的基础上发展起来的新的物流模式。20世纪90年代，西方发达国家如美、法、德等国提出物流一体化现代理论，并应用和指导其物流发展，取得了明显效果。在这种模式下物流企业通过与生产企业建立广泛的代理或买断关系，使产品在有效的供应链内迅速移动，使参与各方的企业都能获益，使整个社会获得明显的经济效益。这种模式还表现为用户之间通过广泛交流供应信息，从而起到调剂余缺、合理利用、共享资源的作用。在电子商务时代，这是一种比较完整意义上的物流配送模式，是物流业发展的高级和成熟的阶段。

第二节　快递

一、概述

现代快递业的发展与世界各地区的经济发展密不可分。

随着全球经济一体化进程不断加快，各国间的贸易壁垒不断消除，国际贸易和国内贸易活动愈加活跃，生产、经营和社会活动趋于高效率和快节奏，时间价值越来越重要，大量的样品、单证、商务函件、资料的快速传递需求，为函件快递业者提供了大量的货源。

随着科学技术的发展，产品的科技含量增加，高科技企业的大量产品，体积小、重量轻，货值却很高，占用流动资金很大，快递运输能将这些产品尽快送给客户，并提供良好的包装、仓储、报关物流服务，满足了企业的需要，实现了最大可能的社会化分工。

在不断的发展过程中，逐步形成了以处理文件、资料、图纸、贸易单证等为主的函件快递和处理样品、高附加物品、社会活动礼品和家庭高档商品等为主的货物快递，这两种方式同时得到发展，只是小规模的快递公司由于其能力有限，经营重点各有不同。国际知名的快递公司依靠其强大的技术和网络优势，不断扩展势力，在某一区域甚至全球逐渐形成优势，并开辟了多种新的服务方式和手段。由此看来，分析快递业发展的基本特征，寻求其发展规律对正在发展中的中国快递业是十分必要的。

（一）快递的概念

快递又称速递或快运，是指物流企业（含货运代理）通过自身的独立网络或以联营合作（即联网）的方式，将用户委托的文件或包裹，快捷而安全地从发件人送达收件人的门到门（手递手）的新型运输方式。

快递有广义和狭义之分。广义的快递是指任何货物（包括大宗货件）的快递；而狭义的快递专指商务文件和小件的紧急递送服务。从服务的标准看，快递一般是指在48小时之内完成的快件送运服务。从快递的定义中，可以概括出快递的以下三个特征：从经济类别看，快递是物流产业的一个分支行业，快递研究是从属于物流学的范畴；从业务运作看，快递是一种新型的运输方式，是供应链的一个重要环节；从经营性质看，快递属于高附加值的新兴服务贸易。

（二）快递的分类

快递根据不同的分类依据，可以划分为不同的类型。

1. 按照运输方式分类

按照运输方式分，可以分为航空快运、公路快运、铁路快运三种。

（1）航空快运。航空快运是指航空快递企业通过航空运输，收取发件人的包裹和快件并按照承诺的时间将其送交指定地点或者收件人，并将运送过程的全部情况包括即时信息提供给有关人员查询的门对门速递服务。

（2）公路快运。公路快运是指利用机动车包括汽车、货车和摩托车及非机动车（如人力三轮车）等公路交通运输工具完成快递运输服务。

（3）铁路快运。铁路快运是指中国铁路小件货物特快专递运输，简称"中铁快运"，国内网络已遍及包括我国香港在内的120多个大、中城市，形成连锁服务网络。

其中航空快运、铁路快运需要公路运输进行衔接才能送达最终收件人。

2. 按照递送区域范围分类

按照递送区域范围分类可以分为同城快递、国内快递、国际快递三种。

（1）同城快递。同城快递就是在同一个城市内发快递，不能上门自取货物的情况下，请快递公司代劳。这里的同城概念的服务范围以中心局所辖各市县为范围，在此范围内的邮件称为同城快递邮件，超出一县、一市、一地区的概念。

（2）国内快递。国内快递是指在一个国家内部，完成对服务对象的运送服务，收发货人包括整个运送过程都在一个国家边境内。

（3）国际快递。国际快递是指在两个或两个以上国家（或地区）之间进行的快递、物流业务。

3．按照服务时限分类

按照服务时限分类可分为标准服务快件、承诺服务时限快件、特殊要求时限快件三类。

（1）标准服务快件。标准服务快件是指同城不超过24小时，异地不超过72小时。

（2）承诺服务时限快件。承诺服务时限快件是指当日达、次晨达、次日达、隔日达。

（3）特殊要求时限快件。特殊要求时限快件是指在服务时限承诺标准之外的客户的个性化寄递服务。

4．按照赔偿责任分类

按照赔偿责任分类可分为保价快件、保险快件、普通快件三类。

（1）保价快件。保价快件是指寄递快件时客户除缴纳运费外，还按照声明价值的费率缴纳保价费，当快件寄送途中发生意外时，向快递公司索赔。

（2）保险快件。保险快件是指客户除缴纳运费外，还按照快递企业指定的保险公司承诺的保险费率缴纳保险费的快件。快件发生意外时，可向保险公司索赔。

（3）普通快件。普通快件是指缴纳快件运费而不对快件实际价值进行保价并缴纳保价费的快件。《中华人民共和国邮政法》及其实施细则规定：对没有保价的普通类包裹邮件按照实际损失价值进行赔偿，最高额度不超过所收取资费的3倍。

（三）快递的特点

快递是特殊的物流活动，具有以下特点。

1．快速

快递最大的特点是"快"，这使快递服务成了电子商务发展的保障，顾客在网上下单后的短时间内就能收到自己期待的包裹，高效的快递服务令顾客对电子商务产生了好评。

2．服务灵活

快递采用小型输送工具送货，小型输送工具可以穿梭于城市的大街小巷，可实现与顾客的零接触，实现灵活的"门到门"服务。

3．技术要求不整齐

从事国际快递和国内快递技术要求不同。一般从事国际快递业务需要发达的交通工具和尖端的信息监控技术以及先进的管理技术，而从事同城快递业务不需要发达的交通工具和先进的信息跟踪技术，只需要简单的运输工具（如电动车或小面包车）以及能充分调动员工工作积极性的管理体制。

4．对包裹的重量和体积有限制

快递业务资费标准制定简单，一般根据包裹的重量和体积进行收费。

一般规定每件包裹最大重量不得大于30千克，每件包裹最大长度不得大于1.2米。计费重量以包裹实际重量（毛重）和体积重量相比，取二者较大者。体积重量是根据国际航空运输协会（IATA）的体积标准而确定的，具体计算公式为：长×宽×高÷6000=体积重量。

5．在偏远地区开展快递业务有束缚性

在一些偏远地区（如山区的县城）及农村，人们的消费方式还是采取传统的消费模式，网上购物或邮寄业务不多，加之运输网络延伸不到偏远地区，使快递业务在偏远地区及农村开展受到束缚。

（四）我国快递市场

我国快递业从1979年6月的中国对外贸易运输公司（中国第一个经营快递服务的企业）到现在的邮政特快专递服务（express mail service，EMS）、中铁快运等国有快递企业，一直在加大发展力度，顺丰、申通、圆通等民营快递快速扩张，国际快递企业向国内快递市场扩张。我国快递业多元化格局逐步形成，快递业蓬勃发展。据国家邮政局官网发布的2023年邮政行业发展统计公报数据，2023年邮政行业寄递业务量完成1624.8亿件，同比增长16.8%。其中，快递业务量完成1320.7亿件，同比增长19.4%。2014—2023年中国快递业务量及增长速度如图9-1所示。

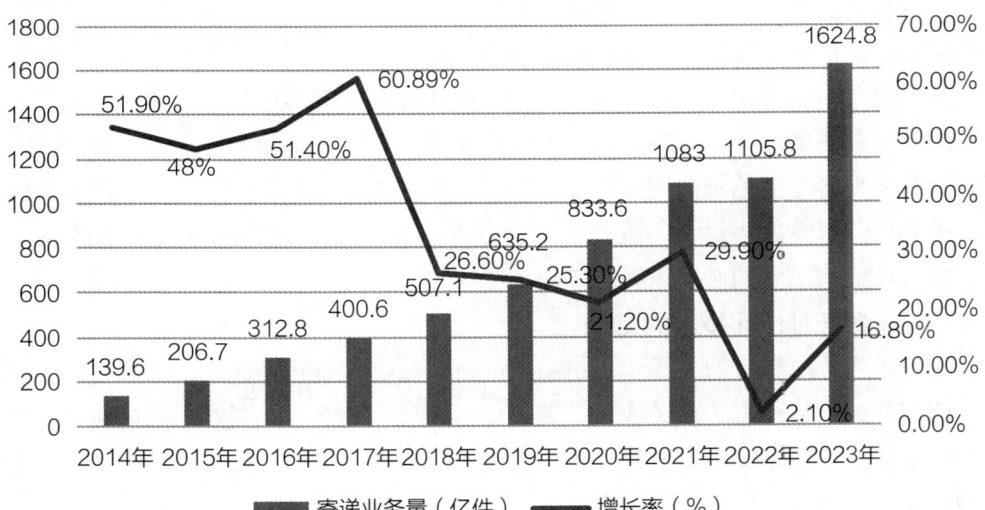

图9-1 2014—2023年中国快递业务量及增长速度
数据来源：2014—2023年国家邮政局发布的年度邮政行业发展统计公报。

二、电子商务与快递的关系

1．电子商务加速快递业务量增长

随着电子商务的发展，网上购物的便利性使越来越多的人和企业开始在网上销售商品，从而也有越来越多的人进行网上购物，网上购物可以实现商流，但是物品的流动需要快递来完成，由于物流活动不能全部实现"门到门"服务，这时大街小巷的物品送达服务就由快递承担起来，因此，电子商务加速了快递的发展。据国家邮政局统计信息，近十年我国快递业务量每年以25%~60%的速度递增。

2．电子商务加速快递企业提高服务水平

电子商务是利用电子平台进行网上交易活动，电子商务最终面对的是消费者，消费者通过浏览网络选择自己喜欢的产品，查阅产品的性能参数，参考其他顾客对该产品的评价和卖家的信誉下订单，下订单后由卖家将产品包装成小包裹交由快递公司进行速递。如果卖家寻找的快递公司上门收货不及时、在装卸搬运途中弄丢或损坏包裹、进行上门送货不及时或态度不好，那么这些做法将会导致顾客不满意从而给电商企业差评，那么电子商务企业将不会和快递公司合作，这会带来三方的利益损失。因此，电子商务"以顾客为中心"的经营思想加速了快递企业提高服务水平。

3．电子商务对快递业经营形态管理的影响

电子商务改变了快递业的经营形态管理，也将改变物流企业对物流的组织和管理。电子商务要求物流从整条供应链的角度来实行系统的组织和管理，打破传统商务下物流分散的状态。由于电子商务需要一个全球性的物流系统来保证商品实体的合理流动，这就要求物流企业（包括快递企业）联合起来，在竞争中形成一种协同竞争的状态。

4．电子商务对快递服务组织和协调水平的影响

电子商务促进了快递服务组织和协调水平的提高。电子商务快递是伴随电子商务技术和社会需求的发展而出现的，它是辅助实现电子商务真正的经济价值不可或缺的重要组成部分。快递对于包含有实体运输环节的电子商务来说，具有不可替代的作用。电子商务快递市场因电子商务的存在而存在，因其发展而发展，在这个市场中，参与主体众多，技术应用广泛，需要多方面精密协调和合作，快递服务组织要参与其中。另外，拥有畅通的信息流，把相应的采购、运输、配送等业务活动联系起来，使之协调一致，是提高电子商务快递系统整体运作效率的必要途径。

5．电子商务对快递技术的影响

由于电子商务所具有的电子化、信息化、自动化、网络化等优点，以及高速、廉价、灵活等诸多好处，使得电子商务快递在其运作、管理等方面也有别于一般快递。不同之处就在于电子商务快递系统突出强调一系列电子化、机械化、自动化工具的应用以及准确、及时的快递信息和对快递过程的监督。

6．电子商务对配送人才提出了更高的要求

电子商务不仅要求快递行业管理人员具有较高的行业管理水平，而且要求快递行业管理人员具有较丰富的电子商务知识，并在实际的运作过程中，能有效地将二者有机地结合在一起。

三、快递的运作模式

（一）快递联盟模式

快递联盟模式是指由两个或两个以上快递企业组成的互相信任、共担风险、共享收益的快递伙伴关系的经营模式。目前我国中小型民营快递企业大多数自身管理能力、设施设备和资金等方面比较薄弱，难以与外资快递企业、国内国有快递企业和国内大型快递企业竞争，因而，这些中小型民营快递企业可进行相互之间的横向或纵向联盟。

（二）快递直营模式

快递直营模式是指由总公司直接管理快递公司各分部的经营情况，总部直接下令掌管所有的分部，各分部必须完全接受总部指挥。快递直营模式的主要特点是将所有权和经营权集中于总部，快递服务质量可由总部进行掌控，利于快递服务质量管理。国内较典型的直营快递公司是顺丰快递有限公司。

（三）快递服务延伸模式

快递服务延伸模式是指满足客户高层次快递需求的经营模式，即在现有快递服务的基础上，向客户提供更加完善和全面的快递服务，以提高快递服务的附加价值。例如配送中心在完成快件的配送工作后，根据客户的要求进行暂时的快件保管或流通加工。

（四）行业快递服务模式

行业快递服务模式是指在深入了解某一行业客户需求的基础上，通过运用现代化技术和专业化物流管理理念为该行业提供专业化的快递服务。

行业快递服务模式的特点是针对某一行业进行深入研究，掌握该行业的快递业务需求特点，提供具有特色的专业快递服务。

（五）定制快递服务

定制快递服务是指快递企业为保证有稳定的业务，为客户确定合适的快递运作方案，以最低的成本提供从原材料采购到产成品销售过程涉及到的最优快递服务。例如提供包装、储存、运输、加工、配送、流通加工、订单管理、库存管理、供应商协调等服务。

（六）快递咨询服务模式

快递咨询服务模式是指快递企业安排有快递经验的专业物流人才深入到企业内部，为其提供市场调查与预测、快递网络优化、快递成本控制、快递流程再造等相关服务的经营模式。提供快递咨询服务能够帮助企业整合供应链上下游关系，能够为企业提供最优的快递解决方案，有助于增强企业的竞争力。

四、我国主要的快递公司[①]

（一）中国邮政集团有限公司

经国务院批准，中国邮政集团公司于2019年12月正式改制为中国邮政集团有限公司。

[①] 本标题下资料均来自各快递公司官网，有删改，时间截止到2025年1月21日。

中国邮政集团有限公司按照国家规定，以邮政、快递物流、金融、电子商务等为主业，实行多元化经营。经营业务主要包括：国内和国际信函寄递业务；国内和国际包裹快递业务；报刊、图书等出版物发行业务；邮票发行业务；邮政汇兑业务；机要通信业务；邮政金融业务；邮政物流业务；电子商务业务；各类邮政代理业务；国家规定开办的其他业务。

（二）顺丰速运（集团）有限公司

顺丰速运（集团）有限公司（以下简称"顺丰"）于1993年成立于广东顺德，总部位于中国深圳。经过多年发展，顺丰已成为中国及亚洲最大、全球第四大综合物流服务提供商（根据弗若斯特沙利文报告，以2023年度总收入计）。顺丰围绕物流生态圈，持续完善服务能力与产品体系，业务拓展至时效快递、经济快递、快运、冷运及医药、同城即时配送、国际快递、国际货运及代理、供应链等物流板块，能够为客户提供国内及国际端到端一站式供应链服务；同时，依托领先的科技研发能力，顺丰致力于构建数字化供应链生态，成为全球智慧供应链的领导者。

（三）申通快递有限公司

申通快递有限公司初创于1993年，是中国率先成立的民营快递公司，开快递加盟制先河，同时也是国家5A级物流企业、全国工商联2023中国民营企业500强、《财富》中国500强、A股上市企业。公司秉承"正道经营、长期主义"的发展理念，坚定"打造中国体验领先的经济型快递"战略目标，持续引领中国快递物流业改革、创新、发展。申通快递继续秉承"用心服务，成就你我"的企业理念，持续推进"三年百亿"产能提升计划，加强基础设施建设。

（四）圆通速递有限公司

圆通速递有限公司（以下简称"圆通"）于2000年5月28日在上海创立。近年来，圆通围绕国家战略部署、坚守快递物流主业、加大产业生态投资布局，已发展成为一家集快递物流、科技、航空、金融、商贸等为一体的综合性国际供应链集成商。圆通始终坚持"客户要求，圆通使命"的宗旨，以人为本，一切以市场客户体验为中心，为客户创造价值，以"中国人的快递，世界因我们触手可得"为追求，致力于提供"安全、快速、便捷、可靠、科技"的服务，打造品质圆通、科技圆通、绿色圆通、德善圆通，构建圆通供应链网络空间命运共同体。

（五）中通快递股份有限公司

中通快递股份有限公司（以下简称"中通快递"）创建于2002年5月8日，是一家以快递为核心业务，集跨境、快运、云仓、冷链、金融、商业（兔喜生活）等生态版块于一体的综合物流服务企业。2016年10月27日在美国纽约证券交易所上市，向全世界打开了一扇了解中国快递发展的窗口；2020年9月29日在港交所上市，成为首家在美国、中国香港两地上市的快递企业。近年来，中通快递持续重视自动化、科技化、智能化、绿色化发展，对于新装备的研发投入不断加大，未来将进一步发力挖掘自身价值，持续为合作伙伴赋能，为客户提供更加便捷、优质、精准的服务。

本章小结

本章主要介绍了电子商务与快递，分为两节内容。第一节主要介绍了电子商务的起源与发展、电子商务的概念等，阐述了电子商务与物流的关系，并重点介绍了电子商务环境下的物流运作模式；第二节主要介绍了快递的概念、分类、特点以及我国的快递市场情况及电子商务与快递的关系，讲述了快递的运作模式、我国主要的快递公司。掌握本章第一节的内容有助于理解第二节的内容，本章的内容将电子商务与物流知识进行了有机结合，掌握本章的知识能够系统全面地增进对电子商务环境下物流管理的认识，以及加深对快递的理解。

思考与练习

一、单项选择题

1. 快递服务是指快速收寄、运输、投递单独封装的、有名址的快件或其他不需储存的物品，按承诺时限递送到（   ）并获得签收的寄递服务。

    A．收件人　　　　　　　　　　B．发件人
    C．收件人或指定地点　　　　　D．指定地点

2. 电子商务快递是快递服务组织受（   ）用户的委托，对相关物品（包括纸质类物品如文件、书信、明信片等）提供快速传递的服务。

    A．参与网上交易　　　　　　　B．网络
    C．消费　　　　　　　　　　　D．快递

3. 以下说法正确的是（   ）。

    A．电子商务物流是虚拟的
    B．物流对电子商务的发现影响不大
    C．电子商务的发展离不开物流
    D．电子商务的技术与物流的技术是不相关的

4. 电子商务的实现以（   ）为前提。

    A．商流　　　　　　　　　　　B．物流
    C．资金流　　　　　　　　　　D．信息流

5. 在电子商务交易中，（   ）服务通常负责将商品从卖家送达买家。

A. 电子商务平台　　　　　　　B. 支付系统
C. 快递公司　　　　　　　　　D. 仓储管理

二、填空题

1. 快递又称速递或快运，是指_____通过自身的独立网络或以联营合作（即联网）的方式，将用户委托的文件或包裹，快捷而安全地从发件人送达收件人的门到门（手递手）的新型运输方式。

2. 同城快递：就是在_____发快递，不能上门自取货物的情况下，请快递公司代劳。这里的同城概念的服务范围以中心局所辖各市县为范围，在此范围内的邮件称为同城快递邮件，超出一县、一市、一地区的概念。

3. 快递联盟模式是指由_____快递企业组成的互相信任、共担风险、共享收益的快递伙伴关系的经营模式。

4. 电子商务要求物流从_____的角度来实行系统的组织和管理，打破传统商务下物流分散的状态。

5. 电子商务_____的经营思想加速了快递企业提高服务水平。

三、简答题

1. 电子商务对物流有何影响？
2. 简述快递与电子商务的关系。
3. 电子商务物流中常见的物流模式有哪些？
4. 简述我国快递行业的发展现状。

四、能力训练题

1. 在生活中你是不是经常签收快递员派送的包裹？请你分析接触到的快递类型，以及该公司的运营模式。

2. 调研社会实践中的快递现象，分析其合理性和不足之处。查阅文献资料，针对不足之处提出发展的对策。

第十章 绿色物流

学习目标

通过本章学习，首先要了解绿色物流产生的背景，掌握绿色物流的概念及其特征；其次要了解发展绿色物流的必要性，掌握绿色物流的发展途径；最后要了解绿色物流在国内的发展现状。

关键概念

绿色物流

教学引入

2022年12月15日，国务院印发了《十四五现代物流发展规划》（以下简称《规划》），遵循绿色低碳、安全韧性的发展理念。将绿色环保理念贯穿现代物流发展全链条，提升物流可持续发展能力。坚持总体国家安全观，提高物流安全治理水平，完善应急物流体系，提高重大疫情等公共卫生事件、突发事件应对处置能力，促进产业链供应链稳定。

《规划》指出，要支持国家物流枢纽率先开展逆向物流体系建设，针对产品包装、物流器具、汽车以及电商退换货等，建立线上线下融合的逆向物流服务平台和网络，创新服务模式和场景，促进产品回收和资源循环利用。

资料改编来源：中央政府门户网站。

结合引文，谈谈你对绿色物流的认识。

第一节　绿色物流的概念

一、绿色物流产生的背景

随着经济的高速发展，物流量在快速增加，物流各环节对环境的影响也随之加剧。20世纪90年代产生的绿色物流概念正是针对资源环境问题提出的。绿色物流的产生是全球绿色运动向物流领域的渗透，也是物流业节能减排的必然选择，更是现代物流发展的必然趋势。

（一）全球绿色运动的兴起与发展

20世纪，人类社会通过"大量生产—大量消费—大量废弃"的经济模式与生活方式促进人类物质文明大大提高的同时，地球上的资源也在日益减少，人类赖以生存的环境以及地球原本和谐的生态环境也正面临着威胁，这种威胁还在随着全球经济的发展而加剧。从20世纪60年代初到80年代，相继有很多学者及团体组织发表了与地球环境问题相关的研究报告，揭示出人口爆炸、土地沙化、资源枯竭、能源危机、环境污染等对人类生存的重大影响，并呼吁采取各种保护环境的措施，以促进建立人与自然和谐相处的发展战略与生产生活方式，绿色浪潮及绿色运动由此产生并迅速发展。

以可持续发展为目标的"绿色"革命，正成为各国政府、企业和公众广为关注和共同追求的事业。20世纪90年代，各种冠以"绿色"的名词相继出现，例如，绿色产品、绿色消费、绿色设计与制造、绿色流通等。随着人类对环保要求的不断提高，绿色运动正在向各个领域渗透，包括环境友好的绿色建筑、绿色工业、绿色技术、绿色认证、绿色生活等。绿色物流正是这种绿色化运动向物流领域的渗透，国际社会认为，有必要通过改善物流管理、采用环保型物流技术等途径，达到促进社会可持续发展的目的。

（二）物流业节能减排的必要性

现代工业经济的不断发展是建立在能源大量消耗的基础之上的，环境恶化和生态系统失衡等诸多全球性危机也因此引发，威胁着人类的生存和社会的发展。能源的大量消耗造成各种废弃物、危害性气体（二氧化碳、硫化物、氯化物、有害粉尘等）的大量排放，从而危害环境。

现代物流的发展要消耗大量的能源。物流活动中的运输、储存、包装、装卸搬运、流通加工、信息处理等环节都会消耗大量能源，其中，以运输环节的能源消耗最为严重。运输环节消耗的主要是燃油类能源。世界主要发达国家交通运输业的能源消耗占全球总消耗的30%左右。根据近几年的《中国统计年鉴》数据，我国交通运输、仓储及邮政业的能源消耗量占当年全国能耗总量的9%左右，而同期的交通运输、仓储及邮政业的生产总值仅占当年国内生产总值的4.5%左右。这充分说明了我国物流业的单位GDP（国内生产总值）能耗相对较高。因此，有必要通过加快发展绿色物流，推进物流业的节能减排增效，促进物流业转型升级和创新发展。

物流过程中能源的大量消耗，不仅加重了能源紧缺程度、增加了物流成本，还增加了有害废弃物的排放量，造成地球气候环境的恶化。据欧洲运输经济研究机构的研究结果，运输过程产生的一氧化碳约占一氧化碳总排放量的75%，运输过程产生的二氧化碳约占二氧化碳总排放量的40%，这其中98%是公路运输造成的。由此可见，物流过程中高能耗和高排放问题的严重性。因此，物流业的节能减排是一个十分迫切的重要问题，物流业所面临的挑战不再是简单的如何实现物流系统的利润最大化，而是如何在追求利润的同时做到节能减排，以实现物流业的可持续发展，即实现物流的绿色发展。

（三）绿色物流是全球经济一体化发展的必然要求

环境也是一种有价值的资源。环境成本内在化是当今世界讨论的热点话题。随着国际社会对人类共同生存环境的关注，在国际贸易中，与贸易有关的环境保护要求将增加企业成本支出，最终影响企业的竞争力。将环境与贸易挂钩，用经济手段解决环境问题符合当代环境问题的发展趋势。在国际贸易中更多地考虑环境因素已成为一种必然。

随着全球环境意识的增强，ISO 14000已成为企业进入国际市场的通行证。ISO 14000的两个基本思想是预防污染和持续改进，它要求企业建立环境管理体系，使其经营活动、产品和服务的每一个环节对环境的影响最小化。ISO 14000不仅适用于第一、第二产业，也适用于第三产业。

进入WTO（世界贸易组织）后，我国逐步取消了大部分产品的分销限制。外国商人可以分销进口产品及我国产品；在物流服务方面，也取消了大部分外国股权限制，外国物流企业已进入我国物流市场。一些外国企业已经在绿色物流方面很成熟。例如，国际著名的物流企业UPS（联合包裹服务公司）已将经济增长、环境责任、社会责任作为企业的长期经营战略，在绿色物流理念和技术研发方面取得显著成效。这不仅给国内物流企业带来巨大冲击，同时意味着物流业的竞争更加激烈。我国物流企业要想在国际市场上占一席之地，融入可持续发展理念、发展绿色物流将是其理性的选择。

二、绿色物流的概念及作用

（一）绿色物流的概念

绿色物流（green logistics）是在20世纪90年代中期才出现的概念。正如其他绿色化运动一样，这里的绿色是一个特定的形象用语。既不能将绿色看成是植物或农产品的代名词，也不能将绿色理解为纯天然的、回归自然的代名词。绿色浪潮中的"绿色"泛指的是有利于生态环境的活动、行为、计划和观念在经济活动中的体现。具体地讲，绿色包括两方面含义：一是创造、保护和谐的自然生态环境，减少对自然资源的占用，以保证人类社会和经济的可持续发展；二是依据"红色"禁止、"黄色"警示、"绿色"通行的惯例，用"绿色"表示合乎科学性、规范性、能保证永久地通行无阻的行为。

国家标准《物流术语》（GB/T 18354—2021 3.33）中，将绿色物流定义为："通过充分利用物流资源、采用先进的物流技术，合理规划和实施运输、储存、装卸、搬运、包装、流通加工、配送、信息处理等物流活动，降低物流活动对环境影响的过程。"

（二）绿色物流的作用

绿色物流的实施，无论对企业还是对整个社会而言都是一件好事情。概括而言，绿色物流具有以下几方面突出的作用。

1．保护人类环境

从整个社会的角度而言，绿色物流的开展有效地提高了能源和资源的利用率，减少了交通工具尾气的排放量，降低了环境对废弃物的承载能力，对于协调人类与自然的关系大有裨益。有关资料显示，用废钢铁代替铁矿石炼钢，可减少86%的气体污染，减少76%的水资源污染，降低40%的耗水量，减少97%的采矿废弃物。

2．提高经济效益

资源循环、重复使用等绿色物流措施有利于企业提高资源利用率，为企业带来可观的经济效益，成为企业重要的物流利润源泉，其经济利益是非常可观的。根据汽车零部件再制造协会的测算，全世界汽车制造企业每年通过再制造而节约的原材料可以装满155000节车皮，可以排列成1770千米长的火车。

3．提高企业竞争力

顾客价值是决定企业生存与发展的关键因素。绿色物流中的回收物流，不仅可以满足资源再利用的需要，也可以有效地确保不符合顾客订货要求的产品及时退货，有利于消除顾客的后顾之忧，增加对企业的信任感和回头率，扩大企业的市场占有率。

4．提升企业形象

随着可持续发展的观念不断深入人心，消费者越来越关注企业是否具有社会责任感，是否节约利用资源，是否注重保护环境，这些成为决定企业形象与声誉的重要因素。尤其是对于开拓国际市场而言，这一点至关重要。因此，企业如果能够将绿色物流与绿色生产、绿色营销紧密结合起来，将有助于提升自己的形象，成为市场拓展的有力武器。

三、绿色物流的内涵

（一）绿色物流的最终目标是可持续性发展

绿色物流是对生态环境友好的物流，也称生态型的物流，其根本目的是减少资源消耗、降低废弃物排放。该目的既有利于自然环境，节约社会资源，又能降低企业成本和废弃物处理成本，是经济利益、社会利益和环境利益的统一。这正是可持续发展的目标。绿色物流也称作可持续的物流（sustainable logistics），是可持续供应链的重要构成。

一般的物流活动主要是为了实现企业的盈利、满足顾客需求、扩大市场占有率等，这些目标最终均是实现某一主体的经济利益。而绿色物流的目标是在实现上述经济利益的目标之外，还追求节约资源、保护环境这一既具经济属性，又具社会属性的目标。尽管从宏观角度和长远的利益看，节约资源、保护环境与经济利益的目标是一致的，但对某一特定时期、某一特定的经济主体来说是矛盾的。按照绿色物流的最终目标，企业无论在战略管理还是战术管理中，都必须从促进经济可持续发展这个基本原则出发，在满足消费者物流需求的同时，注重按生态环境的要求，保持自然生态平衡，保护自然资源，为子孙后代留下生存和发展的权利。绿色物流是可持续发展战略与现代物流相结合的一种现代物流观念。

（二）绿色物流的活动范围涵盖产品全生命周期

产品在从原料获取到使用消费直至报废的整个生命周期，都会对环境产生影响。绿色物流既包括对从原材料的获取、产品生产、包装、运输、分销直至送达最终用户手中的正向物流过程的绿色化，还包括对退货产品和废弃物回收逆向物流过程的生态管理与规划。因此，其活动范围涵盖了产品从产生到报废处理的整个生命周期。

由于生命周期不同阶段的物流活动不同，其绿色化方法也不相同。从生命周期的不同阶段看，绿色物流活动分别表现为绿色供应物流、绿色生产物流、绿色分销物流、废弃物物流和逆向物流；从物流活动的作业环节来看，一般包括绿色运输、绿色包装、绿色流通加工、绿色仓储等。

（三）绿色物流的理论基础包括可持续发展、生态经济学和循环经济理论

物流系统是经济系统的一个子系统，物流过程不可避免地要消耗资源和能源，产生各种排放物，影响自然环境。因此，首先必须以可持续发展原则为指导，将资源环境问题纳入物流管理战略中。其次，物流系统通过物料流动、能量流动建立起了与生态系统之间的联系，借助生态经济学的理论和方法，通过合理的物流系统规划和决策，形成物流与环境共生的发展模式，实现生态环境与物流系统（经济子系统）的协调发展。

另外，以物质闭环流动、资源循环利用为特征的循环经济，是按照自然生态系统物质循环和能量流动规律构建的经济系统，其宗旨是提高资源的配置效率，降低最终废弃物排放量。而绿色物流要实现对正向物流过程和逆向物流过程的环境管理，也必须通过物料循环利用和循环流动提高资源利用效率，减少污染物排放。

四、绿色物流的特征

绿色物流除了具有一般物流所具有的特征外，还具有学科交叉性、多目标性、多层次性、时域性和地域性等特征。

（一）学科交叉性

绿色物流是物流管理与环境科学、生态经济学的交叉。由于物流与环境之间的密切关系，在研究社会物流与企业物流时必须考虑环境问题和资源问题；又由于生态系统与经济系统之间的相互作用和相互影响，生态系统也必然会对经济系统的子系统——物流系统产生作用和影响。因此，必须结合环境科学和生态经济学的理论、方法进行物流系统的管

理、控制和决策，这也正是绿色物流的研究方法。学科的交叉性，使得绿色物流的研究方法复杂，研究内容十分广泛。

（二）多目标性

绿色物流的多目标性体现在企业的物流活动要顺应可持续发展的战略目标要求，注重对生态环境的保护和对资源的节约，注重经济与生态的协调发展，追求企业经济效益、消费者利益、社会效益与生态环境效益四个目标的统一。系统论观念告诉人们，绿色物流的多目标之间通常是相互矛盾、相互制约的，一个目标的增长将以另一个或几个目标的下降为代价，如何取得多目标之间的平衡？这正是绿色物流要解决的问题。从可持续发展理论的观念看，生态环境效益的保证将是前三者效益得以持久保证的关键所在。

（三）多层次性

绿色物流的多层次性体现在以下三个方面。

首先，从对绿色物流的管理和控制主体看，可分为社会决策层、企业管理层和作业管理层三个层次的绿色物流活动，或者说是宏观层、中观层和微观层。其中，社会决策层的主要职能是通过政策、法规的手段传播绿色理念；企业层的任务则是从战略高度与供应链上的其他企业协同，共同规划和控制企业的绿色物流系统，建立有利于资源再利用的循环物流系统；作业层主要是指物流作业环节的绿色化，如运输的绿色化、包装的绿色化、流通加工的绿色化等。

其次，从系统的观点看，绿色物流系统是由多个单元（或子系统）构成的，如绿色运输子系统、绿色仓储子系统、绿色包装子系统等。这些子系统又可按空间或时间特性划分成更低层次的子系统，每个子系统都具有层次结构，不同层次的物流子系统通过相互作用，构成一个有机整体，实现绿色物流系统的整体目标。

另外，绿色物流系统还是另一个更大系统的子系统，这就是绿色物流系统赖以生存发展的外部环境，包括法律法规、文化环境、资源条件、环境资源政策等，它们对绿色物流的实施将起到约束作用或推动作用。

（四）时域性和地域性

时域特性指的是绿色物流管理活动贯穿于产品的生命周期全过程，包括从原材料供应，生产内部物流，产成品的分销、包装、运输，直至报废、回收的整个过程。

绿色物流的地域特性体现在两个方面：一是指由于经济的全球化和信息化，物流活动早已突破地域限制，呈现出跨地区、跨国界的发展趋势。相应地，对物流活动绿色化的管理也具有跨地区、跨国界的特性；二是指绿色物流管理策略的实施需要供应链上所有企业的参与和响应。例如，欧洲一些国家为了更好地实施绿色物流战略，对于托盘的标准、汽车尾气排放标准、汽车燃料类型等都进行了规定，其他国家的不符合标准要求的货运车辆将不允许进入本国。另外，跨地域、跨时域的特性也说明了绿色物流系统是一个动态的系统。

第二节　开展绿色物流的途径

一、发展绿色物流的必要性

（一）绿色物流适应了世界社会发展的潮流，是全球经济一体化的需要

随着全球经济一体化的发展，一些传统的关税和非关税壁垒逐渐淡化，环境壁垒逐渐兴起。为此，ISO 14000成为众多企业进入国际市场的通行证。ISO 14000的两个基本思想是预防污染和持续改进，它要求企业建立环境管理体系，使其经营活动、产品和服务的每一个环节对环境的不良影响最小。国外物流企业起步早，物流经营管理水平相对完善，势必给国内物流企业带来巨大冲击。进入WTO后，我国物流企业要想在国际市场上拥有更多话语权，发展绿色物流成为必经之路。

（二）绿色物流是可持续发展的一个重要环节

绿色物流与绿色制造、绿色消费共同构成了一个节约资源、保护环境的绿色经济循环系统。绿色制造是制造领域的研究热点，指以节约资源和减少污染的方式制造绿色产品，是一种生产行为。绿色消费是以消费者为主体的消费行为。三者之间是相互渗透、相互作用的。

（三）绿色物流是最大限度降低经营成本的必由之路

专家分析认为，产品从投产到销出，制造加工时间仅占10%，而几乎90%的时间为储运、装卸、分装、二次加工、信息处理等物流过程。因此，物流专业化无疑为降低成本奠定了基础。绿色物流强调的是：低投入、大物流的方式。绿色物流不仅是一般物流成本的降低，更重视的是绿色化和由此带来的节能、高效、少污染。

（四）绿色物流还有利于企业取得新的竞争优势

日益严峻的环境问题和日趋严格的环保法规，使企业为了持续发展，必须积极解决经济活动中的环境问题，改变危及企业生存和发展的生产方式，建立并完善绿色物流体系，通过绿色物流来追求高于竞争对手的相对竞争优势。

二、开展绿色物流的途径

（一）树立绿色物流观念

观念是一种带根本性和普遍意义的世界观，是一定生产力水平、生活水平和思想素质的反映，是人们活动的指南。由于长期的低生产力，人们更多地考虑温饱等低层次问题，往往为眼前利益而忽视长远利益，为个体利益而忽视社会利益，企业因这种非理性需求展开掠夺式经营，忽视长远利益和生态利益及社会利益，进而导致来自大自然的警告。

（二）推行绿色物流经营

物流企业要从保护环境的角度制定绿色经营管理策略，以推动绿色物流进一步发展。

1．选择绿色运输

通过有效利用车辆，降低车辆运行，提高配送效率。例如，合理规划网点及配送中心、优化配送路线、提高共同配送、提高往返载货率；改变运输方式，由公路运输转向铁路运输或海上运输；使用绿色工具，降低废气排放量，等等。

2．提倡绿色包装

包装不仅是商品卫士，而且是商品进入市场的通行证。绿色包装要醒目环保，还应符合4R要求，即少耗材（reduction）、可再用（reuse）、可回收（recycle）和可替代（replace）。

3．开展绿色流通加工

由分散加工转向专业集中加工，以规模作业方式提高资源利用率，减少环境污染；集中处理流通加工中产生的边角废料，减少废弃物污染等。

4．收集和管理绿色信息

物流不仅是商品空间的转移，也包括相关信息的搜集、整理、储存和利用。绿色物流要求收集、整理、储存的都是各种绿色信息，并及时运用于物流中，促进物流的进一步绿色化。

（三）开发绿色物流技术

绿色物流的关键所在，不仅依赖绿色物流观念的树立，绿色物流经营的推行，更离不开绿色物流技术的应用和开发。没有先进物流技术的发展，就没有现代物流的立身之地；同样，没有先进绿色物流技术的发展，就没有绿色物流的立身之地。而我们的物流技术与绿色要求有较大的差距，如物流机械化、物流自动化、物流的信息化及网络化，与西方发达国家的物流技术相比，有10~20年的差距。因些，必须大力开发绿色物流技术，否则绿色物流无从谈起。

（四）制定绿色物流法规

绿色物流是当今经济可持续发展的一个重要组成部分，它对社会经济的不断发展和人类生活质量的不断提高具有重要意义。正因为如此，绿色物流的实施不仅是企业的事情，更是政府的职责所在。必须从政府约束的角度，对现有的物流体制强化管理。尤其是要控制物流活动的污染发生源，物流活动的污染发生源主要表现在：运输工具的废气排放污染空气，流通加工的废水排放污染水质，一次性包装的丢弃污染环境等。一些发达国家的政府非常重视制定政策法规，在宏观上对绿色物流进行管理和控制。因此，他们制定了诸如控制污染发生源、限制交通量、控制交通流等的相关政策和法规。国外的环保法规种类很多，有些规定相当具体、严厉，国际标准化组织制定的《最新国际环境标志》也已经颁布执行。

（五）加强对绿色物流人才的培养

绿色物流作为新生事物，对营运筹划人员和各专业人员的素质要求较高，因此，要实现绿色物流的目标，必须培养和造就一批熟悉绿色物流理论和实务的物流人才。

第三节　我国绿色物流业发展现状

一、我国发展绿色物流取得的进步

1．政府积极引导，制定相关政策

我国目前正处于国民经济快速增长的发展时期，在人口的持续增长和资源环境的压力下，政府提出可持续发展战略思想，各级地方政府纷纷提出实施绿色工程的具体方案，促进了企业对有关绿色管理策略的实施。例如，北京市非常重视商品流通过程中的环境问题，实施绿色物流；重视商品流通领域环保形势的严峻性，将其纳入城市可持续发展的框架体系；倡导绿色流通，强化绿色流通意识；加快物流社会化建设，建立北京市宏观绿色物流服务体系；强化流通企业责任，促进废弃物回收目标的实现；建立健全绿色流通政策体系；调节手段，促进企业主动实施绿色物流行动。此外，还有一些城市也在国际化城市目标中引入了绿色物流理念。

2．少数企业积极响应国家绿色物流政策

在国家可持续发展战略指导下，许多知名企业逐渐形成环境意识，将生产绿色产品作为企业经营的宗旨和竞争的法宝，如海尔集团已建立起环境管理体系，并获得ISO 14001标准认证。绿色产品生产和绿色消费意识已得到企业和公众的普遍认可。但是由于我国物流业起步晚，企业对绿色物流的认识还非常有限，对于环境污染、交通拥挤的代价尚未以成本的形式引入企业的成本核算体系中。因此，实施绿色的物流还未成为大多数企业的主动选择。

二、我国绿色物流发展中存在的问题

绿色物流逐渐引起我国业界的注意，并被认为是我国未来物流业发展的趋势之一，但绿色物流至今仍停留在理论探讨上，离具体实施还有相当的距离，和国外的情况相比，更是存在着明显的差距，问题主要表现在以下几个方面。

1．绿色物流的法律法规尚不健全

我国对于环境保护方面的政策和法律法规设立得不少，但是针对物流行业的法律法规却并不完善。当前我国物流行业大部分是以纲要、文件建议为主，虽然这在一定程度上为物流行业的发展提供了指导和保障，但是其中大部分内容还是围绕快递和电商，涉及绿色物流方面的内容较少。企业关于绿色物流方面的规定文件更是少有，这与发达国家存在不小差距。由于我国缺乏对于物流行业明确监督的政策法规，导致企业物流活动没有得到有效的控制和监督，甚至部分企业由于采用短期内维持之前的高污染、粗放式物流发展方式以降低成本而忽略发展绿色物流的长期收益。在很大程度上，企业实行绿色物流发展战略取决于自身的道德水平、社会责任感，但这无法保证绝大多数企业意识到实施绿色物流的重要性、紧迫性。因此，绿色物流法律法规不完善是我国绿色物流发展的主要问题之一。

2. 绿色物流的基础设施不足

绿色物流发展必须依靠基础设施，包括公路、码头和新能源技术等一系列物流基础设施。我国物流基础设施在总量上遥遥领先，但是存在人均不足、区域分配不均衡、结构不均衡等问题。和发达国家相比，我国依旧落入下风。

我国当前的物流载运方式依旧是以货车等传统工具为主，这些传统工具的特征是高污染、高耗能。虽然在我国不少城市，新能源汽车已经逐步走入人们的视线，但是并没有全面替代原先不可再生能源为动力的运输方式。原因在于：一是新能源汽车目前的技术水平不足以支撑长途运输所需的能量；二是当前新能源汽车充电所需的充电桩未能做到随处可见。物流行业的软件设施同样对绿色物流发展起着关键作用，我国多数企业的物流信息系统未能充分利用物流信息网络，达到有效配置物流资源提升物流效率的目标，因此导致缺乏具有全球竞争力的现代化物流企业。

总体而言，目前我国的绿色物流基础设施是远远不足以发展绿色物流的，无法满足大力发展绿色物流的要求，需要政府和企业共同协力增加绿色物流相关基础设施的数量和质量。

3. 绿色物流专业人才缺乏

物流专业人才是物流企业发展最重要的资源，物流专业人才是物流行业发展的重要动力源泉。绿色物流作为新兴复合学科，其包含环境和物流等多方面知识，高校的课程设计不完善或者开设的课程与企业的实际需求不匹配，以及相关研究比较少，业界能够为绿色物流进行研究和投资的企业更是少之又少，导致国内绿色物流高素质、复合型人才较少，存在较大人才缺口，这严重限制了我国绿色物流的发展速度。

4. 绿色物流技术水平不足

推广实施绿色物流，不仅需要国家相应的法律法规的监督管理，还需以足够合理的硬、软件设施为基础，足够数量的专业人才为动力，而且更需要绿色技术的创新发展作技术支持。我国目前物流行业虽然发展强劲，展示出了物流行业发展的潜力，但还有很多物流作业所运用的技术比较传统，主要依靠人力或简单的电脑操作。发展绿色物流，需要大数据、物联网、人工智能、区块链等技术提供底层技术支持，赋能物流各环节，实现信息共享，进而优化物流运行效率，有效节约人力成本。我国目前的运输方式效率低、能耗高，仓储不够智能化，需要融合新技术并应用于绿色物流上，使得"智慧物流""云物流"尽快推进，尽早实现无人化、可控化和标准化目标。

综上所述，大力加强对物流绿色化的政策和理论体系的建立和完善，对物流系统目标、物流设施设备和物流活动组织等进行改进与调整，实现物流系统的整体最优化和对环境的最低损害，保护环境和可持续发展，对于我国经济的发展具有重大意义。

三、我国发展绿色物流的对策

（一）完善物流管理制度和绿色物流的法律法规

物流行业作为新兴的复合型行业，其发展离不开政府的重视、政策的支持和法律法规的有效监督。因此政府应加快制定符合我国物流特色、连接国际市场、发展绿色物流产业的相关政策，致力于推动绿色物流发展。

企业作为绿色物流发展的主体，从企业端出发显得尤为重要。对实行绿色物流战略的企业进行税收减免和政策补贴来提高企业绿色化转型、节能减排的积极性，鼓励企业自发开展绿色物流的创新研究活动，实现绿色物流发展正向循环。

（二）大力发展我国物流基础设施

我国目前物流基础设施面临落后和分配不均的困境。政府应收集相关信息和重新改造原有落后的基础设施，一方面是获知不同地区的设施情况，为以后全国基础设施的重新布局提供信息支撑；另一方面是提高原有设施的利用率，最大程度地避免资金浪费和资源浪费。综合所有的基础设施信息，通过大数据技术，协调各运输部门，合理规划运输网络，提高运输效率，减少不必要的能源消耗。企业也需要提升绿色物流管理水平，定期参与行业举办的技术培训以及在企业内部深化绿色物流和保护物流基础设施的意识。

（三）培养绿色物流相关人才

物流人才队伍的建设是我国绿色物流发展的必要前提，绿色物流高端人才市场缺口很大，高校作为高端物流人才培养的主要基地，企业作为了解绿色物流新动态的主体，高校和企业需要开展深层次的合作交流。世界各国的竞争本质是人才之间的竞争，做好人才储备工作是我国绿色物流发展必须关注的重点之一。

（四）发展智慧物流

智慧物流是指通过智能软硬件、物联网、大数据等智慧化技术手段，实现物流各环节精细化、动态化、可视化管理，提高物流系统智能化分析决策和自动化操作执行能力，提升物流运作效率的现代化物流模式。与传统物流不同，智慧物流让物流系统通过传感器获取各种末端信息，然后将信息通过互联网传输到数据中心进行相应存储和处理，进而指挥各个物流环节执行相应操作，高效整合、调度和管理各类物流资源，为各参与方提供应用服务。智慧物流面向多元物流场景，为客户提供智能装备产品，通过自主开发的智能控制调度系统，实现智能装卸、智能存储、智能搬运，实现全域"无人化"。智慧物流能够大幅减少物流过程中的环境污染和能源消耗，极大地提高物流企业的运作效益和服务质量，降低成本，帮助企业实现绿色经营。

本章小结

本章主要介绍了绿色物流相关知识，分为三节内容。第一节主要介绍了绿色物流产生的背景、绿色物流的概念及作用、绿色物流的内涵、绿色物流的特征；第二节主要介绍了发展绿色物流的必要性、开展绿色物流的途径等内容；第三节主要介绍了我国绿色物流取得的进步、我国绿色物流发展中存在的问题、我国发展绿色物流的策略。

思考与练习

一、单项选择题

1．绿色物流的内容包括（   ）。
   A．物流作业环节绿色化   B．物流管理全过程绿色化
   C．物流执行环节绿色化   D．精益物流

2．下面属于绿色物流行为的是（   ）。
   A．在仓库内配置电动搬运设备，减少室内空气污染
   B．及时关闭设备的电源，节约电能
   C．选择生物柴油作燃料的运输车辆
   D．将鱼流通加工产生的鱼鳞废料收集起来做成胶黏剂

3．在物流系统各功能要素中，（   ）对环境的影响是最严重、最广泛的。
   A．运输   B．包装
   C．储存   D．装卸搬运

4．绿色物流的主要目标是什么？（   ）
   A．提高物流效率   B．减少运输成本
   C．保护环境   D．提高客户满意度

5．在绿色物流中，哪种包装材料更受推崇？（   ）
   A．一次性塑料包装   B．可循环使用的纸质包装
   C．难以降解的泡沫包装 D．含有有害物质的金属包装

二、填空题

1．绿色物流是通过_____，采用_____，合理规划和实施运输、储存、装卸、搬运包装、流通加工、配送、信息处理等物流活动降低物流活动对环境影响的过程。

2．从绿色物流的活动范围看，绿色物流包括_____和_____的绿色化。

3．绿色物流是物流管理与_____、_____的交叉，具有学科交叉性。

4．绿色包装是指采用_____的包装。

5．绿色物流的作用有保护人类环境、_____、_____、提升企业形象。

三、简答题

1．绿色物流有何特征？

2．简述绿色物流的概念及最终目标。

3．装卸搬运对环境有何影响？

4．简述绿色物流包含的内容。

5．实施绿色物流的途径有哪些？

四、能力训练题

1．实地调研某物流公司，分析其绿色物流运作的情况。

2．以绿色物流的视角分析身边的物流现象，点评其绿色化运作的优势与不足，并提出发展的建议。

参考文献

[1] 张平亮．现代物流管理[M]．北京：机械工业出版社，2012．

[2] 李创，王丽萍．物流学概论[M]．北京：北京大学出版社，2012

[3] 江春雨．现代物流管理[M]．北京：社会科学出版社，2007．

[4] 张强．高级物流师[M]．北京：北京理工大学出版社，2006．

[5] 孙学琴，梁军．物流中心运作管理[M]．北京：机械工业出版社，2004．

[6] 孟祥茹，吕延昌，孙学琴．现代物流管理[M]．北京：人民交通出版社，2001．

[7] 孙秋菊．现代物流概论[M]．北京：高等教育出版社，2009．

[8] 乐小兵．现代物流学[M]．北京：清华大学出版社，北京交通大学出版社，2011．

[9] 刘联辉，卢少华．物流案例分析与实操技能——习题与解答[M]．北京：北京艺术与科学电子出版社，2008．

[10] 冯国苓，陈希望．现代物流基础[M]．大连：大连理工大学出版社，2010．

[11] 王永富．物流管理概论[M]．北京：对外经济贸易大学出版社，2012．

[12] 陆雄文．管理学大辞典[M]．上海：上海辞书出版社，2013．

[13] 许彤，李明．现代物流管理[M]．北京：北京师范大学出版社，2012．

[14] 钱学森．论系统工程[M]．上海：上海交通大学出版社，2007．

[15] 汪应洛．系统工程[M]．5版．北京：机械工业出版社，2017．

[16] 崔介何．物流学概论[M]．北京：北京大学出版社，2015．

[17] 郝勇，张丽，黄建伟．物流系统规划与设计[M]．北京：清华大学出版社，2008．

[18] 马玉洪．现代物流概论[M]．北京：北京师范大学出版社，2012．

[19] 蔡昭君，范兴兵，陈新鸿．现代物流管理基础[M]．北京：中国人民大学出版社，2017．

[20] 曾剑．物流管理基础[M]．北京：机械工业出版社，2013．

[21] 穆丽娟．现代物流管理[M]．北京：中国水利水电出版社，2020．

[22] 王磊．物流基础[M]．北京：中国铁道出版社，2009．

[23] 季辉．物流管理基础[M]．北京：中国财政经济出版社，2012．

[24] 潘尤兴．现代物流管理[M]．北京：机械工业出版社，2013．

[25] 曹泽民．我国绿色物流发展存在问题及优化建议[J]．物流科技．2023(06)：41-43+55．

[26] 马士华，林勇．供应链管理[M]．6版．北京：机械工业出版社，2020．

[27] 申纲领，王永志．供应链管理实务[M]．北京：北京大学出版社，2013．

[28] 谢家平，葛夫财．供应链管理[M]．上海：复旦大学出版社，2011．

[29] 张艳，蒋亮，盛鑫．供应链管理[M]．北京：清华大学出版社，2012．

[30] 霍红．物流学导论[M]．北京：科学出版社，2009．

[31] 刘仁军，曹洪医．物流管理通论[M]．武汉：武汉大学出版社，2008．

[32] 吴清一．物流管理[M]．北京：中国物资出版社，2005．

[33] 顾明．电子商务物流[M]．北京：机械工业出版社，2022．

[34] 黄中鼎. 现代物流管理[M]. 北京：复旦大学出版社，2019.

[35] 田忠宝. 电子商务与物流[M]. 北京：高等教育出版社，2021.

[36] 邵贵平. 电子商务物流管理[M]. 北京：人民邮电出版社，2010.

[37] 牛鱼龙. 中国物流百强案例[M]. 重庆：重庆大学出版社，2007.

[38] 王长琼，李顺才. 绿色物流[M]. 北京：中国财富出版社，2021.

[39] 杨长春，顾永才. 国际物流[M]. 北京：首都经济贸易大学出版社，2020.

[40] 单子丹. 智慧物流[M]. 上海：上海交通大学出版社，2023.